ライブラリ 法学基本講義　　　　　　　6-Ⅱ

基本講義

債権各論Ⅱ
不法行為法
第4版

潮見佳男著

新世社

編者のことば

　21世紀を迎え，わが国は，近代国家としての歩みを開始して足かけ3世紀目に入った。近代国家と法律学は密接な関係を有している。当初は藩閥官僚国家と輸入法学であったものが，とりわけ第2次大戦後，国家と社会の大きな変動を経て，法律がしだいに国民生活に根ざすようになるとともに，法律学各分野はめざましく発展し，わが国独自の蓄積を持つようになってきている。むしろ，昨今は，発展途上国に対して，法整備支援として，法律の起草や運用について，わが国の経験に照らした知的国際協力が行われるまでに至っている。他方で，グローバリゼーションの急速な進展は，海外の法制度とのハーモナイゼーションをわが国に求めており，外国法の影響も明治の法制度輸入期とは違った意味で大きくなっている。

　そのような中で，2001年6月に出された司法制度改革審議会意見書は，2割司法と言われた従来の行政主導・政治主導型の国家から，近代国家にふさわしい「より大きな司法」，「開かれた司法」を備えた国家への転換を目指そうとしている。このためには，司法制度整備，法曹養成，国民の司法参加のいずれの面においても，法律学の役割が一層大きくなることが明らかである。

　このような時期に「ライブラリ法学基本講義」を送り出す。本ライブラリの各巻は，教育・研究の第一線で活躍する単独の中堅学者が，法律学の各基本分野について，最新の動向を踏まえた上で，学習内容の全体が見通しやすいように，膨大な全体像を執筆者の責任と工夫においてコンパクトにまとめている。読者は，本ライブラリで学習することによって，法律学の各基本分野のエッセンスを習得し，さらに進んだ専門分野を学ぶための素地を養成することができるであろう。

　司法改革の一環として，大学法学部とは別に，法曹養成のための法科大学院（ロースクール）が新たにスタートすることとなり，法学教育は第2次大戦後最大の変動期を迎えている。より多くの読者が，本ライブラリで学んで，法曹として，また社会人として，国民として，開かれた司法の一翼を担うにふさわしい知識を身に付けられることを期待する。

　　2001年7月

　　　　　　　　　　　　　　　　　　　　　　松本　恒雄

第4版へのはしがき

　本書の第3版を出してから，5年目に入ろうとしています。この間，不法行為法の分野では，今後の重要な基本判例となるものが複数登場しました。その中には，これまで実務の世界で通説のように受け取られていた考え方とは異なるものや，判例による法創造と言うに値するものもあります。他方で，2017年の債権法改正の結果として不法行為法にも少なからぬ変更が加えられましたが，この改正に伴う理論面での大きな変動は，不法行為法の分野では，支配的見解を見る限り，第3版以降は，今のところ生じていないようです（不法行為法学は，債権法改正に関係なく，日々進化を遂げています）。

　そのような中で，本書の主たる読者層を意識し，むやみに理論を深掘りすることなく，これまでのレベルを維持しながら，現在の学説・判例の状況に対応させるために必要な補正を施しました。この先の理論の深まりを見たい，この先の実務の詳細を知りたいと思う方々は，より詳しい解説を施した注釈書や体系書をご覧になってください。

　本書の初版を出した時期は，ちょうど，法科大学院制度・新司法試験制度が発足して間もない頃でした。本書の初版も，法学未修者1年生をターゲットに，おおよそこの程度のことを理解していれば法学既修者と一緒に学ぶ場や国家試験でも大きな苦労はしないであろうというレベルを意識して，執筆したものでした。それから20年近くがたち，いまや，学部における法曹コースの設置，学部と法科大学院の連携教育，司法試験の在学中受験が脚光を浴びる時代になっています。世の中も変わりました。それでも，法学部での専門教育として不法行為法を学ぶ際に到達が求められるレベル（基礎レベルの学識）は，20年前と今とでは，大きな違いはないと思います。もともと法学未修者のアクティブ・ラーニングのために作成した本書が，姉妹書である『基本講義 債権各論I 契約法・事務管理・不当利得』ともども，新型コロナ禍の中での法学部専門科目のオンライン授業に使えたのは，思わぬ収穫でした。本書がこれまでの版と同様，読者のみなさんの学びに少しでも役立つことを願ってやみません。

本書第4版の刊行にあたっては，新世社の御園生晴彦氏と谷口雅彦氏に大変お世話になりました。心よりの御礼を申し上げます。

2021年10月

潮見　佳男

第3版へのはしがき

『基本講義 債権各論Ⅱ』については，昨年，第2版増補版を出すことで，第2版を刊行した後の動きを最小限反映させました。もっとも，その際のはしがきでも触れましたように，京都大学での公務の関係から，全体の見直しは，第3版にゆだねざるを得ませんでした。

しかし，いつまでも先延ばしにしておくわけにもいきません。このたび，民法（債権関係）の改正も成立し，2020年の前半までにその施行がされることになりましたことから，著者自身の手になる体系書・教科書のうち，主に債権法部分を扱ったいくつかの書籍の改訂を済ませた後，空き時間を使って，債権法改正の成果も組み込む形で改訂をすることにしました。

本書全体の性格は，初版のはしがきで示した点に大きな変更はありません。初版と比べると，ほんの少しだけ，法学部・法科大学院等で受ける質問の中で学生から聞かれることの比較的多い点につき，私見にわたる部分を補ってはいますが，あくまでも，参考までに，ほんのさわりを語ったという程度のものです。より立ち入った私の見方については，『不法行為法Ⅰ［第2版］』，『不法行為法Ⅱ［第2版］』（いずれも，信山社）ほか，不法行為法に関する著者の論稿として文献情報等で拾われるものを参照してください。あわせて，不法行為法の分野に関する最近の動きについては，文献を含め，現代不法行為法研究会編『不法行為法の立法的課題』別冊NBL155号（2015年）や，今年から新シリーズとして刊行が開始された有斐閣の『新注釈民法』の該当する巻（民法709条から711条までを含む第15巻は，本年初頭に刊行済みです）などを参照すれば，新たな知見が得られることでしょう。

本書第3版の刊行にあたっては，新世社の御園生晴彦氏と谷口雅彦氏に大変お世話になりました。心よりの御礼を申し上げます。本書が，旧版同様，また，『基本講義 債権各論Ⅰ』ともども，多くの読者に利用されることを望んでやみません。

2017年11月

潮見　佳男

第2版増補版へのはしがき

　第2版を出してから6年を経過し，重版も20回目になるのを契機に，それまでの支配的見解に修正を迫ることとなる重要判例がいくつか出たこともあって，増補版を出すことにしました。昨年4月より続く京都大学法学研究科長・法学部長職の仕事と，本年4月より加わった京都大学人文社会科学域長・法学系長の仕事に日々忙殺され，研究時間の確保がまったくできず，まして本格的な改訂にのぞむ時間的余裕がないことから，今回の増補版では，法科大学院での授業の事前準備に合わせた必要最小限の追加・補正にとどめ，全体の見直しは将来の第3版に委ねることにします。

　なお，この間，不法行為法の領域では理論面でもさまざまな動きがありましたが，最先端の動きについては，本書の性質上，これを組み込んでいません。ご関心の向きは，さしあたり，現代不法行為法研究会編『不法行為法の立法的課題』別冊NBL155号（2015年）に収録されている諸論文を手がかりに，不法行為法理論の到達点を味わっていただければよいでしょう。

　増補版の刊行にあたっては，新世社の御園生晴彦氏と谷口雅彦氏に大変お世話になりました。心よりの御礼を申し上げます。

　　2016年5月

潮見　佳男

第 2 版へのはしがき

　本書の初版を2005年に刊行してから，約 4 年の月日が経過しました。おかげさまで多くの読者のみなさんに支えられ，今日までに10回を超える増刷をおこないました。そこで，民法（債権法）改正検討委員会の作業がひと段落したことから，この間の法改正や判例の動きをフォローするとともに，気がついた誤記・不適切な記述内容を正すため，このたび第 2 版を出すことにしました。

　この間，私自身が本書を教材として使用した際に貴重なご意見等をいただいた京都大学法科大学院・法学部の院生・学生のみなさん，ならびに平成21年度入学の大阪大学法科大学院未修者クラスのみなさんには，この場を借りて心よりの感謝を申し上げます。また，校正その他では，新世社の清水匡太氏と出井舞夢氏に大変お世話になりました。

　なお，研究者・実務家といった専門家の方々に向けた『不法行為法』(信山社) も，ひとまず前 3 分の 1 の部分の改訂を終え，ほぼ同時期に『不法行為法 I　第 2 版』として刊行の予定です。より詳しい内容を知りたい読者のみなさんにおかれましては，本書ともども，お役立ていただければ幸いです。

　2009年 9 月

潮見　佳男

初版へのはしがき

　ライブラリ法学基本講義については，数年前に，編者であり大学の先輩でもある松本恒雄一橋大学教授から，債権各論部分の執筆を依頼されていました。この間，法科大学院の開設という激動期を前に執筆を躊躇していたのですが，今年3月になって，（予定よりも1年早く）法学未修者─初学者─を対象とした不法行為の授業をおこなわなければならない事態が生じました。しかも，教科書として予定していた既存の書物が，民法の現代語化に伴う改訂のため，授業の半分以上を経過する頃まで使用できないことまで判明しました。そこで，やむなく，自分でレジュメ原稿（各回につき，A4版で10枚程度）を作成して学生に事前に配布し，精読の上で授業に臨んでもらうという応急措置を採ることにしました。

　このレジュメ原稿を少し改良して一書にまとめたのが，本書です。別著『不法行為法』(信山社)が体系書としてまとめ上げられたものであるのに対して，本書は，法学部や法科大学院で獲得した法律知識を社会に活かすことを考えている者ならば，学習段階の初期において，不法行為についてこの程度まで理解できておれば当面は十分であろうと思われるところをめざして，書き下したものです。また，これとあわせて，本書は，法科大学院法学既修者で，諸般の事情により学部で不法行為について十分に学ぶ時間がとれなかったり，大学の講義を離れて自習したために不法行為法について妙な知識と理解を身に着けてしまっている人たちに対し，不法行為法の基本的な学び方を示すという趣旨も持ち合わせたものとなっています。その意味で，本書は，法科大学院の法学既修者にとって，既に学んだ点の確認と点検にも役立つものとなっているのではないかと思います。

　なお，各章の冒頭には言い分方式の例をつけていますが，何も，「これをもとに要件事実を整理してみましょう」などという意図をもって，こうした表現方式を用いたわけではありません。むしろ，当事者の言い分には往々にしてズレがあるのであり，その中から，当事者の主張したいこと，重視していることを拾い上げていくことが大事だという点を，特に初学者の人たちにわかってもらえればよいという一存で，このような表現方式を冒頭に掲げただけのことです（もっとも，そうは言うものの，要件事実論にもつなげることができるような最小限の配慮はしたつもりです）。

　本書が成るにあたっては，新世社の御園生晴彦氏と安原弘樹氏に大変なご無理をお願いすることとなりました。また，京都大学法科大学院既修者1期生諸氏には，昨年度開講の基幹科目の授業および授業終了後の質疑の中で，不法行為法の考え方

を省みるこれ以上にない場を授かりました。さらに，今年度の同志社大学法科大学院未修者クラス参加者からは，一期一会の非常勤の授業であるにもかかわらず，内容面はもとより教材としての有り様について参考となる貴重なご意見を数多くいただきました。末尾ながら，各位に対し，心からの感謝を申し上げます。

2005年6月

改修直前の京都大学法学部本館研究室にて

潮見 佳男

目　次

第5章 損 害

第6章 損害賠償請求権の主体

❖コラム部分一覧

凡　例

(1)　判例集・法律雑誌については，次の略称を用いています。

民録	大審院民事判決録
民集	（大審院または最高裁）民事判例集
下民集	下級最判所民事判例集
刑集	（大審院または最高裁）刑事判例集
裁判集民事	最高裁判所裁判集民事
新聞	法律新聞
判時	判例時報
判タ	判例タイムズ
金判	金融・商事判例
金法	金融法務事情

(2)　判決・決定の表記方法については，次のように表記しています。

　　[**例**]　大判大5・6・1民録22-1088
　　　　　　→大審院大正5年6月1日判決・民録22輯1088頁
　　　　　最判平15・10・16民集57-9-1025
　　　　　　→最高裁平成15年10月16日判決・民集57巻9号1025頁

(3)　民法に関する本格的な注釈書としては，『注釈民法』(有斐閣)があります。一部は新版に改訂されていますが，旧版だけの箇所もあります。さらに，『新注釈民法』の刊行も始まっています。

(4)　判例評釈のうち，公式判例集登載の最高裁判決・決定については，各年度の『最高裁判所判例解説民事編』(法曹会)に収録された調査官解説（新しいものは，定期的に刊行される『法曹時報』に——さらに，その簡略版としては，『ジュリスト』中の「時の判例」欄にも——掲載されます）を読むことを強く薦めます。学者が中心となって執筆したものとして手ごろなものには，約5年置きに改訂される『民法判例百選Ⅰ・Ⅱ・Ⅲ』(有斐閣)や『判例プラクティス民法Ⅰ・Ⅱ・Ⅲ』(信山社)があります。その他，最新の判例を年度ごとにまとめたものとしては，『ジュリスト　重要判例解

説』(有斐閣) が便利です。さらに,『法学協会雑誌』と『民商法雑誌』,また,年2回刊行される『私法判例リマークス』(日本評論社) には,本格的な判例研究がコンスタントに掲載されています。

(5) 不法行為法分野を扱う講座ものとしては,次のものが便利です。

　星野英一編集代表『民法講座』(別巻2巻を含み) 全9巻 (有斐閣)
　広中俊雄・星野英一編『民法典の百年』全4巻 (有斐閣)
　有泉亨編集代表『現代損害賠償法講座』全8巻 (日本評論社)
　山田卓生編集代表『新・現代損害賠償法講座』全6巻 (日本評論社)

[体系書・教科書類 (主として単独執筆のもの) 50音順]
　より詳しい体系書・教科書としては,次のようなものがあります。研究論文等にあたりたい場合を含め,以下の書物を参考に,理解度を高めてください。

　内田貴『民法Ⅱ 債権各論 [第3版]』(東京大学出版会, 2011)
　近江幸治『民法講義Ⅵ 事務管理・不当利得・不法行為 [第3版]』(成文堂, 2018)
　大村敦志『新基本民法6不法行為編——法定債権の法 [第2版]』(有斐閣, 2020)
　幾代通=徳本伸一『不法行為法』(有斐閣, 1993)
　加藤一郎『不法行為 [増補版]』(有斐閣, 1974)
　加藤雅信『新民法大系Ⅴ 事務管理・不当利得・不法行為 [第2版]』(有斐閣, 2005)
　北川善太郎『民法講要Ⅳ 債権各論 [第3版]』(有斐閣, 2003)
　窪田充見『不法行為法 [第2版]』(有斐閣, 2018)
　澤井裕『テキストブック 事務管理・不当利得・不法行為 [第3版]』(有斐閣, 2001)
　潮見佳男『不法行為法Ⅰ[第2版]』,『不法行為法Ⅱ[第2版]』(信山社, 2009, 2011)
　四宮和夫『事務管理・不当利得・不法行為』(青林書院, 1985)
　野澤正充『事務管理・不当利得・不法行為 [第3版]』(日本評論社, 2020)
　平井宜雄『債権各論Ⅱ 不法行為』(弘文堂, 1992)
　平野裕之『債権各論Ⅱ 事務管理・不当利得・不法行為』(日本評論社, 2020)
　広中俊雄『債権各論講義 [第6版]』(有斐閣, 1994)
　藤岡康宏『民法講義(5)不法行為法』(信山社, 2013)
　前田達明『不法行為法』(青林書院, 1980)
　森島昭夫『不法行為法講義』(有斐閣, 1987)
　山野目章夫『民法概論4 債権各論』(有斐閣, 2020)

吉村良一『不法行為法［第5版］』(有斐閣, 2017)
我妻栄『事務管理・不当利得・不法行為』(日本評論社, 1937)

第1章

不法行為制度

▶Ｘの言い分……私の住んでいる家の近くにＡが所有している空き地があります が，その空き地の上に廃棄物業者Ｂが多くのゴミを無断で投棄しました。悪臭が鼻を突き，気分が悪くなる日々が続いています。どうやら，この 廃棄物は，Ｙの工場から出たものとのことです。Ｂは，現在逮捕されていて，除去費用がないようです。私はＹに廃棄物を除去してもらいたいし，病院での治療費や慰謝料も支払ってもらいたい。

▶Ｙの言い分……たしかに，問題の廃棄物は私の工場から出たものであり，その処理をＢに委託したのもそのとおりです。しかし，私はＢが知事から許可を受けた業者であり，過去に問題を起こしていないことも確認したうえで，Ｂに廃棄物の処理を依頼したのです。Ｂに資金がないからといって，私に除去や金銭の支払を求められても，応じるわけにはいきません。

1.1 不法行為制度とは，どのような制度か？

　不法行為制度とは，他人の行為または他人の物により権利を侵害された者 (被害者) が，その他人または他人とかかわりのある人に対して，侵害からの救済を求めることのできる制度の１つです。民法の709条以下には，不法行為制度の基本となる規定が並んでいます。
　不法行為制度は，あくまでも，民事の救済，つまり，被害者が他の私人に対して権利侵害からの救済を求めることを目的とした制度です。刑法における刑事責任の制度が，他人の権利を侵害したりその他法律の定める許されない行為をしたりした者に対し，国家が刑罰を加えるのとは，目的を異にした制度です。民事責任と刑事責任とは，この先，しっかりと区別してください。

1.2 不法行為制度のもとでの救済——損害賠償が原則

　被害者は，不法行為制度のもと，どのような救済を求めることができるでしょうか。民法が不法行為という章の冒頭に置いている709条を見てください。この条文は，わが国の不法行為についての制度の基本であり，中核となる条文ですので，これから先も忘れないでほしいものです。

　709条は，「故意又は過失によって他人の権利又は法律上保護される利益を侵害した者は，これによって生じた損害を賠償する責任を負う」と規定しています。どのような場合に加害者の側に責任が課されるのかはひとまず置いておいて，ここでは，加害者がどのような責任を負うと書いているのかに注目して，この条文を読んでください。

　709条では，加害者の負う責任の内容として，**損害賠償**が規定されているのがわかります。ここから，一般に，「不法行為がされた場合の救済手段は，損害賠償である」ということが説かれています。不法行為があるとされたときには，被害者は加害者（場合によっては，その関係者。以下では，ひとまず「加害者」と略記します）に対し「損害賠償請求権」を取得しますし，加害者は被害者に対して「損害賠償責任」を負担するのです。

　実は，上に述べたことには，もう1つ重要な意味が盛り込まれています。それは，「不法行為を理由として，被害者が，他人の行為の差止めを求めたり，自分の権利をもとどおりにすること（原状回復と言います）を求めたりすることは，法律に特別の規定がない限り認められない」ということです（もちろん，このような考え方に対しては，現在の学説の中で強い異論があります）。

❖ **不法行為と差止請求**

　権利を侵害された人，あるいは現在なお侵害されている人は，およそ侵害行為の差止めや将来の予防措置を請求することはできないのでしょうか。

　ここで，皆さんは，上の文章で，被害者は「不法行為を理由として」差止め等を求めることができないとしている点に注意してください。「別の理由」を持ってくるならば差止め等を求めることができるというのが，通説の考え方なのです。

　そして，その「別の理由」による差止請求とは，たとえば，所有権などの物権や特許権・著作権などの知的財産権を理由とする差止請求であり，あるいは人格権を理由とする差止請求なのです。詳細は，第12章で説明します。

1.3 損害賠償の基本原理
——どのような場合に損害賠償が認められるのか？

　不法行為制度による被害者の救済手段が損害賠償であることを確認したら，次に，どのような場合に，不法行為を理由として損害賠償請求をすることが認められるのか，なぜ加害者は被害者に対して損害賠償責任を負わなければならないのかについて考えてみてください。

　考え方としては，「被害者の権利侵害という結果を発生させる原因がある以上，加害者は，どのような場合であれ，損害賠償責任を負わなければならない」というのもあり得ると思います。たとえば，人々が居住する地区の近くに原子力発電所があったとして，この原子力発電所で，現在の科学技術の水準をもってしても予想できなかった事故が発生し，放射能漏れが起きたために，周辺の住民が被曝したとします。このような場面では，原子力発電所を稼動させている電力会社は文字どおり原因責任・結果責任を負うべきであるという考え方に共感をおぼえる人たちも，皆さんの中には少なくないのではないかと思われます（現に，原子力発電所の事故については，この種の結果責任が——完全ではないものの——特別法で定められています。原子力損害の賠償に関する法律3条1項）。

　しかし，わが国の不法行為制度は，こうした「原因責任」・「結果責任」の考え方を出発点には据えていません。ここで，もう一度，先ほどの民法709条を見てください。すると，「故意又は過失によって」という字句が目に入ってくるはずです。これは，一体どういうことでしょうか。

　わが国の民法は，「不法行為を理由として損害賠償請求権が発生するためには，加害者の故意または過失があることが必要だ（＝要件になる）」ということを原則としているのです。言い換えますと，単に「他人の行為により，被害者の権利が侵害された」というだけでは，不法行為を理由とする損害賠償請求権が発生するのには十分ではありません。加害者に故意または過失がなければ，不法行為を理由とする損害賠償請求権は発生しないのです。これを単純化して，「過失なければ，責任なし」と表現することもあります。

　既に他の民法の教科書で学んだことかもしれませんが，この原則を，過失責任の原則と言います。わが国の不法行為制度は，過失責任の原則を基礎に据えているのです。

1.4 過失責任の原則が採用された理由
――過失責任を支える基本的考え方

　それでは，なぜ，わが国の不法行為制度が過失責任の原則を採用したのでしょうか。過失責任の原則の背後には，「私人の行動の自由は，国家により――憲法秩序の下で――基本権として保障されている」という理解があります。

　日常生活の中で人が合理的な行動をしたにもかかわらず，それによって誰かの権利が侵害されたとの理由で国家により損害賠償という不利益が課されたのでは，個人の行動の自由を憲法13条以下で基本的人権の１つ（自由権的基本権）として認めたわが国の憲法の理念と相容れません。これでは，私的生活関係の中での私人の行動の自由が過剰に制約されてしまうことになります。そこで，民法は，他人の権利が侵害されたときでも，それが故意または過失ある行為による場合にのみ，行為者に損害賠償責任を負担させることにしているのです。

　こうしてみると，過失責任の原則というのは，①権利侵害の結果を行為者に負担させるための原理であると同時に，②行為者に対し行動の自由を保障するための原理でもあるということがわかるでしょう。

1.5 過失責任の原則の例外――無過失責任

　民法は上記のように過失責任の原則を採用しているのですが，世の中が進むにつれ，「加害者に故意・過失がなければ，被害者は不法行為を理由とする損害賠償を請求できない」という考え方では権利侵害からの救済にとって不十分ではないかという見方が出てきました。

　これに代わって現れてきたのは，「加害者に故意・過失がなくても，被害者は不法行為を理由とする損害賠償を請求できる」という考え方です。「過失がなくても，責任あり」という点を捉えて，無過失責任と言われている考え方です。

　もっとも，上で述べたように，わが国では，民法709条が過失責任の原則を宣言しているため，「無過失責任」が認められるのは，民法に特別の条文があるか，または特別の立法で無過失責任が採用されているかのどちらかでなければなりません。この意味では，これから先，皆さんが不法行為法の学習を進め

ていく中で，どのような場面で，どのような内容の特別立法があるのかは，注意深くチェックをしておいていただきたいところです（本書でも，そのうちの一部については，後に扱います）。

ただ，この第1章は，まず基本的な事柄を確認しておくのを目的としていますから，ここでは，「なぜ，過失がなくても，被害者は不法行為を理由として損害賠償を請求できるのか」を確認しておきます。「どうせ特別の条文があるのだから，こんな実益のない議論をしても無駄だ」と思う方がいれば，考え方を根本から改めたほうがよいでしょう。というのは，法のあり方や権利保護のあり方に対する基本的な理解を抜きにしては法的判断の正当性を語ることができないばかりか，刑法と違い，民事法の領域では，「ある規定の類推適用」がおこなわれることがありますし，近頃は「民法○○条の法意」に注目して，その条文が直接に規定していないケースをその条文の趣旨から解決することも目立ってきていますから，「ある無過失責任の立法があるときに，その規定は，どういう理由で作られているのか」を理解しておくことは，きわめて重要な意味を持ってくるのです。

1.6　無過失責任を支える基本的考え方

無過失責任は，どのような考え方に支えられて，できあがっているのでしょうか。現在認められている無過失責任の規律を支えるものとしては，次のような基本的な考え方（原理）が存在しています。

(1)　**危険責任の原理**　危険源を創造したり，危険源を管理したりしている者は，その危険源から生じた損害について，責任を負担しなければならないとの考え方です。先ほど述べた原子力発電所の事故による損害賠償責任が典型例ですが，そのほかにも，民法717条の定める工作物責任，製造物責任法3条に基づく欠陥商品を製造した者の責任，自動車損害賠償保障法3条に基づく運行供用者の責任などが，この例です。民法715条の定める使用者の責任も，この原理に基礎を置くものと言えましょう。

(2)　**報償責任の原理**　みずからの活動から利益を上げている者は，その活動の結果として生じた損害について，責任を負担しなければならないとの考え方です。「利益の帰属するところに，損失も帰属すべきである」との考え方と

言ってもよいでしょう。不公正な取引方法を用いた事業者が被害者に対して独占禁止法25条に基づいて負担する損害賠償責任がその例の1つです。前述した民法715条の使用者の責任も，（危険責任の原理とともに）報償責任の原理に基礎を置くものと言えましょう。

❖ **無過失責任と免責事由** ════════════════════════════

　わが国の無過失責任立法は，基本的に危険責任の原理を基礎に据えたものです。そして，そこでは，社会生活における「特別の危険」に注目して，個々の立法で類型化された「特別の危険」ごとに，危険源の創造者・管理者に対して損害賠償責任を負わせています。もっとも，危険責任は結果責任と同義ではありません。責任主体とされた人には，それぞれの「特別の危険」に対応した免責の主張・立証をする余地が与えられている場合があります。そして，そこでの免責事由が何であるかも，特別立法において定められています（立法において明示されていない場合には，人の力による支配・統制を観念することのできない現象を指す不可抗力［Act of God］を理由とする免責が認められるべきです）。たとえば，原子力損害の賠償に関する法律3条は，「異常に巨大な天災地変又は社会的動乱」を免責事由としていますし（この意味については，東京地判平24・7・19判時2172-57），自動車損害賠償保障法3条は，後述する免責3要件を免責事由として定めています（後述15.3）。製造物責任法4条1号は，開発危険の抗弁を認めています（後述10.10）。

1.7　過失責任の枠内での修正へのインセンティブ
──過失の主張・立証責任

　無過失責任が採用されている場面は，過失がなくても加害者に責任を負わせるという点で，過失責任の原則が妥当する場面よりも，被害者の保護に厚いと言えます。しかし，わが国では民法709条が「過失責任の原則」を採用しているため，無過失責任が認められるのは特別な立法措置が講じられている場合だけです。現代社会において発生する不法行為事件の多くは，「過失責任の原則」によって処理されるのです。

　しかも，初学者の皆さんが視野に入れておかなければいけないのは，不法行為事件が裁判になった場合，たとえば，被害者が原告となり，加害者を被告として，不法行為に基づく損害賠償請求をした場合，被害者は「加害者に過失があったとの評価を根拠づける具体的な事実」について主張・立証責任を負うということです。審理の中で当事者が主張した事実と提出された証拠をもってし

ても，「加害者に過失があったのかどうか，わからない」(真偽不明) という場合には，「加害者に過失があったとの評価を根拠づける具体的な事実」について立証責任を負う被害者に不利な判断——つまり，原告被害者敗訴の判決——が下されるのです。過失があったかどうかについての真偽不明のリスクは，被害者が負担する。これが，民法709条から導かれる過失の立証責任のルールなのです。

　このように見ると，「過失責任の原則」の妥当する領域では，主張・立証面で被害者側にかなりの負担が背負わされていることがわかります。「過失責任の原則」をそのまま貫いたのでは，現代社会を生きる被害者にとって，裁判手続面でのハードルが高すぎるため，民法が保障する権利に対する侵害からの保護が図られないという事態が生じかねません。だからと言って，無過失責任を無闇に拡大したのでは，今度は加害者側の行動の自由 (これも，憲法レベルでは自由権的基本権の1つです) が過剰に制約され，このましくない結果を招きます。

1.8 「過失責任の原則」の修正

　そこで，わが国の民法・民事訴訟法は，今日，過失責任の原則を維持しつつも (したがって，無過失責任を原則とすることへの転換を図ることなく)，主張・立証面での被害者の負担を軽減することによって被害者の損害賠償請求権が認められる余地を実質的に拡張するために，各種の技法を用いています。以下に挙げるのが，その例です。

1.8.1 過失における注意義務の高度化

　「過失は内心の意思緊張の欠如か，それとも客観的な行為義務の違反か」という問題はいずれ第3章でとりあげるとして，ここでは，過失とは注意義務の違反であるというように単純化して捉えておきましょう。このとき，日常生活の中で加害者に課される注意義務を厳しくすればするほど，注意義務違反の事実，つまり加害者に過失があったという事実を被害者は立証しやすくなります。「医薬品についての専門知識と技術・設備を有している製薬会社は，医薬品の開発にあたり，高度の注意義務を負う」といったような類です。

1.8.2　過失についての「事実上の推定」

　注意義務の程度を上げるかどうかということとは別に，過失についての事実上の推定という方法が用いられることがあります。「過失があったとの評価を根拠づける具体的事実があったのかどうかわからない（真偽不明）という場合に，被害者に不利な判断がされる」というのが過失の立証責任に関するルールならば，「過失があったとの評価を根拠づける具体的事実」とは言えないまでも，それに関係する一定の事実（間接事実と言います。詳しくは民事訴訟法の教科書を参照してください）があれば，経験的に裁判官が「加害者には過失があったのではないか」という心証を抱く場合があります。その結果，その事件は，過失の存否について「真偽不明」の事件ではなくなり，加害者に対する被害者の損害賠償請求が認められるということになります（民事訴訟法247条も一読してください）。

　たとえば，ある医薬品について，添付文書上に，標準的な投与方法が記載されているとともに，医師の判断で一定限度まで異なった分量を投与できる旨の記載も併記されていたとします。この医薬品について，記載されている標準的な投与方法と違った使い方を，医師がした場合を考えてみましょう。

　このとき，医師は具体的な患者を前にして治療行為の一環として医薬品を投与するわけですから，その患者の生体反応次第で，必ずしも添付文書記載の標準的な投与方法に絶対に従わなければならないわけではないのですから，「医師が医薬品の添付文書に記載された標準的投与方法と違った投与をした」との事実自体は，「医師に過失があったとの評価を根拠づける具体的事実」とは言い切れません。しかし，「医師が医薬品の添付文書に記載された標準的投与方法と違った投与をした」との事実から，裁判官が，経験則に照らして「その医師に，診療にあたり過失があったとの評価を根拠づける具体的事実がある」との心証を抱き，その結果として「その医師には，診療にあたり過失があった」と評価することにより，加害者に対する損害賠償請求が認められるということになれば，まさに，これが事実上の推定の例となります（最判平8・1・23民集50-1-1，最判昭51・9・30民集30-8-816〔インフルエンザ予防接種事件。問診の不備〕）。

　過失についての「事実上の推定」が用いられる場面では，あくまでも，「過失が
あったとの評価を根拠づける具体的事実については，被害者が主張・立証責任を負
う」（したがって，「加害者に過失があったとの評価を根拠づける具体的事実があったの
かどうかわからない場合には，被害者に不利な判断がされる」）という原則が維持され
ている点に注意してください。

　主張・立証責任の対象となる事実（＝過失があったとの評価を根拠づける具体的事
実）ではなく，それに関係する事実（間接事実）から，裁判官が経験則を適用して，
「過失があったとの評価を根拠づける具体的事実があった」との心証を形成したた
め，その事件は過失について「真偽不明」の事件ではなくなったという，それだけ
のことです。

　そこで，考えてほしいのは，この場面で，加害者側が損害賠償請求を免れたけれ
ば，どのような手段を採ればよいかということです。

　加害者側としては，「過失があったとの評価を根拠づける具体的事実がなかっ
た」ということの主張・立証に成功しなければ敗訴してしまうのでしょうか？ そ
うではありません。冒頭に述べたように，「過失があったとの評価を根拠づける具
体的事実については，被害者が主張・立証責任を負う」のです。だから，加害者側
としては，「過失があったとの評価を根拠づける事実があったのかどうかわからな
い」という「真偽不明」の状態に持ち込みさえすれば（間接反証と言います），「過
失があった」との裁判官の心証形成が遮断され，「加害者に過失があったとの評価
を根拠づける具体的事実があったのかどうかわからない場合には，被害者に不利な
判断がされる」結果，「加害者に過失があったことを認めるに足りる証拠はない」
とされて，被害者の請求が棄却されます。要するに，加害者としては裁判官の心証
を動揺させ，「真偽不明」の状態に持ち込めばよいのです。

1.8.3　過失についての「法律上の推定」(立証責任の転換)

　民法709条の定める過失責任の原則を維持しながら，主張・立証面での被害
者の負担を避けたいのであれば，端的に，「加害者に過失があったのかどうか
わからない（真偽不明）という場合に，被害者に不利な判断がされる」という
証拠法上のルールの例外となるルールを，特別法で採用すればよいことです。

　一例として，特許法103条を見てみましょう。そこでは，「他人の特許権又は
専用実施権を侵害した者は，その侵害の行為について過失があったものと推定
する」との規定が置かれています。法律の規定の中で，「加害者に過失があっ

た」との事実が推定されているのです（過失の法律上の推定）。その結果，「加害
者に過失があったとの評価を根拠づける具体的事実が存在したかどうか，わか
らない」(真偽不明) という場合には，立証責任の分配に関する原則と違い，真
偽不明のリスクは加害者が負担する——加害者敗訴の判決がされる——という
ことになります。加害者の側が，「侵害行為について，みずからに過失がなか
ったとの評価を根拠づける具体的事実」について主張・立証責任を負担するの
です。このことを捉えて，「過失の立証責任が，被害者から加害者へと転換さ
れている」とも言います。

　もちろん，ここでも，なぜそれぞれの場面で法律の規定により「過失の法律
上の推定」がされているのかは，きちんと正当化できるものでなければなりま
せん。「被害者が保護されるから，よいではないか」とはならないのです（過
失責任の原則が何を目的としたものか，今一度確認してください）。ただ，特別法に
ついて個別に取り扱うのは本書の性格から無理なので，これからの学習の中で
この種の規定に遭遇したときに，それぞれの場面ごとに整理してください。

1.9　次章以降の解説への架橋
——民法709条に基づく損害賠償請求

　被害者Ｘが加害者Ｙを相手どって，民法709条に基づき，不法行為を理由と
する損害賠償請求をする，という抽象的なモデルで考えます。

　この場合に，原告Ｘが請求原因として主張・立証すべき事実は，通説的見解
（かつ，実務でされている理解）に従えば，おおよそ次のように整理できます。

①　Ｘの権利（または法律上保護される利益）が侵害されたこと
②　Ｙが行為をするにあたり，Ｙに故意があったこと，または，Ｙに過失があっ
　　たとの評価を根拠づける具体的事実
③　請求原因②の行為（故意行為・過失行為）と①の権利侵害との間の因果関係
④　Ｘに生じた損害（およびその金額）
⑤　請求原因①の権利侵害と④の損害との間の因果関係

　③と⑤を合体し，その結果，②と④を１つの因果関係でつなぐ見解もありま
す。また，④については，金額を入れない考え方もあります。さらに，⑤につ
いては，④に吸収されるという考え方もあります。これらについては，第４章
・第５章で説明します。なお，①の要件については，特別の断りのない限り，

本書では,「権利侵害」と略称します。

❖ **相関的権利と不法行為責任の成立要件**

　（注）　このコラムは,第4章まで読み終えた後に,読んでください。

　加害者の行為によって自己の権利を侵害された被害者が加害者に対して不法行為
を理由に損害賠償請求をする場合,被害者は,（損害の主張・立証を別とすれば）①
自己の権利が侵害されたこと,②加害者に故意または過失があったこと,③故意・
過失行為と権利侵害との間の因果関係を主張・立証しなければなりません。そして,
多数説の支持する考え方からは,所有権侵害や人身侵害（生命・身体・健康侵害）
の場合には,この①・②・③を別個独立に主張・立証の対象として捉えることがで
きます（手術ミスの結果として患者が死亡した場合を想定してください）。①では,被
害者の権利がどこまで保護されるのかが判断され,②では,加害者の行動の自由が
禁止規範・命令規範によってどこまで制約されるのかが判断され,そして,③では,
①と②を連結することの適否が判断されるというように,①・②・③が順次に確定
されることになります。

　ところが,世の中で「権利」とされているものの中には,名誉・プライバシーそ
の他の人格権・人格的利益や営業権・営業利益のように,被害者の権利がどこまで権
利として保護の対象になるのかという点に関する判断（①）と,加害者の行動の自
由がどこまで保護され,また制約されるのかという点に関する判断（②）とが不可
分一体のものとされるタイプのものがあります。著名な俳優がレストランで食事し
ている姿を撮影してソーシャル・ネットワーキング・サービス（SNS）上に流した
場合や,著名なアパレル・メーカーが提供している商品に対するマイナスの評価を
インターネットで流布して不買を呼びかけたために,そのメーカーの売上げが激減
した場合を想定してください。ここでは,①と②が一体となって判断されるうえに
（権利侵害あり＝故意・過失あり）,その結果として,これらとは別に③を論じる必
要はないということになります。このような権利のことを相関的権利と呼ぶことが
あります。

I　法律要件と法律効果

　「一定の要件(T)を充たせば，一定の効果(R)が発生する」という公式を基礎にして実体法規範を整理したとき，法律効果の発生原因のことを，法律要件と言います。そして，法律要件に該当する事実のことを，要件事実と言います。その結果，「法律要件」に該当する事実（要件事実）が存在する場合に，「法律効果」が発生するということになるのです。

II　要件事実についての主張責任・立証責任

1　緒　論

　法律関係をめぐる紛争が民事訴訟の場に持ち込まれたとき，わが国では，法律上の争訟一般につき，（一部の例外を除いて）弁論主義という考え方が採用されています。判決に必要な事実と資料は，当事者（原告・被告）が各自の責任において，口頭弁論の場で提出しなければならないのです。

　ここから，法律要件に該当する事実（要件事実）が訴訟手続に現れていない場合に，その不利益を原告と被告のどちらが負担しなければならないかという問題が出てきます。

2　主張責任——主張しないことのリスク負担

　主張責任とは，「ある事実が弁論で主張されなかったときに，敗訴してしまう不利益を原告・被告のいずれが負担するか」という問題です。裁判所は，ある事実（要件事実）が弁論に現れていないとき，その事実を判決の基礎として採用することができません。その結果，ある事実を主張しなかった場合に敗訴のリスクを負わされる者に，その事実についての主張責任があるのです。

　主張責任は，ある事実（要件事実）が弁論において主張されなかったことによるリスクを，主張責任を負担する者に課すことで，相手方を不意打ちの危険から保護し，相手方の防御の機会を保障することを目的としたものです。それゆえ，主張責任を課された者が当該事実を主張していなくても，相手方の主張の中にその事実が現れているときには，裁判所は，その事実が弁論に現れているものとして，判断の基礎とすることができます。

3　立証責任——真偽不明のリスク負担

　立証責任（証明責任とも言います）とは，ある事実（要件事実）が存在すると

も存在しないとも裁判所が確定できないとき（＝真偽不明）に、「その要件事実は存在しない」ものとして扱われ、その要件事実が存在していれば適用されたであろう実体法規範が適用されないことを言います。法律要件Tについての要件事実Aの存否が真偽不明であるときには、要件事実Aが存在しないものとして扱われ、その結果として、法律要件Tを充足しないために、法律効果Rが発生しません。「T→R」という実体法規範が適用されないのです。

　要するに、立証責任とは、真偽不明のリスク負担、つまり、「その事実が立証されなかったことによる不利益（＝実体法規範不適用）の負担」という意味です。Aという要件事実について立証責任を負担する者は、要件事実Aについて「真偽不明」のリスクを負わされることになるため、「ある事実について、誰が立証責任を負うか」ということは、民事訴訟の中では、非常に重要となります。

第2章

権利侵害

▶Xの言い分……私は，Aの妻で，10年間，婚姻生活を続けてきました。ところが，最近1年ほど，Aがしばしば外泊するようになり，調べてみたところ，Aが仕事上で知り合ったYと不倫をし，Yのマンションに通い詰めていることがわかりました。私は，心が傷つけられ，悔しさでいっぱいです。私は，Yに，500万円の慰謝料を請求したい。

▶Yの言い分……たしかに，私は仕事で知り合ったAと情交関係を結びました。AにはXという妻がいることも知っています。不倫の関係にあると言われれば，それまでかもしれません。しかし，Aは，Xの冷たい態度が原因で，Xとは長い間別居状態にあり口も聞いていないと言っていましたし，実際に，私と知り合う前から，Xとはほとんど会話をしていないようです。この関係に入ることを誘ったのも，Aのほうです。どうして私がXに慰謝料を支払わなければならないのか，理解に苦しみます。

2.1 条文の文言の確認

わが国の民法は，709条において，不法行為制度の基点に，**権利侵害**を据えています。現在の民法の709条（平成16年〔2004年〕に改正され，平成17年〔2005年〕4月1日より施行されたもの）では，「故意又は過失によって他人の権利又は法律上保護される利益を侵害した者は…」となっています。改正前の文言は，「故意又ハ過失ニ因リテ他人ノ権利ヲ侵害シタル者ハ…」というものでした。

この新旧2つの文言を比較すれば一目瞭然，「権利」の侵害が「権利又は法律上保護される利益」の侵害に改まっているのです。これは，一体どういうことなのでしょうか。平成16年の改正により，それまでとは違ったルールが民法

に新たに採用されたのでしょうか。

　この問いに対する解答をわが物とすることは，皆さんが709条の定めているルールの意味と内容を知り，それを要件事実へと展開していくうえで，きわめて重要な意味を持ちます。そして，この理解に至るためには，平成16年改正前の「権利侵害」の要件をめぐって展開された判例と学説の流れをたどることが，不可欠の作業となります。なぜなら，「権利侵害」要件をめぐる判例と学説の積み重ねが，平成16年改正により採択された「権利又は法律上保護される利益」の侵害という文言表現に結実したものだからです。

2.2 「権利侵害」要件策定へのインセンティブ
——不法行為責任成立場面の限定

　平成16年改正までの民法709条は，不法行為責任の成立要件の1つとして，「権利侵害」を要求していました。これは，社会生活をする中で他人に損害を及ぼすことがたびたびあるから，「権利侵害」要件を置くことにより，不法行為責任の成立する場合を限定しようという意図に出たものです（「過失または懈怠」〔par sa faute ou sa négligence の訳です〕によって「他人に損害を加えた」者が賠償責任を負担するとしていた旧民法財産編370条1項の規定を改めたものです）。

　民法典制定当初においても，起草者の考えたところに沿って，侵害対象となる権利の意味を厳格に解する立場が支配的でした。「既存の法律体系において権利と認められたものを侵害したのでなければ，不法行為は成立しない」という考え方が支持されていたのです。また，厳密な意味で権利と言えないものに対して不法行為法による保護を拒絶する考え方は，当時の判例においても採用されていました。「即興的・瞬間的創作にすぎず，定型的旋律を成さない浪曲に，著作権は認められない」旨を判示した雲右衛門事件と称される大審院判決（大判大3・7・4刑録20-1360〔浪曲レコードの無断複製事件〕）は，当時の状況を示す著名な判決として今日まで語り継がれています。

2.3 判例の転回
——「法律上保護された利益」への拡大（大学湯事件）

　こうした「権利侵害」に対する考え方の転換に至る契機となったのが，大学

湯事件と称される大審院判決（大判大14・11・28民集4-670）です。

　この事件では，「大学湯」という名の銭湯を開業していたＹが，Ｘに銭湯の建物を賃貸するとともに，「大学湯」という「老舗」を売却しました。やがて，この建物の賃貸借契約がＸ・Ｙ間で合意解除された後，Ｙは，同じ建物を今度はＤに賃貸し，Ｄに「大学湯」の名で営業をさせたのです。そこで，ＸがＹ・Ｄに対して損害賠償を請求しました。この事件では，銭湯の「老舗」の価値またはその売却によってＸが得ることができたであろう利益が不法行為の保護の対象になるかどうかが争われたのです。

　原審では「老舗」は「権利」でないとしてＸの請求を斥けましたが，大審院では，具体的権利と同一程度の厳密な意味においてはいまだ権利と言えないものであっても，「法律上保護セラルル一ノ利益」であればよいとの判断が示されました（権利内容の緩和）。しかも，そこでは，当時の709条が，「故意又ハ過失ニ因リテ法規違反ノ行為ニ出デ以テ他人ヲ侵害シタル者ハ之ニ因リテ生ジタル損害ヲ賠償スル責ニ任ス」という広汎な意味にほかならないともされた点が注目されます（当時の709条の意味の読み替え）。ついでに言えば，大審院も，侵害の対象を「老舗」と見ているわけではなく，老舗売却による「得べかりし利益」と見ている点に注意してください。

2.4　権利侵害から違法性へ（その１）
——違法性徴表説の登場

　このような「権利侵害」に対する考え方の転換は，「権利侵害」要件を置くことで不法行為責任の拡張を防ぐという意図を有していた立法当初の考え方が，その後の社会情勢の変化に伴って保護を与えられるべき社会的利益が増加するにつれ，それらの利益を「権利」として構成する方向へと変化を遂げたものとして捉えることができます。「権利内容の緩和」という点に，判例による法形成の主眼が置かれていたのです。

　ところが，判例では権利概念の拡張（権利内容の緩和）に目が向けられていただけであるにもかかわらず，学説では，判例の転回を受けて，**権利侵害から違法性へ**という動きが加速していきました。この動きに大きな影響を与えたのが，末川博（1892-1977）と我妻栄（1897-1973）の見解です。

　末川博は，故意または過失ある「違法行為」により被った損害の賠償にこそ

不法行為責任の本質があると見ることで，不法行為の客観的要件の中核に「違法性」を据え，権利侵害は違法性の1つの徴表にすぎない旨を説きました（違法性徴表説）。末川によれば，不法行為制度の本質は「法律秩序」を破ること自体にあり，たとえ「権利侵害」への該当性が認められなくても，法規違反や公序良俗違反からも「違法性」，したがって不法行為責任が認められると言ったのです。

2.5 権利侵害から違法性へ（その2）
——相関関係論

　末川が基礎を作った「違法性」の構成因子を分析し，違法性の判断枠組みを明らかにしたのが，我妻栄です。

　我妻は，不法行為の要件として「権利侵害」にとって代わるべき「違法性」の有無は，被侵害利益の種類と侵害行為の態様との相関関係によって決まると説きました（相関関係論）。つまり，①一方で，被侵害利益の種類として，物権その他の「支配的財産権」，人格権その他の人格的利益，そして債権などが観念されるとともに，②他方で，侵害行為の態様として，刑罰法規違反，禁止法規または取締法規違反，公序良俗違反，権利濫用などが観念され，両者の相関的衡量により「違法性」の有無が判断されると考えたのです。

　このように，不法行為による損害賠償責任の成立要件の中で，権利侵害に代わる要件として違法性を挙げる見解，とりわけ相関関係論は，わが国の裁判実務の支持を得て通説となりました。そして，1970年代前半あたりまでは，学説においてほぼ異論を見ないような状況にありました（ちなみに，戦後の昭和22年〔1947年〕に制定された国家賠償法の1条を見てみましょう。「故意又は過失によって違法に他人に損害を加えたときは…」となっていますね。当時の学説の影響の大きさがうかがわれる文言です）。

2.6 「違法性」評価基準の修正論——受忍限度論

　このような相関関係論に対しては，やがて，学説の一部から，違法性の判断基準として何をとりあげるかという点で修正を加える方向が示されるようにな

りました。受忍限度論と呼ばれる立場が，これです。

　受忍限度論は，主として公害のケースを念頭に置いて展開された立場です。この見解は，通説が「違法性」要件のもとで被侵害利益の種類と侵害行為の態様という2因子のみの相関的衡量をしている点を批判し，むしろ，①被侵害利益の性質および程度，②地域性，③被害者があらかじめ有した知識，④土地利用の先後関係，⑤最善の実際的方法または相当な防止措置，⑥その他の社会的価値および必要性，⑦被害者側の特殊事情，⑧官庁の許認可，⑨法令で定められた基準の遵守といった事由が，「違法性」判断にあたって考慮されるべきであると説きました（後述する12.3も参照してください）。

❖ 受忍限度論と新受忍限度論 ══════════════════════════════
　　受忍限度論は，当初，「違法性」要件の中での理論として提示されました。しかし，やがて，次の2.7と同様に「違法性」要件自体を不要とする立場（「権利侵害」要件と「故意・過失」要件で十分であるとする立場）へと展開し，受忍限度を判断する際の上記諸事情を，「違法性」の衡量事由としてではなく，「過失」の衡量事由として捉える新受忍限度論へと発展していきました。「受忍限度論」と「新受忍限度論」との違いは，第3章を読んでからわかれば十分です。

2.7　「違法性」要件不要論
──「権利侵害」要件と「故意・過失」要件による処理

　他方，相関関係論を基調とする「違法性」理論は，1970年代後半あたりから，学説の次のような厳しい批判にさらされました（学説では，今日の支配的地位を獲得した立場であると言ってよいでしょう）。この立場は，次の2点に大きな特徴があります。

　第1に，この立場は，「権利侵害」を「法的保護に値する利益」の侵害へと拡張するだけのことであれば，「法的保護に値する利益」をもって709条に言う「権利」だと言えばよいのであって，わざわざ「違法性」などという条文にない要件を立てる必要はない，と言います。709条の「権利侵害」＝「法的保護に値する利益の侵害」と捉えれば足りるとするのです。

　なお，このような理解をしたときには，およそ「法的保護に値する利益」への侵害であれば「権利」侵害要件を充たすのですから，その結果として，「権利侵害要件によって不法行為責任の成立場面を限定する」という明治の起草者

たちが考えていた作用は，きわめて弱くなります。

第2に，この立場は，相関関係論が「違法性」要件で問題としている被侵害利益面と侵害行為の態様面の衡量は，「故意または過失」という帰責事由の要件の中でおこなうのが相当である，と言います。

以上の理解をしたときには，通説の言う「違法性」要件が担っていたものは「権利侵害」と「故意・過失」の2要件で十分に捉えられることになります。その結果，「違法性」要件は不要となるのです。

ちなみに，わが国と異なった不法行為の制度設計をしているドイツ民法には，「絶対権」を「違法に」侵害した者が被害者に対し損害賠償責任を負う旨の規定があり，「違法性」が要件となっています（ドイツ民法823条1項）。しかし，709条にはこのような文言はありません。この点を捉えて，「違法性という要件は，特殊ドイツ的概念であり，わが国の不法行為損害賠償責任の成立要件とすべきでない」というように説かれることも少なくありません。

なお，不法行為を理由とする損害賠償の「要件」を挙げる際に「違法性」をその一つとして挙げるかどうかということと，わが国の私法のシステムのもとで市民生活においていかなる行為が「違法」と評価されるかということとは，別問題です（刑法における結果無価値〔結果不法〕・行為無価値〔行為不法〕の議論は，後者のレベルに位置づけられるものです）。違法性「要件」を不要と考える場合も，民事違法（不法）の「本質」を探究することは，法を支える原理・思想を理解するうえで重要な作業なのです。

❖ **違法性要件の積極的評価**

　　（注）　このコラムは，第3章を学んでから読んでください。不法行為制度の説明をするときの順序立てた説明という意味ではここに置くべきコラムですが，内容的には，「過失」をどのように理解するかという点についての理解があってはじめて捉えることのできるものです。それでも，どうしてもわからなければ，飛ばして結構です。

　　2.7の動きに対し，相関関係論を質的に修正することで，「違法性」要件の持つ積極的意義を活用する動きがあります。もっとも，この動きは，次の2つのものに分かれます。

　　1つの立場は，違法性の意味を「行為の客観的秩序違反」と捉えたうえで，違法性が問題となる場面を，「絶対権侵害」と「その他の法益侵害」とに分けるところから出発します。そして，①「絶対権侵害」については，「絶対権を侵害してはならないという一般的規範」から（違法性阻却事由がない限り）当然に違法となるのに対して，②「その他の法益侵害」については，生じた結果から遡及的かつ客観的

・一般的に「とるべきであった作為・不作為」を確定し，この作為・不作為の態度をとらなかったことが違法であると説きます。

　他方，これとはまったく別の観点から，違法性要件を再評価する立場が示されています。この立場は違法性一元論などと言われ，一方で「過失」を「行為義務違反」，他方で「権利侵害」を「不法行為法的保護を与えるにふさわしい利益の侵害」と捉えたうえで，両要件を総合的に考慮する場として，「違法性」要件を位置づけるものです。不法行為が損害の公平な分配を目的とした制度であるところ，被害者の事情と加害者の事情とを比較衡量して賠償の有無・範囲・額を定めなければならないが，加害者側の事情（「故意・過失」）と被害者側の事情（「権利侵害」）を同一平面で衡量する場が必要であり，それが「違法性」要件であると考えるのです。

2.8 「権利」論の再生
——「権利侵害」要件の再評価

「権利侵害」要件については，「法律上保護される利益」へと「権利」概念を拡張することが判例・学説により受け入れられていることから，少なくとも不法行為法の一般理論レベルでは，大学湯事件以降，あまり議論されてきませんでした。このことは，上に述べたように，「権利」概念が拡張された結果として，いまや「権利侵害」要件には不法行為責任の成立する場面を限定する機能が認められない（権利侵害要件の希薄化）との認識にも支えられています。

　ところが，1990年代後半以降，こうした傾向に変化の兆しが見られます。この動きは，法秩序によって保障された他人の権利を侵害する行為に対し救済を与えるのが不法行為法の目的であることを再確認し，この不法行為法での権利保護を，憲法を基点とする**基本権保護秩序**の中に位置づけるべきだとするものです。憲法を頂点とする法秩序全体の見地から，現代社会の中で憲法により保障された個人の権利が何かを考え，それを基点として，709条に言う「権利」としての要保護性を決定していくべきだと主張するのです。

> ❖ 権利アプローチと加害者の過失
> 　ちなみに，この立場からは，第3章で扱う加害者の「過失」は，「行動の自由」という加害者の「権利・自由」に対する制約という観点から捉えられることになります（行動の自由も，自由権的基本権に属します。営業の自由・職業選択の自由など，憲法で学んだところと突き合わせてください）。
> 　その結果，このような立場からは，「709条に基づき，不法行為を理由とする損害

賠償請求権が認められるかどうか」という判断にあたって，「被害者の権利」の保護の必要性と「加害者の権利」（行動の自由）に対する制約の必要性との間で，過剰介入の禁止・過少保護の禁止の観点（比例原則。これも憲法で学びます）からの衡量がおこなわれているとの理解になります。

2.9 再び平成16年改正後の条文文言へ

　以上に見たような判例と学説の展開を経て，平成16年の民法改正により，709条の文言が，「権利又は法律上保護される利益」の侵害という表現に改まりました。

　これについては，大学湯事件以降確立した「権利」概念に関する判例の理解（「法律上保護される利益」も「権利」に含める考え方）を基礎にして，「権利」概念についての学説上での多様な理解を前にしたときに，「権利侵害」という文言を維持したならば生じるかもしれない相違・誤解，とりわけ，「権利」の意味を狭く解した場合に生じる法的保護が欠けてしまう不都合を避けるため，慎重に「権利又は法律上保護される利益」と書くことで，どの学説にも文言面での障害となることのないようにした，と見るのが素直なように思われます（裏返せば，現在主張されているどの考え方からも，自説に依拠して改正後の文言を説明することが可能でしょう）。

　なお，「法律上保護される利益」の概念は，人格・環境にかかわる利益や取引・競争にかかわる利益であって，現代の社会においてはいまだ「権利」というほどまで成熟していないもの（生成中の権利）についても，その侵害に対して法的保護を与えるための窓口になりうる点が指摘されることもあります。

❖ 夫婦の一方の不貞行為の相手方に対する他方配偶者の損害賠償請求 ══════
　　冒頭に掲げた事例に関連する判例は，「夫婦の一方の配偶者と肉体関係を持った第三者は，故意又は過失がある限り，右配偶者を誘惑するなどして肉体関係を持つに至らせたかどうか，両名の関係が自然の愛情によって生じたかどうかにかかわらず，他方の配偶者の夫又は妻としての権利を侵害し，その行為は違法性を帯び，右他方の配偶者の被った精神上の苦痛を慰謝すべき義務がある」としています（最判昭54・3・30民集33-2-303）。他方，この判決は，夫婦の間の未成熟子が不貞行為の相手方である第三者に対して不法行為を理由に損害賠償請求することができるかど

うかにつき，「妻及び未成年の子のある男性と肉体関係を持った女性が妻子のもとを去った右男性と同棲するに至った結果，その子が日常生活において父親から愛情を注がれ，その監護，教育を受けることができなくなったとしても，その女性が害意をもって父親の子に対する監護等を積極的に阻止するなど特段の事情のない限り，右女性の行為は未成年の子に対して不法行為を構成するものではない」として，これを否定した判決としても重要です。「父親がその未成年の子に対し愛情を注ぎ，監護，教育を行うことは，他の女性と同棲するかどうかにかかわりなく，父親自らの意思によって行うことができるのであるから，他の女性との同棲の結果，未成年の子が事実上父親の愛情，監護，教育を受けることができず，そのため不利益を被ったとしても，そのことと右女性の行為との間には相当因果関係がない」というのが，その理由です。なお，この判決は，不貞行為により精神的苦痛を被ったことによる慰謝料（不貞慰謝料）の請求を他方配偶者に認めたものです。これに対して，不貞行為が原因となって夫婦が離婚したときに，他方配偶者は，不貞相手である第三者に対して離婚慰謝料を請求することは，特段の事情がない限り，できません（最判平31・2・19民集73-2-187）。

　もっとも，判例は，夫婦の一方が第三者と肉体関係を持った場合であっても，婚姻関係がその当時既に破綻していたときは，特段の事情のない限り，この第三者は他方の配偶者に対して不法行為責任を負わないとしています（最判平8・3・26民集50-4-993）。その理由として挙げられているのは，第三者が夫婦の一方と肉体関係を持つことが他方配偶者に対する不法行為となるのは，それが他方配偶者の「婚姻共同生活の平和の維持という権利又は法的保護に値する利益」を侵害する行為と言うことができるからであるところ，婚姻関係が既に破綻していた場合には，原則として，他方配偶者にこのような「権利又は法的保護に値する利益」があるとは言えないという点です。

❖ 契約交渉過程における信義誠実に反する態度と不法行為責任

　契約交渉過程において，(a)交渉当事者の一方が相手方に対して虚偽または不実の説明や情報提供をしたり，断定的な判断を提示したりした結果として，相手方が契約を締結した場合（説明義務・情報提供義務に対する違反，断定的判断の提供），(b)交渉当事者の一方による言動が相手方に誤解を生じさせ，相手方が誤解に基づいて交渉を進めていることに気がついたにもかかわらず，相手方に対して誤解をしていることを指摘しなかった場合（誤認指摘義務に対する違反），(c)契約交渉が進み契約締結にあと一歩と迫った段階で，一方の当事者がそれまでの言動に反する態度をとり，契約交渉を破棄した場合（契約交渉の不当破棄），(d)取引経験・知識を著しく欠く者に対して，その者の目的・動機に適合しない商品を売りつけた場合（投資取引における適合性の原則に対する違反）など，契約交渉過程において交渉当

事者の一方により信義誠実に反する態度がとられた結果として相手方が損害を被ったとき，相手方は，契約締結に関する自己決定権の侵害を理由として，故意・過失のある他方当事者に対し，不法行為に基づく損害賠償を請求することができます。この問題については，契約法の教科書を参照してください（かつては，契約締結上の過失を理由とする損害賠償責任としてカテゴライズされ，不法行為責任ではなく，契約責任類似の責任として捉えられてきましたが，現在の判例は，これらを不法行為責任として扱っています。『債権各論Ⅰ』の1.3も参照してください）。

第3章

故意・過失

▶Xの言い分……私は，自分が所有する甲土地で20年間，みかんの栽培を続けてきました。ところが，2年前から，急にみかんの収穫量が激減し，品質も悪化してきました。2年前というのは，ちょうど甲土地の近くでYがゴミ処理施設を経営しはじめた時期です。それ以降，施設から出る煙が甲土地の方向に流れてきており，みかんの木がこの煤煙にやられたため，収穫面での減少につながったものと考えられます。有毒な煙を排出し続けたYには故意があったに違いないし，仮に故意がなかったとしても，被害防止のために適切な措置を採らなかった過失があるものと考えます。私は，Yに対して，収穫が減少し品質が悪化したことによる収入の減少分に相当する賠償を請求したい。

▶Yの言い分……私は，Xに被害を生じさせる意図で煙を出したわけではありません。また，Xは被害防止のために適切な措置を採らなかった過失があると言いますが，私は，そもそも私の工場の煙が農作物に悪影響を及ぼすなどということを知りませんでしたし，同タイプの工場なら備えている無害化設備を自分の工場に備えて稼動させています。事業に必要な許可も県知事から得ています。

3.1　過失責任の原則
——ここまで学んだことの再確認を兼ねて

民法709条は，不法行為を理由とする損害賠償請求が認められるためには，加害者に故意または過失があることが必要であると規定しています。

ここで，加害者の故意・過失を必要としたのは，わが国の不法行為損害賠償制度が「過失責任の原則」を採用しているからです。

第1章で学んだように，「過失責任の原則」とは，「みずからの行動について過失のない者は，みずからの行動により生じた結果について責任を負わなくてよい」との原則です。わが国の民法は，この「過失責任の原則」を基礎に据えることで，私的生活関係の中での私人の行動の自由を保障しているのです。それと言うのも，「過失責任の原則」のもとでは，社会生活の中で合理的な行動（理性的な行動）をした者は，その行動の結果について損害賠償責任が問われることがないからです。

　このように，国家が「過失責任の原則」を採用して私人の行動の自由を保障するということは，行動の自由を**自由権的基本権**として保障した憲法の理念に合致するものです（この先は，「憲法の私人間効力」をどのように考えるかによって，説明の方法が違ってきます。この点については，憲法の教科書を参照してください）。

　それと同時に，国家が「過失責任の原則」を採用するということは，社会生活の中でおこなわれる不合理な行動については，いかに行動の自由が自由権的基本権の1つであるとしても，国家がそのような不合理な行動の価値を否定する（＝「故意・過失あり」と評価する）ことによって行動の自由を保障しないということをも意味します。この点では，「過失責任の原則」は，行動の自由という自由権的基本権を制約するという機能を持つことになります。

　なお，故意・過失は，権利侵害（論者によれば，違法性）が客観的要件と言われるのに対して，主観的要件と言われることがあります。

3.2　故意の意義

　国語辞典などでは，故意とは，「わざと」の意味であるとされることが多いようです。「わざと人を傷つける」・「わざと人の物を壊す」・「わざと嘘のうわさを撒き散らす」といった具合です。

　民法の解釈論の世界では，故意の意味は，2つの観点から議論されています。

　1つは，「故意がある」と言えるためには，①結果が発生することを意欲していることが必要か，②結果が発生することの認識があれば足りるか，それとも，③意欲までは要らず，さりとて認識では足りず，結果発生を容認すること（認容と言います）が必要かという点をめぐる議論です。刑法においても，同様の議論があります。不法行為法の領域では，故意の意味を，結果発生の「認

容」の意味で捉えることで，一致を見ています。

　もう1つは，結果の発生は「確実」とは考えなかったものの「結果発生の可能性」は認識し，かつ，結果発生を「意欲」していないものの「認容」している場合を，「故意」に含めるかという点をめぐる議論です。トラックの運転者が，大勢の人が道幅いっぱいに広がって歩行している道路に，このままトラックを乗り入れたら歩行者をはねるかもしれないが，そうなったとしてもやむを得ないと判断して，トラックを進入させたところ，通行人の1人をはねてしまったというような場合です。このように，「結果発生の可能性を認識しながら，これを認容した」場合は未必の故意と言われ，故意に含めるのが一般の理解です（これに対して，結果発生を確実なものと認識していた場合や，結果発生を意欲していた場合は，「確定的故意」と言われます）。

3.3　過失の意義

　過失は，日常生活の中では，「落ち度」・「不注意」・「○○ミス（運転ミス，操作ミス，連絡ミスなど）」などと言われることが多いようです。現在の不法行為学説では，「結果発生の予見可能性がありながら，結果の発生を回避するために必要とされる措置（行為）を講じなかったこと」(結果回避義務違反) と定義するのが通例です。

　過失があったかどうかは何に着目して（過失評価の対象），どのような基準で判断するのでしょうか（過失の判断基準）。過失の有無に関する判断が行為者に損害賠償責任を負わせるかどうかの大きな分かれ道となりますから，過失評価の対象と過失判断の基準については，きちんと把握しておくことが重要です。

3.4　過失評価の対象

　何を対象として過失の有無を判断するのかという点をめぐっては，次の2つの対極にある考え方が示されています。

　①　1つは，「過失とは，意思の緊張を欠いたという不注意な心理状態に対する非難である」という考え方です。内心の心理状態を対象として，過失の有

無を判断するものです（文献の中では，内的注意・不注意という言い方がされることもあります）。

　②　これと対極に位置するのは，「過失とは，社会生活の中でおこなわれた法的に許容されない不注意な行為に対する非難である」という考え方です。社会生活に現れた行為を対象として，過失の有無を判断するものです（文献の中では，外的注意・不注意という言い方がされることもあります）。

　かつては，①の考え方が暗黙の前提になっていたようです。しかし，現在の不法行為学説の多くは，3.3で示した一般におこなわれている定義からもうかがわれるように，②の考え方を支持しています。過失は結果回避義務の違反であるとか，「損害回避義務の違反」・「行為義務の違反」であると言う見解は，いずれも②の立場を基礎としているのです。これから皆さんが目にする文献の中では，意思緊張の欠如から行為義務違反へとか，主観的過失から客観的過失へとか，過失の客観化といった表現が多用されています。これは，学説の考え方が①から②へと移行していったことを示すものです（大阪アルカリ事件と称される大判大5・12・22民録22-2474も，ぜひ一読してください）。

　もっとも，それでは，なぜ，②のような考え方が支持されるのでしょうか。これについては，次のように考えるのは，どうでしょうか。

　人は国家により自由を保障された社会の中で他の人々とともに生活をおくっているわけですが，そこでは，他者との交流なしに社会生活をおくることは，きわめて困難です。裏返せば，社会というものは，国家により自由を保障された個々人が共同体を構成して，その中で各々が自由な生活を営んでいるわけです。こうした共同体社会の中では，自由な個人と個人とが接触することにより，人々の権利・自由の間での摩擦・衝突が生じることは避けられません。このとき，個人の自由の保障を基本理念として維持しつつ共同体社会を機能させるには，「個人はみな，対等（平等）である」との立場を前提にすれば，自由で対等な私人相互の権利・自由を調整する必要が出てきます。それゆえに，国家は，他者の権利・自由への保護を図るために社会生活上必要と考える措置を，私人に一定の行為を命じ，または禁止することによって負荷すること（命令規範・禁止規範）で，人々の権利・自由の間での摩擦・衝突を回避しよう——そして，他者の権利・自由を保障しよう——とするのです（内心の思想・信条そのものを直接に規制することはできません）。もちろん，こうした一定の行為の命令・禁止は，憲法に適合的なものでなければなりませんし，何よりも個人の行動の自由

を制約することにもなりますから，あくまでも他人の権利を保護するのに最大にして，かつ必要最小限の介入でなければなりません（過剰介入の禁止）。

❖ 過失＝信頼責任とする考え方 ═══════════════

もっとも，今日の不法行為学説で②の考え方を支持する論者の中で，本文に挙げたような説明をしている者は，稀です。むしろ，②の考え方を支持する多くの論者が理由として挙げているのは，信頼責任の考え方です。そこでは，次のような説明がされています。

それによれば，共同体社会において，共同体の構成員である個々人は，互いに他者が合理的な行動をとるであろうと信頼して生活を営んでいるのですから，個々人は互いの信頼を裏切らないように行動しなければ，共同体社会はうまく成り立っていきません。そこで，国家は，こうした共同体社会の信頼を裏切る行動をしないように，個々人に対し，社会生活をおくるにあたりとるべき行動を義務づけているのです。この国家により課された行為義務に対する違反，すなわち，共同体の構成員からの信頼を裏切るような行動が，過失と評価されるのです。

余力のある人は，このような考え方と本文で述べた考え方との間で，どこにどのような違いがあるかを考えてみればよいでしょう。

❖ 重 過 失 ═══════════════════════

過失の中のひとつの種類として，重過失（重大な過失）というものが説かれることがあります。もっとも，何が重過失にあたるかについては，2つの異なる見方が示されています。

第1は，重過失とは「ほとんど故意に近い著しい注意欠如の状態」であるとする定義の仕方です。裁判例でも，（3.10で述べる失火責任法に関するものですが）「わずかの注意さえすれば，たやすく違法有害な結果を予見することができた場合であるのに，ほとんど故意に近い著しい注意欠如の状態」としたものがあります（最判昭32・7・9民集11-7-1203）。この定義からは，重過失は，故意と同様に，もっぱら心理状態として捉えられ，かつ，認識（予見）レベルでの著しい不注意と捉えられることになります。

第2は，重過失とは故意と軽過失の中間に位置するものであって，重過失とは「注意義務違反の程度が著しい場合」であるとする定義の仕方です。学説では，このような説明をするものが増えています。

もっとも，第2の見方をする場合にも，重過失が問題となる場合のなかに，次の2つのタイプのものが含まれる点に留意する必要があります。

1つは，義務違反の態様が著しいというタイプのものです。一般市民がその居住する家屋で火を失したような場合における重過失には，このタイプにあてはまるも

のが多いです。

　もう1つは，問題となる注意義務そのものがあまりにも本質的・基本的なもので
あるために，行為者としては，ほんのわずかの注意さえすれば，たやすく権利侵害
の結果を予見し，回避することができたというタイプのものです。取引において専
門家が尽くすべき注意義務の違反が問題となる場合の重過失には，このタイプにあ
てはまるものが多いです。

3.5　過失の判断基準（その1）
——誰の能力を基準とするか？

　過失があったか否かを判断するにあたり，誰の能力を基準として考えればよ
いでしょうか。

　刑事過失では，行為者本人の具体的な注意能力を基準として，過失の有無が
判断されます（具体的過失とも言われます）。これに対して，民法709条の「過
失」評価においては，具体的行為者の注意が基準となるのではなく，平均的な
人（合理人〔reasonable person〕）ならば尽くしたであろう注意が基準となって，
過失の有無が判断されます。この平均人（合理人）が尽くすであろう注意は，
ローマ法以来の伝統に従い「善良な管理者の注意」とも言われます。また，こ
の意味での注意を尽くさなかった過失は，抽象的過失とも言われます。

　もっとも，平均人（合理人）の注意とは言え，世の中すべての人を平均した
ときに当該状況下で標準と考えられる注意という意味ではありません。社会生
活の中で加害者の属する人的グループにとって平均的な（合理的な）注意とい
う基準で，過失の有無が判断されるのです。たとえば，医師の診療上の過失の
有無が問題となるときには，その医師が大学病院の医師か，地域の中核病院の
医師か，それとも開業医かとか，医療業務に従事している地域はどのような地
域か，専門領域は何かなどといった観点から，標準となる行為者グループが類
型化され，その類型に属する人にとって尽くす必要があると考えられる注意の
内容が，確定されるのです。

　要するに，過失の判断基準として要求される注意の程度は，平均人（合理
人）を基準とする「抽象的過失」であるとは言え，職業・地位・地域性・経験
などにより相対化・類型化されたものなのです（年齢による類型化を認めるべきか
どうかについては，学説上の一致を見ません。これを認めないのが伝統的立場と目され

ますが，最近では一定のタイプの事件類型では，年齢も考慮に入れるべきだとする見解も登場しています）。

3.6 過失の判断基準（その2）
——いつの時点での能力を基準とするか？

　過失の有無が判断される基準時は，行為時です。「不法行為時点で，行為者には，どのような行動をとることが義務づけられていたか」が決め手になるのです。行為がされた後にはじめて明らかになった科学・技術上の知見や変化した経済的・社会的状態を基準として行為義務を設定し，その違反を理由に行為者には過失があったなどと評価することはできません。行為者に対して国家が「行動の自由」をどの範囲で保障するかが問題となっているのですから，行為時に行為者にどのような注意深い行動を期待できたかどうかが決定的なのです。

　たとえば，医療技術の進歩の結果，2015年頃はおこなわれていなかった新規の治療法（αとします）が2020年には定着・普及して，開業医の間でおこなわれるようになっていたとしましょう。このとき，2015年に実施された治療行為の結果として被害者に重篤な後遺症が残ったとしても，αという治療法を担当医が実施しなかったことをもって担当医の過失と評価することはできないのです。あくまでも，2015年の治療行為時点で臨床医の間で一般的におこなうべきだとされていた措置が何であったかを基準として，担当医の過失の有無が判断されなければなりません。

❖ **段階的過失**
　　過失の判断基準時が「行為時」であるということは，別の意味でも重要になってきます。それは，日常生活の中で1個の事件と見られている事件の中でも，過失の判断基準時として選択可能な時点は複数（厳密に言えば，無限に）存在し得るということです。病院に入院して治療を受けていた患者が死亡した場合に，遺族が病院経営者を相手どって損害賠償請求する場面を考えてみてください。原告側としては，初診時から死亡時までのどこか1時点のみを選択しなければならないと限定されるわけではなく，選択可能な行為時点としては，いろいろな時点を取捨できるのです。もちろん，選択した個々の時点について，個別に医師ほか病院従事者に過失があったことを主張・立証する必要があるのは言うまでもありません。

3.7 過失の判断基準（その3）
——過失判断の前提としての具体的危険・予見可能性

既に述べたように，わが国の今日の学説の多くは，過失を客観的過失，すなわち，社会生活において必要とされる行為義務に対する違反（結果回避義務違反）と理解しています。

しかし，「その行為者には，行為義務違反としての過失がある」と評価するためには，その行為者にとって，法的に求められているように行動することが期待できるのでなければなりません。適切な行動をすることへの期待可能性がないにもかかわらず，行為者に対して「あなたの行動には過失がある」と非難したのでは，国家が個々人に対して期待できない行動を強いるという過大な要求をすることになってしまい，適切ではないからです（平均人〔合理人〕の注意をもってしても期待できない行動をとらなければ，過失ありとの非難をされ，損害賠償をしなければならなくなってしまうからです）。この意味で，適切な行動をすることへの期待可能性のあることが，過失非難，すなわち行為義務違反ありとの評価の前提となっているのです。

それでは，どのような場合に，行為者に適切な行動をすることについての期待可能性があると言えるのでしょうか。民法学の支配的見解は，ここで，①結果発生の具体的危険が存在し，かつ，②その結果発生の具体的危険に対する予見可能性（略して，「結果発生の予見可能性」とも言われることがあります）が行為者に認められることを挙げています。「過失の前提として，結果発生の予見可能性が必要だ」というように簡略化して説かれることもあります。

したがって，「ひょっとしたら，誰かの権利を侵害することになるかもしれない」といったような，結果発生の単なる抽象的な危険ないしは不安感が行為時に存在していたというだけでは，そもそも過失ありとの評価の前提を欠きます（ただし，一部の学説は，社会的に有用な行為であるゆえに許されるけれども未知の危険を伴う行為〔たとえば，医薬品の開発〕については，結果発生の抽象的危険があれば足りるとします。刑法の危惧感説〔不安感説〕と同じ立場を採るわけです）。

また，たとえ客観的に具体的危険が存在していたとしても，それが平均人（合理人）にとって予見できないものであった場合も，過失ありとの評価の前提を欠きます。たとえば，見通しの悪いカーブを描いた道路で，カーブを曲がりきった道路の真ん中に故障車が警告灯などの設置もなしに停止していたところ

に，制限速度内で進行してきた自動車が突っ込んだという場合，追突車両の運転手にとっては具体的危険の予見可能性がなかったという場合が出てきます。

　結局，支配的見解によれば，「行為者に，結果発生の具体的危険についての予見可能性があったこと」が，過失判断の前提となっているのです。これが原則です。

　ところが，この原則を貫いたのでは，過失の前提を欠くとの理由で被害者の請求が棄却される場面が出てきます。そのため，かつて，このような結論が被害者保護の法政策的要請に反することになるのではないかという点が指摘されました。とりわけ，1960年代以降深刻化した各種の公害・薬害事件で，企業側に「結果発生の具体的危険についての予見可能性」を認めるのが困難なケースが社会問題化したことから，「被告には，結果発生の具体的危険についての予見可能性があったとは認められない」ことを理由に被害者からの請求が棄却されるのを避けるため，裁判例と学説の共同作業を経て，新たな法理が開拓されたのです。それは，情報収集義務・調査研究義務といった「予見義務」を介して，具体的危険の予見可能性を肯定するというものでした（熊本地判昭48・3・20判時696-15〔熊本水俣病事件〕，東京地判昭53・8・3判時899-48〔東京スモン訴訟〕）。かいつまんで言えば，次のような考え方です。

　それによれば，企業は，結果発生のおそれ（抽象的危険）を感じたならば，問題の解明のために必要な情報を収集し，調査研究を尽くさなければならない（予見義務としての情報収集義務・調査研究義務）。そして，必要とされる情報収集・調査研究を尽くさなかったときには，企業は，情報収集・調査研究を適切に尽くしたならば予見できたであろう具体的危険については，「予見可能性」があったものとして扱われる，というものです（ちなみに，公害・薬害に関する裁判例では，情報収集・調査研究義務の内容として，かなりのハイ・レベルなものが求められています）。もっとも，この「予見義務」(情報収集義務・調査研究義務)という枠組みは，社会的に有用な行為が多数の市民への甚大な人身被害をもたらした公害・薬害・食品公害の事例で用いられているのであり，それ以上の広がりを持たないものとされているという点も，つけ加えておくべきでしょう。拡げられるとしても，せいぜい，管理職の組織過失・監督過失が問題となる場面（後述9.10）や，専門家として非専門家に向かい合う者に限定されるでしょう（さもなければ，行為者の行動の自由を過剰に制約することになってしまう点が嫌われているのです）。

3.8　過失の判断基準（その４）
──行為義務違反の判断因子

　不法行為時点で行為者に過失（行為義務違反）があったかどうかを判断する
際に考慮されるべき因子としては，何がとりあげられるべきでしょうか。

　この問題に関して，今日の多くの学説が言及しているのが，ハンドの公式と
呼ばれるものです（ハンドとは，この公式を用いたアメリカの判事の名前です）。

　そこでは，①損害発生の蓋然性（Ｐとします），②被侵害利益の重大性（Ｌと
します），③損害回避義務を負わせることによって犠牲にされる利益（Ｂとしま
す）の３つの因子をとりあげ，Ｐ×Ｌ＞Ｂならば行為者に過失があると判断さ
れる，と説かれています。

　この公式は一見わかりやすいのですが，とりわけ，次の点に注意が必要です。
それは，「Ｂ」に何を盛り込むのかにより，この公式にはそれぞれ異なった意
味が与えられるということです。

　ある論者は，Ｂを「損害回避コスト」と捉え，経済的効率性の観点から被害
者側の危険と加害者側のコストとを比較して，過失の有無を決すべきだという
立場を支持しています。実際，この公式自体は，当初，コストの比較衡量（効
率性）の観点から社会全体の効用を最大化する目的で各人の行為を評価するた
めの公式として導入されたといういきさつがあります。

　また別の論者は，Ｂに「加害者の不利益」の要素だけでなく，「行為の社会
的有用性」や「公共性」の要素も組み込んで評価をすべきだと説いています
（もっとも，一言で社会的有用性や公共性と言っても，これらを弱者保護の視点から捉
えるのか，それとも個人の利益とは異質な公共の利益や経済振興の視点から捉えるのか
によって，違った考慮がされることになります）。

　また，そもそもＢの要素を考慮すること自体がこのましくない事件類型も
あるのではないかとの指摘もされています。

　さらには，ここでのハンドの公式を経済的効率性（社会全体の効用の最大化）
の観点から捉えることを批判し，むしろ，過剰介入の禁止・過少保護の禁止の
観点（比例原則）から憲法の下で保障された被害者の権利と加害者の権利（行動
の自由）との間での衡量をおこなうための公式（他者の権利を保護するために行為
者の権利をどこまで制約することが憲法の下で正当化されるかを判断する公式）とし
て組み替えるべきだとする見解も示されています。

3.9 過失の主張・立証責任
——規範的要件としての「過失」

　一般に，民法の教科書・体系書類には，被害者が加害者に対し，民法709条に基づく不法行為を理由として損害賠償請求をするときには，「過失があったこと」について被害者が主張・立証責任を負うと書かれています。しかし，この意味については，注意をして理解する必要があります。

　というのは，「過失があったかどうか」ということは法的な評価であって，裁判官が判断することであり，当事者による主張・立証責任の対象となる事実ではないからです。民事訴訟法247条は「裁判所は，判決をするに当たり，口頭弁論の全趣旨及び証拠調べの結果をしん酌して，自由な心証により，事実についての主張を真実と認めるべきか否かを判断する」と定めています（自由心証主義と言います）。「過失があった」というのは，ここに言うところの「事実についての主張」ではないのです。

　それでは，民法学が言う「過失があったことについては，被害者が主張・立証責任を負う」とは，何を意味しているのでしょう。それは，「過失があったとの評価を根拠づける具体的な事実については，被害者が主張・立証責任を負う」ということです。「過失それ自体」ではなくて，「過失があったとの評価を根拠づける具体的事実」が主張・立証責任の対象（＝要件事実）とされているのであって，これについての主張・立証責任が被害者に課されるのです。

　このように考えるときには，被害者が主張してきた「過失があったとの評価を根拠づける具体的事実」のそれぞれが，被告である加害者の認否の対象——「知らない」〔不知〕・「認める」〔自白〕・「争う」——となります。そして，さらに，このとき，加害者は，「過失があったとの評価を妨げる具体的事実」を，被害者からの損害賠償請求に対する抗弁として主張・立証することができる（そして，これについて，被害者の認否が問題となる），ということになります。

　ちなみに，損害賠償請求をする被害者が主張・立証責任を負うところの「過失があったとの評価を根拠づける事実」のことを過失の**評価根拠事実**と言い，加害者が抗弁として主張・立証責任を負うところの「過失があったとの評価を妨げる具体的事実」のことを過失の**評価障害事実**と言います。

　要件事実の主張・立証責任を書いた本の中で，この先，皆さんは，規範的要件という言葉を目にすることでしょう。そして，この言葉を説明する例の1つとして，「過失は，規範的要件である」という解説に触れることでしょう。

　かいつまんで言いますと，要件事実とは，適用される法規範の要件に該当する事実を言うところ，そこに言う「事実」は「評価の対象」であって，「評価そのもの」ではありません。ところが，法規範が適用されるための「要件」とされるものの中には，「事実」を記述したもののほかに，本章で扱った「過失」とか，（借地・借家の明渡請求の場面で問題となる）「正当事由」のように，「評価の結果」を記述したものがあります。このような要件が「規範的要件」と言われているのです。「規範的要件」にあっては，この規範的評価を根拠づけたり（評価根拠事実），規範的評価を妨げたりする具体的事実（評価障害事実）こそが「要件事実」であるというのが，司法研修所の出している一連の著作物の基本的立場です。

3.10　失火責任法の特別規定

　失火については，「失火ノ責任ニ関スル法律」（失火責任法）で，加害者の責任を緩和する規定が設けられています。そこでは，「民法第709条ノ規定ハ失火ノ場合ニハ之ヲ適用セス　但シ失火者ニ重大ナル過失アリタルトキハ此ノ限ニ在ラス」とされています。

　その結果，被害者が火を出した行為者に対し不法行為を理由として損害賠償請求する場合には，①行為者の故意を主張・立証するか，または，②行為者に重過失があったとの評価を根拠づける具体的事実について主張・立証しなければ，請求が認められないのです（失火者に軽過失があったにすぎないときは，失火者に対する不法行為を理由とする損害賠償請求は棄却されることになります）。

　ここでは，なぜ，このような特別の規定が設けられたのかを確認しておきましょう。この法律が成立したのが明治31年（1898年）であるという点を頭に入れて考えてください。①日本の家屋には木造家屋が多く，火災が発生すると燃え広がって，莫大な損害が生じる場合が多いということと，②失火の際には，加害者自身も焼け出されていることが多いことを考慮して，加害者の損害賠償責任が発生する場合を限定する趣旨で，このような立法がされたのです。

　ちなみに，ここに言う重過失とは，判例によれば，3.4のコラムで述べたよ

うに「わずかの注意さえすれば，たやすく違法有害な結果を予見することができた場合であるのに，漫然これを見すごしたような，ほとんど故意に近い著しい注意欠如の状態」と定義されています（最判昭32・7・9民集11-7-1203。寝タバコやてんぷら油の入った鍋を火にかけたままでその場を離れた等）。

❖ 失火責任法の適用場面

失火責任法については，学習を進めた段階で，次の3つの場面で失火責任法が適用されるのか，適用されるとしてどのように適用されるのかという点を，（少し厚めの教科書・体系書や判例評釈などを参考にして）確認しておいてください。

[問題1：賃貸家屋の焼失と失火責任法]

Yは，Xから，X所有の甲建物を賃借していたとします。Yが甲建物内で火を出し，甲建物が全焼してしまいました。XがYを相手どって，賃貸借契約の債務不履行を理由に甲建物の価値相当額の損害賠償を請求してきたとき，失火責任法の適用はあるでしょうか（Yが軽過失の場合に，Yに対する損害賠償請求は否定されるでしょうか）。

＊参考になる判決　大連判明45・3・23民録18-315（適用否定）

[問題2：責任無能力者による失火と失火責任法]

5歳の幼児Aが道端に落ちていたライターを触っていたところ，ライターに火がつき，それがX所有の甲建物に燃え移り，甲建物が全焼してしまいました。XがAの保護者であるYを相手どって，民法714条の監督者の責任を理由に甲建物の価値相当額の損害賠償を請求してきたとき，軽過失か重過失かは，誰について判断すべきでしょうか。

＊参考になる判決　最判平7・1・24民集49-1-25

[問題3：被用者による失火と失火責任法]

Y建築会社の従業員であるAが，Yの請け負った建設作業をおこなっている最中に火を出し，この火が通行人Xに燃え移り，Xがやけどを負ってしまいました。XがYを相手どって，民法715条の使用者の責任を理由に治療費等の損害賠償を請求してきたとき，軽過失か重過失かは，誰について判断すべきでしょうか。

＊参考になる判決　最判昭42・6・30民集21-6-1526

❖ 建物取得者に対する建物の設計者・施工者・工事監理者の不法行為責任

購入した建物に瑕疵があった場合に，買主は，売主に対して，契約不適合を理由とする責任（民法562条以下）を追及することができます。これとは別に，買主や居住者は，建物の設計者・施工者・工事監理者に対して，不法行為を理由として損害賠償を請求することができるでしょうか。この問題に関する判例法理は，次のよう

に整理することができます（①から④は，最判平19・7・6民集61-5-1769，⑤は，最判平23・7・21判タ1357-81）。

①　建物は，そこに居住する者，そこで働く者，そこを訪問する者など，様々な者によって利用されるし，建物の周辺には他の建物や道路などが存在しているので，建物は，これらの建物利用者や隣人，通行人等（以下，「居住者等」と言う）の生命・身体・財産を危険にさらすことがないような安全性を備えていなければならない。このような安全性は，「建物としての基本的な安全性」と言うべきものである。

②　建物の建築に携わる設計者・施工者・工事監理者（以下，「設計・施工者等」と言う）は，建物の建築にあたり，契約関係にない居住者等に対する関係でも，その建物に「建物としての基本的な安全性」が欠けることがないように配慮すべき注意義務を負う。

③　設計・施工者等がこの義務を怠ったために建築された建物に「建物としての基本的な安全性」を損なう瑕疵があり，それにより居住者等の生命・身体・財産が侵害された場合には，設計・施工者等は，不法行為の成立を主張する者がその瑕疵の存在を知りながらこれを前提として建物を買い受けていたなど特段の事情がない限り，これによって生じた損害について，不法行為による賠償責任を負う。このことは，居住者等が建物の建築主からその譲渡を受けた者であっても，異なるところはない。

④　「建物としての基本的な安全性」を損なう瑕疵とは，居住者等の生命・身体・財産を危険にさらすような瑕疵のことを言う。建物の瑕疵が，居住者等の生命・身体・財産に対する現実的な危険をもたらしている場合に限らず，その瑕疵の性質に鑑み，これを放置するといずれは居住者等の生命・身体・財産に対する危険が現実化することになる場合には，その瑕疵は，「建物としての基本的な安全性」を損なう瑕疵に該当する。たとえば，(a)その瑕疵を放置した場合に，鉄筋の腐食，劣化，コンクリートの耐力低下等を引き起こし，ひいては建物の全部または一部の倒壊等に至る建物の構造耐力にかかわる瑕疵は，「建物としての基本的な安全性」を損なう瑕疵に該当する。また，(b)建物の構造耐力にかかわらない瑕疵であっても，これを放置した場合に，外壁が剥落して通行人の上に落下したり，開口部，ベランダ，階段等の瑕疵により建物の利用者が転落したりするなどして人身被害につながる危険があるときや，(c)漏水，有害物質の発生等により建物の利用者の健康や財産が損なわれる危険があるときも，「建物としての基本的な安全性」を損なう瑕疵に該当する。これに対して，(d)建物の美観や居住者の居住環境の快適さを損なうにとどまる瑕疵は，これに該当しない。

⑤　建物の所有者は，みずからが取得した建物に「建物としての基本的な安全性」を損なう瑕疵がある場合には，特段の事情がない限り，設計・施工者等に対し，瑕疵の修補費用相当額の損害賠償を請求することができるが（上記③），所有者が

その建物を第三者に売却するなどして所有権を失った場合であっても，その際，修補費用相当額の補填を受けたなど特段の事情がない限り，いったん取得した損害賠償請求権を当然に失うものではない。

第4章

因果関係

▶Xの言い分……私（50歳）の家の近くにあるY経営の染色工場の煙突から，毎日煙が上がっています。私は，10年近くこの煙を吸い続けてきました。そのため，最近体調を崩し，慢性の気管支喘息の症状ありと医師から診断され，酸素吸入機が手放せなくなりました。30年以上勤めてきた仕事も，たびたび発作が起こるため，やめなければならなくなりました。私は，Yに対して，診療費・交通費のほか，受けられなくなった将来の収入相当額，そして慰謝料を請求したい。

▶Yの言い分……Xの自宅近くには，私の工場だけでなく，A・Bほか10以上の工場が軒を連ねています。そのいずれの工場からも同じように煙が上がっています。喘息の症状が出たのは，私のところの煙によるとは限りませんし，そもそもXの体質が喘息の症状の出やすい体質だったのかもしれません。私の工場の煙が喘息の原因だと言うのなら，私のところの煙からどういうメカニズムでXの喘息が生じたのかということをきちんと科学的に証明してからにしてほしいものです。

4.1 「何」と「何」との因果関係？

不法行為を理由とする損害賠償請求が認められるためには，加害行為と発生した損害との間に因果関係が存在しなければなりません。

このとき，何と何との間の因果関係を考えるかという点の理解をめぐって，民法学説の中には，大別して2つの考え方が存在しています。

1つの考え方は，「加害行為（故意・過失ある行為）」と「損害」との因果関係を問題とすれば足りるという考え方です。「権利侵害」要件に重きを置かない

立場を基礎とし，かつ，どのような損害が発生したのかを損害賠償請求権の出発点に据えて立論していくという手法（まずはじめに損害ありきという手法）を採るならば，発生した損害からさかのぼって「加害行為」にたどり着くことができれば因果関係として十分だということになります。次に挙げる考え方のように，わざわざ2つの因果関係を区別する必要もないということになります。

　これに対して，もう1つの考え方は，「加害行為（故意・過失ある行為）」と「権利侵害」との間の因果関係と，「権利侵害」と「損害」との間の因果関係を分けて捉える考え方です。この考え方によれば，前者の因果関係は，「権利侵害」の結果を加害行為に帰すことができるかという意味で，「責任を設定する」という目的のためにその前提として要求されるものです。これに対して，後者の因果関係は，「権利侵害」から派生する不利益のうちどこまでを賠償範囲に組み入れるかという意味で，「賠償範囲を画定する」という目的のためにその前提として要求されるものです。このように，この考え方は，両因果関係は異なった目的に使えるのだから，分けて考えるべきである──それが民法709条の条文（「…によって」という表現が二度見られる）にも適合する──という理解を基礎としたものなのです。ちなみに，この考え方からは，前者の因果関係を責任設定の因果関係，後者の因果関係を賠償範囲の因果関係（もしくは，責任充足の因果関係）と呼んで区別をします。私自身はこちらの考え方に共感をおぼえます。

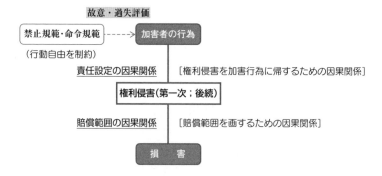

❖「責任設定の因果関係」・「賠償範囲の因果関係」 ══════════════════
　わが国では，ドイツ法に精通した研究者を中心として，①加害行為と「第一次侵害」との間の因果関係を「責任設定の因果関係」として捉え（責任を設定するために必要にして十分な条件としての因果関係），②「第一次侵害」と「損害」との間の

因果関係および「第一次侵害」と「後続侵害」との間の因果関係を「責任充足の因果関係」として捉える見方が有力に唱えられています。しかし，(a) 加害行為と第一次侵害の因果関係およびそこから派生する後続侵害との因果関係は，加害者・被害者の権利・自由のレベルで加害者の行動自由と被害者の権利のそれぞれに関する保護と制約の許否・程度が問われる点において同質のものです。その一方，(b) 第一次侵害と損害との間の因果関係は，第一次侵害と後続侵害との間の因果関係とは質的に異なる問題，すなわち，侵害された権利の価値がどのように評価されるのか（民法416条の条見出しの表現を使えば「損害賠償の範囲」）を扱うものですから，両者をまとめて扱うことには疑問があります。本文で述べた「責任設定の因果関係」・「賠償範囲の因果関係」の整理は，このような問題意識に出たものです。

4.2　責任設定の因果関係の判断構造

　加害者の故意・過失行為と被害者に生じた権利侵害との間の因果関係（**責任設定の因果関係**）をどのような枠組みで捉えるのかについては，現在主張されている学説を図式化すれば，おおよそ，次のように整理することができます。

　第1は，被害者に生じた権利侵害の原因が加害者の故意・過失行為であると言うことができるためには，①被害者に生じた権利侵害と加害者の故意・過失行為との間に事実レベルでの条件関係が認められることが必要であるとともに，②被害者の権利侵害と加害者の故意・過失行為が条件関係にあるだけでは足りず，さらに，両者の間に，被害者に生じた権利侵害を加害者の故意・過失行為に帰することが法的・規範的にみて相当であると評価することができるだけの関係（「相当性」）が認められなければならないとする考え方です（因果関係＝法的因果関係＝相当因果関係〔＝条件関係＋相当性〕）。伝統的な学説は，この考え方を基礎に据えているように思われます（後述4.9）。

　第2は，加害者の故意・過失行為と被害者に生じた権利侵害との間の因果関係とは，もっぱら事実レベルのもの（上記①に対応）であり，因果関係の有無が問題となる場面では，事実の連鎖という観点から捉えたときに，被害者に生じた権利侵害から事実を復元していくと加害者の行為（故意・過失の評価対象としての行為）へとたどりつくことができるかどうかのみが問われるとする考え方です（**因果関係＝事実的因果関係**。なお，事実的因果関係と言われるものと第一の

考え方が言う条件関係とは，結果的に同義です）。この考え方からは，法的・規範的にみたときに被害者に生じた権利侵害を加害者の故意・過失行為に帰するに値するかどうかの判断（上記②に対応）は，因果関係の問題ではなく，これとは別の，規範の保護目的（または保護範囲）のレベルで捉えられることになります（ちなみに，後者においては，(a)加害者の行為を故意・過失のあるものと評価する際の基礎になった禁止規範・命令規範が，侵害された被害者の権利を保護の目的〔射程〕に入れていたかどうか（義務射程内の権利侵害か否か）にとどまらず，(b)禁止規範・命令規範が保護の目的としていた被害者の権利が加害者の行為によって侵害されたこと〔第一次侵害〕の結果として具体化した「特別の危険」（一般的な生活危険〔これは各人が負担すべきもの〕の域を超えるもの）が，さらなる被害者の権利の侵害〔後続侵害〕を引き起こしたかどうか〔危険性関連とも言われることがあります〕が判断されることになります。私の見方については，下図参照）。

　第3は，因果関係で問題となるのは，もっぱら，法的・規範的にみたときに被害者に生じた権利侵害を加害者の故意・過失行為に帰するに値するかどうかの判断（上記②に対応）であるとする考え方です（因果関係＝評価的因果関係＝帰責相当性）。この考え方からは，責任設定の因果関係において，事実レベルでの条件関係・事実的因果関係が認められること（上記①に対応）は，もはや不可欠でも決定的でもないということになります。

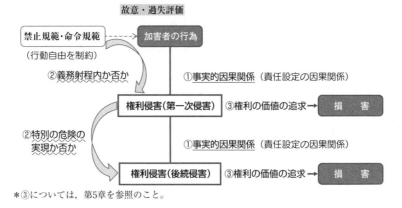

＊③については，第5章を参照のこと。

4.3　因果関係判断の基礎——条件関係（事実的因果関係）

　伝統的立場や規範の保護目的説によれば，因果関係があるとされるためには，少なくとも，事実のレベルで，被害者に生じた権利侵害（または損害）が加害行為（故意・過失の評価対象となった行為）の結果であるという関係が認められるのでなければなりません。条件関係とも，事実的因果関係とも言われます。それでは，原因とされた加害行為と結果との間にどのような関係が存在すれば，この意味での条件関係（事実的因果関係）があるとされるのでしょう。

　通説は，「あれなければ，これなし」という公式（不可欠条件公式）を用いて，条件関係（事実的因果関係）の存否を判断します。既に刑法で学習した方がいるかもしれませんが，Ｐという行為がＱという結果の原因か否かが問題とされたときに，「Ｐがなかったと仮定したならば，Ｑが生じなかったであろうか」（ＰはＱにとっての不可欠の条件か）を考え，YESと答えられるときにはＰとＱとの間に条件関係（事実的因果関係）があるとするのです。よく出てくる教室例ですが，Ｙが毒を入れたワインをＸが飲んで20分後に死亡したときに，「Ｙが毒を入れなければ，Ｘは死亡しなかった」から，Ｙの行為はＸの死亡という結果の原因であるとされるのです。

　ところで，不可欠条件公式を用いて条件関係（事実的因果関係）の判断をする際には，仮定的原因（予備的原因とも言います）を考慮してはいけないとされています。たとえば，上の例で，「Ｙが毒を入れなくても，１時間後にトラックがＸの居室に突っ込んでいたから（これが仮定的原因），Ｘはどっちみち死んでいたであろう」と判断してはいけないのです。なお，これと区別すべきは，因果関係の断絶と呼ばれる事例です。Ｙが毒を入れたワインをＸが飲んだけれども，毒が回らないうちに，ＤがＸをピストルで撃ってＸが即死したという場合がこれです。この場合には，ＤがＸをピストルで撃った行為はＸ死亡という結果発生の前に現実に生じた行為でありますから，このＤの行為をも考慮に入れて「Ｙの毒を盛った行為」と「Ｘの死亡」との間には因果関係がないと判断されるのです。

❖　合法則条件公式 ══════════════════════════════

　不可欠条件公式で条件関係を判断することには，疑問が示されています。実際の

裁判においてはこのような単純な判断枠組みで因果関係を判断しておらず，間接事実を積み重ね，過去に生じた事象の経過をもう一度たどりなおす作業をしてようやく因果関係の存否判断に到達しているとの批判が成り立ちましょうし，論理的にも，「PなければQなし」という命題が真であるということから「PがあればQがある」という命題が真であるということは出てこないのです（裏必ずとも真ならず。高校で学習したであろう真理表を思い出してください）。

　むしろ，裁判実務の実態（「あれなければ，これなし」などという単純な枠組みで因果関係の認定がされているわけではありません）を直視し，かつ真理命題から考えたとき，因果関係において証明すべき対象は，「PからQが生じたか」それ自体なのではないのでしょうか。当該具体的な事件において，どのような事象の経過をたどって最終的な結果に至ったのかを，個々の介在する事情をも位置づけながら積極的に確定していくことに，因果関係を論じる意義があるのです（合法則条件公式と言います）。

4.4　不可欠条件公式による条件関係の判断の限界

　通説のように，原因と結果との間の条件関係（事実的因果関係）を不可欠条件公式により判断する立場は，次の場合に限界を露呈することになります。

4.4.1　不作為の因果関係

　医師Yが患者Xに対して，問題の状況下で合理的な医師ならおこなうであろうαという治療処置をしなかったために，患者Xが死亡したとしましょう。ここでは，「αという治療処置をしない」という「不作為」により患者の死亡（生命侵害）という結果が発生しているのかどうかが，問われます。その際，不作為それ自体は「無」ですから，不作為不法行為の因果関係をどのように判断すればよいのか，上述した不可欠条件公式は不作為不法行為の因果関係の場面でどのように作用するのかが，問題となるのです。「有」である作為不法行為の因果関係の判断とは異なる難しさが，ここにあります。

　通説は，不作為不法行為の場合にも，不作為と権利侵害との間の因果関係が要求されるとしつつ，作為不法行為の場合と異なり，不作為不法行為で因果関係が問題となる場合には，次のような判断を経て因果関係の有無が決せられる

とします。

①　そこでは，まず，行為者に作為義務（上記の例では，αという治療処置をおこなうべき義務）があったかどうかの判断を先行させます。そして，「作為義務」は，先行行為，契約，事務管理，条理などから生じ得るものとされます（裏返せば，そもそも作為義務を認めることができなければ，そもそも不作為不法行為の因果関係は否定されることになります）。なお，ここでの作為義務は，過失の前提となる注意義務と一致するものとみるべきです。

②　そのうえで，次に，不可欠条件公式を変形し，「作為義務を尽くした行為がされたと仮定したならば，問題の結果は発生しなかったであろうか」という公式を用いて，不作為の因果関係の有無を判断します（最判平11・2・25民集53-2-235〔医療過誤〕）。ここでは，条件関係〔事実的因果関係〕の判断と同時に，相当性判断ないし規範の保護目的該当性の判断もされているように思われます（私自身の見解は，少し異なります）。

4.4.2　原因の重畳的競合

　Y1もY2も互いにそれぞれが毒薬を入れたことを知らずに別々にXの飲み物に致死量の毒を入れ，これを飲んだXが死亡したとしましょう。この場合に，Y1の行為・Y2の行為とXの死亡（生命侵害）という結果との間に条件関係（事実的因果関係）を認めることができるでしょうか。不可欠条件公式を用いて判断したのでは，「Y1の行為がなかったと仮定しても，Y2の行為によりXは死亡していた」から，Y1の行為とXの死亡との間に条件関係（事実的因果関係）は認められないということになります（Y2の行為についても同じことが言えます）。しかし，これだと，Xの相続人は，Y1を被告として損害賠償請求しても，Y2を被告として損害賠償請求しても，いずれも請求が棄却されてしまうことになります。この結論を回避するため（ちなみに，ここが，刑法における評価と違ってき得るところです），多くの学説は，次のような説明をして，Y1を被告とする損害賠償請求でも，Y2を被告とする損害賠償請求でも，条件関係は問題なく肯定されるものと考えます。

　すなわち，このような原因の重畳的競合の場面では，競合する原因（たとえば，Y2の行為）を取り去ったうえで不可欠条件公式を適用し，「Y1の行為がなかったと仮定したならば，Xは死亡していなかった」とすることで，行為

（たとえば，Y1 の行為）と結果との間の条件関係を肯定するのです。

　ちなみに，合法則条件公式を採った場合には，このような技巧的な処理をする必要がありません。

❖ 原因競合 ━━━

　権利侵害を生じさせる原因が競合する場合には，様々なタイプのものがあります。基本型としては，次のものがあります。細目についてはそれぞれの関連する箇所で説明しますが，あらかじめ，ここでまとめて挙げておきます。

　① 必要的競合　　原因 α と原因 β がともに存在することが結果を発生するための必要条件となる場合，言い換えれば，原因 α と原因 β のいずれかが欠ければ，そもそも結果が発生しない場合です。4.3で述べた不可欠条件公式が典型的に妥当する場面です。

　② 重畳的競合　　ここで扱ったように，原因 α と原因 β のいずれにも結果全部を惹起する力があり，かつ，原因 α と原因 β によって結果全部が惹起された場合です。

　③ 択一的競合　　原因 α と原因 β のいずれにも結果全部を惹起する力があり，かつ，原因 α と原因 β のいずれかにより結果全部が惹起されたものの，原因 α と原因 β のいずれが結果を惹起したのかが不明である場合です（民法719条1項後段）。4.8.1および11.2で扱います。

　④ 重合的競合（累積的競合，加算的競合）　　原因 α と原因 β のそれぞれには具体的に生じた結果の一部を惹起する力しかないものの，原因 α と原因 β が重なり合い，または累積することによって結果全部が惹起された場合です。11.7で扱います。

4.5　因果関係の判断基準時

　加害行為と結果（権利侵害または損害）との間に因果関係があったかどうかの判断は，いつの時点での知識水準を基準としておこなわれるべきでしょうか。

　因果関係は，一定時点での過去の行為が原因となって問題の結果が発生したかどうかという事実認定に属する問題を扱うものですから，こうした事実を認定できるかどうかを判断する際には，事実審最終口頭弁論終結時の科学技術の知見を基準として判断するのが適当です（過失の有無に関する評価の場合には，命令または禁止された行為が行為時点で行為者に期待できるものでなければ責任非難にふさわしくないし，行為者の行動の自由をいわれなく制約することになってしまいますか

ら，「加害行為時」を基準として判断すべきであるのとは対照的です）。

　たとえば，医師Ｙが患者Ｘに対して，問題の状況下で合理的な医師ならおこなうであろうαという医薬品の投与をしなかったために，患者Ｘが死亡したとしましょう。ところが，その後の科学技術の進歩により，当時は効果があるとされていたαという医薬品が，患者Ｘの病状の改善にまったく効果がないことが判明したとします。このとき，「義務に従い，αを投与したとしても効き目はなく，Ｘは死亡していたであろう」という関係が存在するときには，αを投与しなかったという医師Ｙの行為（不作為）とＸ死亡の結果との間の因果関係は，否定されることになります（なお，不作為不法行為では，前述したように，作為義務の有無が先行して判断されますから，加害行為時を基準に判断した場合にそもそも作為義務がない——したがって，過失がない——とされるときは，因果関係自体も同時に否定されることになります）。

4.6　因果関係の主張・立証責任——被害者側

　因果関係は，被害者に生じた権利侵害（または損害）が加害行為（故意・過失ある行為）により生じたものであるという事実であり，加害者に対し損害賠償請求をする被害者の側がこれについての主張・立証責任を負います。

4.7　因果関係の証明度——「高度の蓋然性」

　因果関係についての主張がされ，原告と被告の間で攻撃防御がたたかわされたときに，裁判所としては，どの程度までの証明がされれば「加害行為と結果との間に因果関係がある」と認定すべきなのでしょうか。

　この問題について，判例は，次のように述べています。それによれば，因果関係の証明は，「一点の疑義も許されない自然科学的証明ではなく，経験則に照らして全証拠を総合検討し，特定の事実が特定の結果発生を招来した関係を是認し得る高度の蓋然性を証明することであり，その判定は，通常人が疑を差し挟まない程度に真実性の確信を持ちうるものであることを必要とし，かつ，それで足りる」のです（最判昭50・10・24民集29-9-1417〔東大病院ルンバールショ

ック事件と称される医療過誤事件），最判平11・2・25民集53-2-235。千葉地判昭63・11・17判タ689-40〔大気汚染公害事件〕)。

❖ 確率的心証の理論 ════════════════════════

　被害者による因果関係の立証活動がされたものの，裁判官が「真実性の確信」を抱かなかったときでも，裁判官が得た心証の度合に応じて，たとえば心証が70%なら損害額の70%の責任を加害者に課すべきであるという考え方が，かつて，一部で主張されたことがありました。「心証は量的に測定可能である」という前提のもとでの議論です。「確率的心証」の理論と呼ばれています。

　しかし，パーセンテージによる証明度の表示は説明のための便宜ではあっても，たえず変化する心証を目盛りで表現することは，とうていできることではありません。また，この考え方に立つときには，裁判官は，常に判決文中で心証度を明らかにしなければならないことになってしまいます。そればかりか，証明度が蓋然性のレベルにすら達しない場合（たとえば，20%程度の場合）にも割合的認定をしなければならない反面，証明度が80%程度の場合には従来の実務によれば——高度の蓋然性の証明ありとして——因果関係が100%存在するものとして扱われる傾向にあったのが，いまや80%しか賠償責任が認められなくなってしまうため，問題があると批判されています。なぜ損害賠償請求の場合にだけ心証度に応じた因果関係の認定が可能となるのかとの疑問も出されています。こうしたこともあって，確率的心証の理論は，現在の裁判実務では採用されるに至っていません。

4.8　因果関係の立証の緩和

　因果関係の証明が「高度の蓋然性」の証明で足りるとされても，公害・薬害事件や，欠陥商品による事故，医療過誤事件などに典型的に見られますように，この程度の立証についてすら被害者が困ることが少なくありません。被害者は因果関係を立証するための資料も知識も十分に持ち合わせていない場合があるからです。このとき，因果関係の立証を被害者に課したのでは，被害者の権利救済にとって大きな障害となることが懸念されます。

　そこで，さまざまな角度から，因果関係についての立証面での負担を被害者に有利な方向で緩和する方法が提示されています。次に掲げる方法が，その主だったものです。

4.8.1 因果関係についての主張・立証責任の転換（法律上の事実推定）

　民法およびその他の法律の規定の中で，因果関係の立証面での被害者の負担回避をねらって，因果関係についての主張・立証責任が被害者側から加害者側へと転換されていることがあります。因果関係が真偽不明である場合に，その不利益を加害者が負担する（因果関係が存在するものとして処理される）のです。

　その1つの例として，民法719条1項後段に定められた場合があります。「共同行為者のうちいずれの者がその損害を加えたかを知ることができないときも，同様とする」（＝共同行為者は連帯して被害者に対し損害賠償責任を負う）とされています。これは，**加害者不明の共同不法行為**（あるいは，択一的競合の不法行為〔競合的不法行為〕）と言われる場合です。

　たとえば，宅配便業者であるA・B・Cが別々の時間帯に荷物を配送するためにX宅を訪れ，荷物を配達したところ，この間に，X宅の門から玄関までに至る庭に置かれていた石灯籠が破損していたというような場合です。

　ここで，XがA・B・Cの全員を被告として損害賠償請求をするとき，Xは，侵害行為を特定する必要はありますが，たとえば，Aにつき，「Aの行為とX所有の石灯籠の破損との間に因果関係があること」を主張・立証する必要はありません（B・Cについても同じです）。Xは，A・B・Cそれぞれの行為が択一的競合関係にあること（民法719条1項後段の「共同行為者」とは，この意味のものです），つまり，加害者がA・B・Cのうちの誰かであること（さらに，後述するように，A・B・Cのほかに行為者はいないこと）さえ主張・立証すれば足りるのです。因果関係については，原告Xの請求に対する抗弁として，被告とされたA・B・Cそれぞれの側が，「自分の行為と，石灯籠の破損との間には，因果関係がないこと」（因果関係の不存在）について主張・立証責任を負うのです。その結果，因果関係の存在が「真偽不明」のときには，その不利益は加害者側が負担することとなります（11.2参照）。

　ここで，注意が必要なのは，Xが民法719条1項後段に基づいてA・B・Cに連帯しての損害賠償責任を負わせるためには，加害者がA・B・Cのうちの誰かであることだけでなく，A・B・Cのほかに行為者はいないことを主張・立証しなければならないことです。「被害者によって特定された複数の行為者のほかに被害者の損害をそれのみで惹起し得る行為をした者が存在しない」ことが，

民法719条1項後段が適用されるための要件です。同項後段は,「被害者によって特定された複数の行為者の中に真に被害者に損害を加えた者が含まれている場合」に適用されるものです。複数の行為者のほかに被害者の損害をそれのみで惹起し得る行為をした者が存在する場合にまで,同項後段を適用して複数の行為者のみに損害賠償責任を負わせることとすれば,実際には被害者に損害を加えていない者らのみに損害賠償責任を負わせることとなりかねず,相当ではないからです(最判令3・5・17判タ1487-106)。

4.8.2 因果関係の事実上の推定

「因果関係についての主張・立証責任は,被害者にある」という点は原則どおりに維持しつつ,因果関係についての事実上の推定がされることがあります。「因果関係を直接に決定づける事実」とは言えないまでも,間接的に因果関係の存否判断に影響を与える事実(間接事実)があれば,その事実をもとに,経験的に,裁判官が「加害行為と結果との間には因果関係があった」という心証を抱く場合があります。その結果,その事件は因果関係の存否について「真偽不明」の事件ではなくなり,(他の要件事実が充たされれば)加害者に対する被害者の損害賠償請求が認められるのです。

たとえば,Yの工場からの廃水で汚染されたのではないかと思われる魚を食べたXが重大な健康被害を被ったとします。XがYを被告として損害賠償請求をするとき,Xの健康被害がYの工場廃水の排出行為の結果であるということを主張・立証すべきなのは,原告Xです。しかし,Y工場は周囲を高い塀で囲まれた工場であり,Xにとっては,工場内部の実態を知ることができず,Yがどのように工場内部で操業行為をしてその過程で廃水を発生させ,さらにそれをどのようにして川に排出しているのかというメカニズムを立証するのには無理があります。このような場合に,Xが,「Y工場の排水溝まで汚染源をたどることができる」との事実(この事実自体は,「因果関係を直接に決定づける事実」とは言えず,「要件事実」ではありません)を主張・立証すれば,裁判官が,経験則に照らし,「Xの健康被害がYの工場廃水の排出行為の結果である」との心証を抱き,その結果として,因果関係ありとの判断が示されることがあります(新潟水俣病事件での新潟地判昭46・9・29判時642-96は,このような枠組みを用いて,因果関係の存在を認めました。この判決が採用した考え方は,「門前到達説」と

も呼ばれます)。

　もっとも,「過失についての事実上の推定」の箇所で述べたのと同様に,因果関係の事実上の推定の場面では,因果関係についての主張・立証責任が転換されているわけではなく,あくまでも,間接事実から裁判官が「因果関係がある」との心証を抱き,その結果,(他の要件事実も充足されることによって)被害者からの損害賠償請求を認めるとの判断に至っただけです。したがって,被告Yとすれば,このような結果を回避したければ,「因果関係がある」との裁判官の心証を動揺させる立証活動をすればよいわけです(間接反証)。

　要するに,被告Yとしては,裁判官の心証を動揺させて,「加害行為と結果との間に因果関係があるのかないのか,わからない」(真偽不明)という状況にまで持ち込めば,十分なのです。「加害行為と結果との間には,因果関係がない」(因果関係の不存在)との立証に成功する必要はありません。加害者が「真偽不明」にまで持ち込めば,因果関係についての主張・立証責任を負う被害者Xが,因果関係の立証に成功しなかったことによる不利益を負担する結果,「加害行為と結果との間に因果関係を認めるに足りる証拠はない」として,請求が棄却されるわけです。

❖ 疫学的因果関係

　因果関係の事実上の推定になじむものとして,裁判実務で用いられているものに,疫学的因果関係の考え方があります。

　これは,疾患の原因を人間集団のレベルで観察・解明し,「特定の集団における疾病の多発と,ある因子の間に関連性がある」(集団的因果関係)ことから,「特定の個人と問題の疾患との間に個別的因果関係があること」を推認(=事実上の推定)するというものです。その際,集団的因果関係を判断するための基準(疫学4条件)として,①問題の因子(要因,作用物質)が発病の一定期間前に作用するものであること,②その因子の作用する程度が著しいほど,その疾病の罹患率が高まること,③その因子の分布消長から,ありのままに観察・記録・考察された自然界における流行の特性が矛盾なく説明可能なこと,④その因子が原因として作用するメカニズムが生物学的に矛盾なく説明可能なことが挙げられています。

　疫学的因果関係の考え方は,まず,レントゲン線照射と皮膚がん発生との間の「統計上の因果関係」を考慮に入れて因果関係の存否を判断した医療過誤事件(最判昭44・2・6民集23-2-195〔水虫レントゲン事件〕)に現れ,次いで,一連の公害訴訟の判決で採用されました(富山地判昭46・6・30判時635-17,名古屋高金沢支判昭47・8・9判時674-25〔イタイイタイ病1・2審判決〕,前掲新潟地判昭46・9・29〔新

潟水俣病事件〕，津地四日市支判昭47・7・24判時672-30〔四日市ぜん息訴訟〕）。そして，さらに公害事件が問題となる場面を超えて一般理論としての展開を見たものです。

　ところで，疫学的因果関係の主張・立証がされれば「因果関係」の要件事実の主張・立証があったとする記述をしている書物もありますが，あくまでも，「疫学的因果関係が認められること」は，「加害行為と結果との間に因果関係があったこと」を事実上推定するうえでの間接事実にすぎません。疫学的因果関係によって明らかにすることができるのは，特定の集団における疾病の多発と因子の間の集団的因果関係だけであって，これによってその集団に属する特定の個人の疾病と因子との間の個別的因果関係を立証したことにはならないからです。

4.9　「相当因果関係」の理論について

4.9.1　責任設定のレベルでの相当因果関係

　既に刑法を学んだ方は，刑法では一般に「因果関係とは，相当因果関係である」と言われているのを知っていることでしょう。

　わが国の伝統的な学説と実務は，民法においても条件関係だけでは因果関係を認めることができないとし，「因果関係とは，相当因果関係である」という考え方を採用しています。「加害行為と結果との間に因果関係がある」とされるためには，①条件関係が認められることに加えて，②その行為が結果発生にとって相当性を有することが，必要とされているのです。しかも，「相当性」はその結果をその行為に帰するのが法的にみて相当であると評価されるということを意味するものですから，「相当性」の判断は規範的評価を伴います。

　わが国の民法理論で言われる相当因果関係説によれば，ここでの相当性は，行為時に当該行為者が予見していた事情および予見できた事情を基礎として，発生した結果を行為者に負担させるのが適切か否かという観点から判断されます。実際の事例で相当性の判断がとりわけ問題となり得るのは，不法行為の当時に特殊な事情が存在したために権利侵害の結果が発生した場合や，不法行為の後に特殊な事情が介入して結果の拡大を招いたような場合です（後者の例としては，事故後に精神的疲労が重なり，被害者が自殺した場合や〔最判平5・9・9判

時1477-42)，交通事故被害者が搬送先病院での医療ミスで死亡した場合があります）。

　ここで，「相当因果関係」の考え方を採用しつつ，4.1で述べた因果関係を1個のものとして考える立場（加害行為と「損害」との間の因果関係とする立場）からは，因果関係の要件は，「加害行為と相当因果関係のある損害のみが，賠償される」という意義を有するものとして捉えられます。こうして，相当因果関係の要件は，損害賠償の範囲を画するための基準として機能することになるのです。

　他方，「相当因果関係」の考え方を採用しつつ，4.1で述べた因果関係を2個のものとして考える立場（加害行為と「権利侵害」との間の因果関係と，「権利侵害」と「損害」との間の因果関係の2つに分ける立場）からは，因果関係の要件は，①責任設定の因果関係としては，「権利侵害は，加害行為からの相当の結果でなければならない」という，ちょうど刑法の相当因果関係と同じ意味で捉えられ，②賠償範囲の因果関係は，上記の見解と同様，「権利侵害と相当因果関係のある損害のみが，賠償される」という意義を有するものとして捉えられます。

❖ 相当因果関係論──責任設定の因果関係と民法416条の類推適用 ═══════

　少し勉強をした人の中には，①伝統的学説が相当因果関係説を採用しており，かつ，②民法416条は相当因果関係を定めた規定であるから，同条は不法行為を理由とする損害賠償の場面でも類推適用されるという理解をしている人もいるかもしれません。しかし，因果関係を2個に分けて考える場合には，①を支持する立場でも，416条が類推適用されるのは，あくまでも賠償範囲の因果関係についてだけです。416条は損害賠償の範囲をどのように画するかについてのルールを定めたものでして，これを責任設定の因果関係の場面に類推することはできません。責任設定の因果関係において相当因果関係説を支持するのであれば，そこでの相当性判断をどのようにしておこなうのかは，416条を離れて考えなければなりません。そこでは，刑法における相当性判断の枠組みや，規範の保護目的説・保護範囲論がおこなっている法的・規範的評価の手法などが参考になるものと思われます。

4.9.2　相当因果関係の理論に対する批判

　相当因果関係の理論に対する批判は，大別すると2つあります。

　1つは，相当因果関係という考え方は，「加害行為から生じたすべての損害を賠償すべきである」との原則（完全賠償の原則と言います）を制限するための

技術としてドイツで採用されたものであるところ，わが国の損害賠償制度は制限賠償の原則（賠償されるべき損害には法規範によって規律された限度がある，との考え方）に立脚しているので，相当因果関係という概念そのものが不当だという批判です。

もう1つは，因果関係の判断は「過去に生じた事実の復元」という純粋に事実レベルでの作業である（因果関係＝事実的因果関係）ところ，ここに規範的な価値判断という異質な要素を入れるのは不当である（事実認定の問題と法的評価の問題とは，分けて考えるべきである）という批判です。

4.9.3　事実的因果関係説における相当性判断のゆくえ

それでは，相当因果関係の理論を批判して，因果関係＝事実的因果関係と捉える立場からは，相当因果関係の理論が問題とする「相当性」判断は，どこに行ってしまうのでしょうか。

「因果関係とは，事実的因果関係である」との考え方を採用しつつ，4.1で述べた因果関係を1個のものとして考える立場（加害行為と「損害」との間の因果関係とする立場）からは，相当因果関係の理論が相当性判断で問題としているような規範的評価は，因果関係要件とは別の，保護範囲という要件のもとでおこなわれることになります。この保護範囲については，5.9の損害賠償の効果のところで説明しますので，今のところは，記憶にだけとどめておいていただければ十分です。

他方，因果関係とは，事実的因果関係であるとの考え方を採用しつつ，4.1で述べた因果関係を2個のものとして考える立場からは，①責任設定の因果関係のところで相当因果関係理論が相当性判断で問題としているような規範的評価は，因果関係要件とは別の，規範の保護目的（および危険性関連）という要件のもとでおこなわれると考えればよいでしょう（4.2にある第2の考え方を参照してください）。「法秩序が禁止規範・命令規範を立てることによって保護しようとした権利・法益の中に，侵害された被害者の権利・法益が含まれるか」という規範的判断が，この要件のもとでおこなわれるのです。これに加えて，被害者の権利・法益に対する侵害が，ある権利・法益に対する侵害から派生したもの（後続侵害）であるときには，さらに，「侵害された被害者の権利・法益は，禁止規範・命令規範によって保護されている権利・法益への侵害（第一次侵

害）から生じた特別の危険が現実化した結果であると言えるか」という規範的判断（危険性関連）が必要となる場合もあります。また，②賠償範囲の因果関係のところで相当因果関係理論が相当性判断で問題としているような規範的評価は，これまた因果関係要件とは別の，「損害」要件のもとでおこなわれることになるとするのが素直です（規範的損害の考え方。これも次章の5.11と「補論」の箇所で説明しますので，今のところは，記憶にだけとどめておけば十分です）。

第5章

損　害

▶Xの言い分……私は30歳の専業主婦です。2021年2月1日の午前9時頃，私が歩道を歩いていたところ，後ろから猛スピードで走ってきた大学3年生のYが運転する自転車に衝突され，転倒して頭を打ち，左腕も骨折して病院に運ばれました。20日間の入院の後，退院しましたが，医師からは手足のしびれが一生残ると言われました。Yと賠償額について合意ができないので，私は裁判を起こすつもりです。そして，入院治療にかかった費用，退院後の病院通いに使うタクシー代，勤労者の平均賃金で計算した70歳までの収入総額に後遺症により身体が不自由になった割合（率）をかけた金額，事故のときに壊れたスイス製高級腕時計の買替費用，弁護士を雇うのにかかった費用，そして慰謝料を請求したい。

▶Yの言い分……たしかに，私は，その当日，大学での後期試験に遅れそうになって自転車でとばしていました。その非は認めます。しかし，Xの主張する損害には，納得がいかないものがあります。だって，病院に通うのにタクシーなんて必要ないではありませんか。また，Xは専業主婦なのですから，収入はゼロでしょう。税務署に所得税すら支払っていないですよね。それに，この不況下で70歳まで働いて安定した収入を得られると思いますか。まして，事故のときにXがスイス製高級腕時計をしていたなど，私の知るところではなかったし，壊れたと言っている時計も，安く修理できるかもしれないではないですか。弁護士を雇うのにかかった費用と言っても，Xが自分の言い分を通したいために雇ったのですから，その費用を私に支払えと言うのは，身勝手きわまりないところです。そのうえに慰謝料もほしいと言うのなら，一体どのくらい苦痛を感じたのか，証拠を挙げて立証してください。

5.1 損害とは――差額説

　被害者が加害者に対し不法行為を理由として損害賠償請求をするためには，「損害が発生したこと」について主張・立証しなければなりません。

　通説・判例（最判昭39・1・28民集18-1-136）は，ここで，損害の意味を捉える際に，**差額説**と呼ばれる考え方を基本としています。差額説とは，「不法行為がなければ被害者が置かれているであろう財産状態と，不法行為があったために被害者が置かれている財産状態との差額が損害である」とする立場です。

　以下の解説は，この差額説を基礎とした考え方を中心におこないます。

❖ **損害事実説**

　最近では，差額説を批判して，**損害事実説**という考え方が有力に主張されています。差額説が「事実の確定・評価」に関する問題と「金銭評価」に関する問題とを峻別せずに議論している点への批判を込めて展開された理論です。

　損害事実説は，「損害とは，不法行為によって被害者に生じた不利益な事実である」とする見解です。

　ただし，何を「不利益な事実」と見るかによって，「損害事実説」の内部で，さまざまな考え方が成り立ちます。

　第1は，次に述べる個別の損害項目（金額を割りつけられる以前のもの）をもって，「損害」と捉える見方です（損害事実説のもとで議論を展開する論者の中には，無意識のうちにこのような考え方を基礎としているものが多いように感じられます）。

　第2は，各種の個別項目を系統立てたときに「最上位」に来る事実をもって，「損害」と捉える見方です（損害事実説を最初に唱えた平井宜雄の立場が，これです）。この立場からは，結果的に，「権利侵害」＝「損害」(権利の裏返しとしての不利益が損害である）ということになります。

　第3は，「不法行為がなければ被害者が置かれているであろう事実状態と，不法行為があったために被害者が置かれている事実状態との間に差が生じていること」をもって，「損害」と捉える見方です（**事実状態比較説**。私自身は，この最後の立場を採っています）。

5.2 金額差額説——個別客体差額説と総体財産差額説

差額説が説く損害とは，不法行為がなかったということを仮定した場合の被害者の財産状態と，不法行為があったために被害者が置かれている財産状態の差を金額であらわしたものです。ここでは，①損害とは財産状態の差であり，かつ，②それが金額の差として示される点に，特徴があります。

差額説の考え方は，②の要素を入れることで，損害を不法行為の結果として被害者に生じた不利益な事実としては捉えない，つまり，「事実としての損害」（①）と「損害の額」（②）とを区別しないということを含意しています。

もっとも，財産状態の差をどのような観点から捉えるかという点では，差額説の思考様式には，多様なものが見られます。まず，(a) 権利侵害を受けた対象（客体）の価値に注目する場合と，権利侵害を受けた被害者の財産の全体に着目する場合があります（居眠り運転の大型トラックがレストランに突っ込んだために，建物自体が全壊したばかりか，営業の再開までに1年を要したという場合を想定してください）。前者は「個別客体差額説」（個別財産差額説），後者は「総体財産差額説」というべきものです。

また，別の評価軸として，(b) 不法行為が生じる前の状態を金銭で回復するか（原状回復的損害賠償），それとも，不法行為がなければ推移したであろう事態を想定して，この場合に現在あったであろう状態を金銭で実現するかというものがあります（証券会社従業員の不正確な説明を信頼して300万円を投資し，外国の債券を買ったところ，その価値が暴落したという場合を想定してください）。

❖ **権利保全費用の賠償請求権**

権利・法益侵害を受けた者は，①侵害された権利・法益の価値の金銭的保障を得ることや，②権利・法益侵害がなかった状態の金銭による原状回復（原状回復的損害賠償）を受けることができるだけでなく，③他人による権利・法益侵害からみずからの権利・法益を保全し，侵害により生じ得る損害を回避するための措置に要した費用（権利保全費用）に相当する額の損害賠償も，その措置が権利者みずからの負担すべき一般的な生活危険を超える危険に対応するためにされたものである場合に（通説の表現によると，相当因果関係の範囲内で），侵害者側に対して請求することができます。店舗経営者が店舗内で頻発する万引き防止のために監視カメラや警備員を措置することに要した費用，近隣の工場から発生する騒音や悪臭を防止する

ために近隣住民が自宅に防音ガラスなどの設備を設けることに要した費用などが，これにあたる可能性があります。

　この関連で最近問題となっているのが，住民が原発事故を受けて自主避難をしたことにより被った損害の賠償です。ここでは，自主避難をした住民の予防的行動について，予防原則（precautionary principle）を用いることにより，その行動の正当化を図り，賠償の可能性を肯定する考え方が有力に説かれています。予防原則とは，科学的に因果関係を証明することかできない場合であっても，人の健康や環境に対して重大かつ不可逆的な損害が発生するおそれ（threats of serious or irreversible damage）があるときには，予防的な措置をとることが正当化されるというものです。この予防原則を用いることによって，自主避難に要した費用（の全部または一部）の賠償が可能となるというものです（ちなみに，予防原則は，もともとは，科学的に因果関係を証明することかできない状況下において，環境を保護するために規制当局がおこなう予防的措置を正当化するために立てられた原則ですが，とりわけ，東日本大震災と福島原発事故以後の議論では，私人間の生活関係にも妥当するものとして展開されています。なお，予防原則は，これとは別の文脈で，風評被害により事業者が受けた営業損害の賠償可能性が問題となる場面でも，持ち出されています。人々が放射線被害に関する風評から商品を買い控えたことにより，その商品を製造・販売するメーカーの売上げが減少したという場面を想定してみてください。風評に依拠した人々の行動が予防原則に照らせば正当化されるときには，メーカーは，これによる営業損害をみずからが引き受ける必要がなく，責任主体の側に請求することができるのではないかという問題です）。

5.3　差額説の限界

　差額説を基礎に捉える場合でも，次の3点については，あらかじめ注意をしておく必要があります。

　第1に，判例は，差額説を基礎に据えつつも，交通事故による人身侵害事例で，差額説を貫いた場合に生じる不都合を考慮した修正を加えています。すなわち，判例は，たとえ事故の前後を通じて現在および将来の所得の減少が認められなくても，①それが労働能力低下による収入の減少を回避するための被害者本人の特別の努力など事故以外の要因によるものであって，このような要因がなければ収入の減少が生じているであろう場合や，②本人が現に従事し，または将来従事すべき職業の性質に照らし，特に昇給・昇任・転職等に際して不

利益な取扱いを受けるおそれがあると認められる場合に，財産上の損害の賠償を肯定しています（最判昭56・12・22民集35-9-1350）。

　第2に，判例が差額説を基礎に据えているといっても，判例では，「不法行為によって被害者に生じた不利益な事実」を「損害」と捉えたうえで，これに続けて，この意味での損害を金銭評価する（＝損害額を算定する）際に現実の事実状態と仮定的状態との間の差を金銭で評価し，差額計算をしているというように見られないではありません。有価証券報告書に虚偽記載のある株式をつかまされたために虚偽記載が発覚後に株価が下落し，投資家が損失を受けたという場合に，その株式を取得させられたこと自体が「損害」であるとしたうえで，虚偽記載と「相当因果関係」のある「損害の額」を差額計算によって算定した一群の裁判例（最判平23・9・13民集65-6-2511〔西武鉄道事件〕，最判平24・3・13民集66-5-1957〔ライブドア事件〕など）は，その典型例です。ここでは，「損害」と「損害の額」を切り離し，「損害」については，上のコラムで述べた損害事実説に近い位置づけをしているのではないかということ——「差額説」は「損害の額」を算定する場でのみ機能していること——が伺われます（ちなみに，このとき，「損害」＝「権利・法益が侵害されたことによる不利益な事実」という捉え方になります）。

　第3に，民事訴訟法248条では，「損害」の証明があったものの，「損害額」について「損害の性質上その額を立証することが極めて困難であるとき」は，裁判所は，口頭弁論の全趣旨および証拠調べの結果に基づき，「相当な損害額」を認定することができるとしています。ここでも，「損害」を金銭評価と切り離して捉える立場（損害事実説）がその基礎に据えられているといってよかろうと思います。

5.4　個別損害項目積上げ方式による差額計算

　通説・判例は，差額説に基づく差額計算にあたり，治療費，交通費，修理費用，再調達費用，将来得たであろう収入の減少，介護費用などといったさまざまな個別の項目（損害項目と言います）を立て，項目ごとの金額を積算することによって差額を算定するという方法を採用しています。個別損害項目積上げ方式（個別積算方式）と呼ばれる方法です。

その際，個々の損害項目は，その内容に即して，財産的損害と非財産的損害とに分類・整理されています。財産的損害とは，被害者の財産に被った損失のことであり，非財産的損害とは，それ以外の損失のことです（その主たるものは，精神的苦痛を内容とする慰謝料ですが，自然人でない法人が被害者の場合には，信用失墜による事業運営への打撃を内容とする無形損害が考えられます。前掲最判昭39・1・28〔法人への名誉毀損〕）。

また，財産的損害は，さらに二分され，①被害者が有している財産を失ったという積極的損害（治療費・修理代金のようなもの）と，②被害者が将来得ることができたであろう利益を得られなかったという消極的損害（逸失利益とか得べかりし利益とも言います。事故で寝たきりになったために働けなくなったことにより失った収入のようなもの）とから成るものとして捉えられ，そのうえで上記の個別積算に持ち込まれます。

❖ 包括一律請求

　公害・薬害や，集団的な食品被害・労働災害のように，重篤な人身損害を受けた被害者が多数にのぼる損害賠償請求訴訟では，原告被害者側が包括一律請求という手法を採ることが少なくありません。

　包括一律請求というのは，加害行為によって生じた全人間的破壊による損害を個別損害項目に解体することなく「総体として包括的に」捉え（包括請求），そのうえで，多数の原告被害者の請求額に（症度によるランク分けを別とすると）差を設けない（一律請求）という請求方式です。

　この請求方式は，①人間の価値は平等であるとの理念に支えられ，②加害行為により生活全体が破壊されているのだとの認識のもと，③個々の被害者ごとの損害の主張・立証活動を展開することによる審理期間の長期化に伴う被害者救済の遅延を回避するとの実践的意義に基づいて，展開されたものです。そして，技術的には，5.9で解説する「慰謝料の補完的機能」の考え方の延長線上で理論構成されたものでありまして，包括的に請求された損害は「包括慰謝料」という名で呼ばれることも少なくありません（しかし，実体は単なる「慰謝料」ではありません。ちなみに，「包括慰謝料」に対する用語法として用いられる場合，通常の慰謝料は「純粋慰謝料」と呼ばれます）。

　わが国の裁判実務では，包括一律請求の方式での賠償請求も，多くの集団訴訟の裁判例で，財産的損害の証明困難による訴訟遅延・被害者救済遅延の回避という点から，許容されています。

5.5 具体的損害計算の原則と抽象的損害計算

　個別損害項目を積算しながら差額計算をしていく際に，「損害項目として何を選定するか」という点と，「その損害項目にどのような金額をあてるか」という点について，①権利侵害を受けた当該具体的な被害者を基準に決定していくか，それとも，②社会生活においてその被害者が属するグループの平均的な人を基準に決定していくかという問題があります。①の考え方に基づく決定方法を具体的損害計算と言い，②の考え方に基づく決定方法を抽象的損害計算と言います（「損害計算」という言い方をしますが，「項目の選定」と「金銭評価」の両面があることを忘れないでください）。

　わが国における通説・判例は，具体的損害計算を原則として，差額計算をしています。その基礎にあるのは，「損害賠償の目的は被害者個人に生じた実損害の填補にあるのだから，被害者の個人的事情を斟酌しなければならない」との考え方です（最判平9・1・28民集51-1-78）。

　なお，特別法の中では，被害者に具体的な損失として生じたか否かに関係なく，抽象的損害計算のもとで「損害」を算定することが認められている場合があります。たとえば，特許法102条3項や著作権法114条3項では，無断で他人の特許権や著作権を利用した者に対して，特許権者・著作権者が実施料・使用料に相当する額を賠償請求できることが規定されています。

　❖ **抽象的損害計算とそれを支える理念・思想** ════════════

　損害計算がどのような観点からおこなわれているかという現状認識としては，以上のところを理解しておけば，さしあたりは十分です。しかし，余力のある人は，この先にあるところを，ぜひ考えてみてください。それは，具体的被害者についての損害項目・金額が確定できないにもかかわらず，なぜ抽象的損害計算の手法を用いて被害者の賠償請求を認めることが正当化されるのか，ということです。主張・立証面での負担を緩和してあげようという裁判実務の処置の背後にある理念ないし思想というものに目を遣ってほしいのです。そこには，具体的損害計算を正当化するために説かれているのとは違った理念・思想を見てとることができます。

　すなわち，憲法の定める平等原則のもとに成り立っている私法秩序においては，国家によって保障された権利の価値は，それが誰に属するかに関係なく共通であり，したがって，権利に割り当てられる価値の代替物である損害賠償請求権についても，私法秩序がその権利にどれだけの金銭的な価値を与えたのかを個々の被害者から離

れて確定し，少なくともそうして算定された金額については，被害者が誰であれ最低限賠償してやるべきだ（そうでなければ，権利を権利として国家が保障した意味がなくなる），という理念・思想です。

　このような考え方からは，①損害賠償に際しては「抽象的損害計算」が原則とされるべきであり，少なくとも権利の客観的価値に相当する金額については，最小限の損害として賠償を認めるべきだ，ということになります。そして，②これによって塡補されない当該具体的被害者の個人的事情に出る部分については，個人的事情に由来する損害項目もしくは金額を当該被害者が具体的に主張・立証することに成功してはじめて，賠償を認めてやるべきだ，ということになります。

❖ 交通事故損害賠償実務における定額化・定型化の方向 ══════════
　交通事故損害賠償実務においては，人損・物損を問わず，各損害項目について，損害計算に向けた詳細な客観的指針・基準が立てられ，また，一部の損害項目については定額化の方向が進んでいます。定期刊行されている公益財団法人日弁連交通事故相談センター東京支部『民事交通事故訴訟・損害賠償額算定基準』（通称「赤い本」〔「赤本」ではありません〕）や，公益財団法人日弁連交通事故相談センター『交通事故損害額算定基準』（通称「青本」〔「青い本」ではありません〕）をご覧ください（同様に，過失相殺の割合についても，事故類型別の標準化がおこなわれています）。

5.6　人損における逸失利益算定——具体的損害計算の修正

5.6.1　幼児・年少者，学生，専業主婦の場合

　人身への侵害がされた場合の逸失利益について，具体的損害計算の考え方を基礎としたときには，被害者となったのが幼児・年少者，学生，専業主婦などの場合に，困難な問題が生じてきます。あとでも述べますが，財産的損害については，通説・判例によれば，損失が発生したことのみならずその金額についても，損害賠償請求をする被害者が主張・立証しなければなりません。しかし，たとえば，被害にあった当該具体的な個人である5歳の幼児の逸失利益について，どうやってその人自身が将来得たであろう収入を主張・立証せよと言うのでしょう。被害にあった当該具体的な個人である40歳の専業主婦についても，

同じことが言えます。

　ここにおいて，通説・判例は，幼児・年少者，学生，専業主婦らのように，個別の被害者の逸失利益について，具体的な個人固有の収入額や算定資料が存在しない場合でも，労働能力喪失率表・賃金センサスと就労可能期間（原則として67歳まで）を基準に，具体的被害者が得たであろう収入額や支出したであろう費目・金額を導き出して，逸失利益の賠償額を算定しています。次に挙げるフレーズは，幼児の逸失利益についての最高裁の判断を示したある判決の文章ですが，通説・判例の考え方とされるところが現れています。控えめな算定方法という字句に注意して読んでください。また，比例原則（過剰介入の禁止，過少保護の禁止）を基礎に据えている点にも注目してください。

　「年少者死亡の場合における右消極的損害の賠償請求については，一般の場合に比し不正確さが伴うにしても，裁判所は，被害者側が提出するあらゆる証拠資料に基づき，経験則とその良識を十分に活用して，できうるかぎり蓋然性のある額を算出するよう努め，ことに右蓋然性に疑がもたれるときは，被害者側にとって控え目な算定方法（たとえば，収入額につき疑があるときはその額を少な目に，支出額につき疑があるときはその額を多めに計算し，また遠い将来の収支の額に懸念があるときは算出の基礎たる期間を短縮する等の方法）を採用することにすれば，慰藉料制度に依存する場合に比較してより客観性のある額を算出することができ，被害者側の救済に資する反面，不法行為者に過当な責任を負わせることともならず，損失の公平な分担を窮極の目的とする損害賠償制度の理念にも副う」（最判昭39・6・24民集18-5-874）。

　また，交通費・医療費・療養介護費等について具体的な支払額の証明書がない場合でも，裁判実務は，経験的に編み出された基準額をもとに，その支払を加害者に命じているのが通例です。

　結局，このように見れば，通説・判例は，損害項目の選択および金額評価の面で具体的被害者を基準とした具体的損害計算を原則とすると言いながらも，その実質において，抽象的損害計算が妥当する余地を広範に認めているように思われます。もっとも，少なくとも実務では，これらの場面で抽象的損害計算を採用しているという意識に乏しく，むしろ，具体的損害計算の原則を維持しつつ，実損害についての主張・立証面で被害者の負担を軽減するために，平均値を用いた「控えめな算定」という名のもとでの経験則を通じた損害（額）の認定をしているとの理解がされているようです。抽象的損害計算を前面に出し

た正当化の方法については，5.5のコラムを一読してください。

5.6.2　逸失利益算定における男女間格差問題

　人身への侵害がされた場合の逸失利益について，平均値を用いた「控えめな算定」をするときには，わが国の平均賃金を見れば一目瞭然ですが，男子労働者の平均賃金と女子労働者の平均賃金との間には，大きな格差があります。その結果，被害者が女性の場合には，同じ事故にあった男性の場合とで逸失利益に差が出てきます。

　そこで，一時期，女性が被害者の場合で平均賃金を用いて逸失利益を算定する際に，こうして算定された額に家事労働分を加算して請求するという方法が議論されたことがあります。女子労働者の平均賃金が低いのは女性の労働能力のすべてが金額に反映していないからで，特に主婦の家事労働分が賃金として現れないために平均賃金が低額に止まっているのだと考えると，こうした算定方法にも肯けるところがあります（私は，女子の場合にも男子労働者の平均賃金を用いればよいと考えているのですが，「控えめな算定」という壁は厚いものです）。

　しかし，わが国の判例は，未就労の女子学生の逸失利益が問題となったケースで，家事労働分加算という算定方法を認めていません。女子労働者の平均賃金を基準に逸失利益を算定することにより被害者が「将来労働によって取得しうる利益」は評価し尽くされており，これに家事労働分を加算するのでは逸失利益を二重に評価計算することになって相当でないと言うのです（最判昭62・1・19民集41-1-1）。

　ところが，その後，交通事故事件で，新たな動きが生じました。年少女子の逸失利益について，それまでは「控えめな算定」の名のもとで「女子労働者」の平均賃金を基準に逸失利益が算定されていたのに対して，「全労働者」の平均賃金を基準に逸失利益を算定するという判決が下級審で相次ぎました。そして，これに異を唱える上告受理申立てを最高裁が却下し，さらに東京地裁・大阪地裁・名古屋地裁の交通専門部で年少女子の逸失利益について「全労働者」の平均賃金を基準に算定する方針を事実上採用した結果，年少女子については若干の格差是正がされることになりました（それでも，年少男子については「男子労働者」の平均賃金を用いていますから，格差が完全に解消されたわけではありません）。

年少女子の逸失利益について「全労働者」の平均賃金を基準に算定する理由は，次の点に求められています（東京高判平13・8・20判時1757-38など。なお，①の理由があるから，全労働者平均賃金による算定が認められる女子の範囲が年少者〔せいぜい高校生まで〕に止められているのです）。

　①　未就労年少者は，現に労働に従事している者とは異なって，多様な就労可能性を有するから，現在就労する労働者の労働の結果として現れる労働市場における男女間の賃金格差を将来の逸失利益の算定に直接的に反映させるのは，将来の収入の認定ないし蓋然性の判断として合理的なものとは言い難い。

　②　未就労年少者の将来の逸失利益に，男女の性の違いのみにより，現在の労働市場における男女間の賃金格差と同様の差異を設けることは，未就労年少者の多様な発展可能性を性により差別するという側面を有しており，個人の尊厳ないし男女平等の理念に照らして適当ではない。

　③　最近では，女性をめぐる法制度，社会環境が大きく変化しつつあり，男女間の賃金格差の原因となっている従来の就労形態にも変化が生じ，女性が，これまでの女性固有の職業領域だけでなく，男性の占めていた職業領域にも進出しつつある。

❖ 若年非正規雇用労働者の逸失利益

　若年非正規雇用労働者の逸失利益については，就労期間が短いことに低収入の要因があると言い難く，また，若年非正規雇用労働者が一般に，将来，正規雇用労働者になるとも言えません。このことから，若年非正規雇用労働者で実収入額が年齢別平均賃金に比べて相当低額な者については，「収入増を期待できる専門技術，技能，資格の取得，職歴，収入，正規雇用による就労の意思，機会の有無等を考慮した上で，生涯を通じて全年齢平均賃金程度の収入を得られる蓋然性の有無を判断し，蓋然性が認められないものについては，全年齢平均賃金の相当割合による方法を採ることが相当」であるとの提言（徳永幸蔵＝田端理恵子「逸失利益と過失相殺をめぐる諸問題」法曹時報62巻1号83頁［2010年］）が出されたことがありました。

　この提言は，「全年齢平均賃金の相当割合」とは何かが規範的な価値判断にかかっているところからも明らかなように，事実認定の手法という衣をまといながらも，規範的な価値判断としては「かくあるべし」というルールを提案しているものです。そして，そこでは，若年非正規雇用労働者であって実収入額が年齢別平均賃金に比べて相当低額なものに分類（類型化）される者は，自己の労働能力を展開することによって得られる利益を正規雇用労働者のそれよりも定型的に低く見積もられるべきであるとの価値判断が，その基礎に据えられています。ともかくも，こうした類

型化には，その計算を支える規範的評価の視点ともども賛成しがたいところがあります。

❖ **重度知的障害児の逸失利益**

　障害児，とりわけ，重度の知的障害を負った者が被害者となった場面でのこの者の逸失利益については，逸失利益をゼロとみる裁判例（東京地判平2・6・11判時1368-82）や障害者作業所の賃金（非常に低額です）を基準とする裁判例（横浜地判平4・3・5判タ789-213）がある一方で，最近では，当該地域における不法行為時の最低賃金を基準にその逸失利益を肯定する裁判例（青森地判平21・12・25判時2074-113）も出るようになっています。

　前2者の裁判例の基礎には，将来において平均的な就労が可能な程度の労働能力の獲得が困難であるから，健常者の労働能力を用いることによる利益の取得を認めるべきではないとの規範的な価値判断があります。そして，この主張とあわせて，このような理解による不都合は，慰謝料によって調整すべきであるとの見方も示されています。

　これに対して，後者の裁判例の基礎には，(a) 人間一人の生命の価値を測る基礎として何が適切であるかという点（とりわけ，人間の価値が平等であるとの観点）を考慮すべきであること（前掲横浜地判平4・3・5の控訴審である東京高判平6・11・29判時1516-78），(b) 健常者の賃金水準には劣るとしても，知的障害者の雇用環境・社会条件が改善しつつあり，社会進出の機会が増えつつある点を考慮すべきことから，「最低賃金額に相当する額の収入」を保障すべきであるとの規範的な価値判断があります。

　ここでも，得べかりし収入についての将来予測や蓋然性に関する判断という衣をまといつつも，その実質においては，重度の知的障害を負った者にも健常者と同程度の労働による収入相当額を与えるべきか否かという規範的な価値判断が基礎にあり，また，見解の対立の核心を成しているのです。

❖ **一時滞在外国人の逸失利益**

　逸失利益の算定基準をめぐって類似の問題が生じたのが，一時滞在外国人の逸失利益についてです（一時滞在外国人にも，就労ビザを持っている人，観光客，不法滞在者などさまざまなパターンがあります）。

　最高裁は，短期在留資格で来日して不法就労していたところ，労災に遭い負傷し後遺障害を残したパキスタン人の逸失利益を判断するにあたり，一時滞在外国人の逸失利益の算定方法として，「当該外国人がいつまでわが国に居住して就労するか，その後はどこの国に出国してどこに生活の本拠を置いて就労することになるか，な

どの点を証拠資料に基づき相当程度の蓋然性が認められる程度に予測し，将来のあり得べき収入状況を推定すべき」であるとしたうえで，①予想されるわが国での就労可能期間ないし滞在期間内はわが国での収入等を基礎とし，②その後は想定される出国先での収入等を基礎として逸失利益を算定するのが合理的であるとしました（最判平9・1・28民集51-1-78）。

　ここでは，「権利主体（被害者）が自らの労働能力を投入して得ることのできた利益がいくらであるかは，その主体が労働能力を投入する労働環境・生活環境という『場』に即して評価すべきである」との規範的な評価が，その基礎に据えられています。

❖ 公的年金の逸失利益性

　公的年金の受給権者が不法行為により死亡した場合に，平均余命まで受けることができたであろう年金相当額は，逸失利益と言うことができるのでしょうか。

　判例は，公的年金の受給権者が不法行為の被害者その人である場合に，退職手当・退職給付，老齢年金，障害基礎年金・障害厚生年金などの「受給権の喪失」をよりどころにして逸失利益を捉えています。そして，被害者が平均余命期間に受給できたであろう年金の額を基礎に，被害者の逸失利益を算定するのです。そのうえで，被害者が死亡したときには，相続人が相続によってこれを取得するものと解しています（最判昭41・4・7民集20-4-499，最判昭50・10・21判時799-39，最判昭50・10・24民集29-9-1379，最判昭59・10・9判時1140-78，最大判平5・3・24民集47-4-3039，最判平5・9・21判時1476-120など）。ここでは，これらの公的年金の目的が受給権者である被害者自身の損失補償ないし生活保障を目的とするものであることが，被害者本人にとっての逸失利益性を肯定する際の主たる理由とされています。

　これに対し，判例は，不法行為の被害者が死亡した場合における子や配偶者への年金加給分や，遺族が受給権者となる遺族年金については，死亡被害者自身の逸失利益であることを否定しています（前者につき，最判平11・10・22民集53-7-1211〔障害基礎年金・障害厚生年金についての子・妻の加給分〕。後者につき，最判平12・11・14民集54-9-2683〔遺族厚生年金〕。さらに，最判平12・11・14判時1732-83〔軍人恩給としての扶助料および戦没者の妻に対する特別支給金〕)。その理由として挙げられているのは，次のものです。

　①　これらの給付は，もっぱら受給権者である遺族自身（被保険者の子・配偶者など）の生計の維持を目的としている。したがって，不法行為被害者自身の逸失利益とは言えない。

　②　これらの給付については，受給権者である遺族自身が保険料を拠出しておらず，給付と保険料との牽連性が間接的であり，社会保障的性質の強い給付である。

　③　子の婚姻や配偶者の離婚等により加算が終了したり（子・配偶者への加算の

場合），受給権者の婚姻や養子縁組等により受給権が消滅したりする（遺族年金の場合）など，受給権の存続が不確実である。

　今後，類似の問題が生じたときには，この3基準により，逸失利益性が判断されるものと思われます。

5.7　物損の場合

　他人の不法行為により物の所有権が侵害された場合，これを理由とする損害賠償の額は，物に損傷がなかったとしたらあるであろう状態をどのように把握し，それをどのように金銭的に評価するのかという観点から捉えられています。

　物損の賠償をめぐっては，今日では，大別して，次の3つの観点からのアプローチが示されています。

　第1は，物の完全性を回復するために必要な費用（原状回復費用相当額の賠償）を被害者に与えるという観点からのアプローチです。修理費用の賠償に代表されるものでして，原状回復を目的とした損害賠償であるともいえましょう。もとより，何が「原状」と言えるのかについては，とりわけ，その物が被害者の生活と密接に関連している場合には，原状の回復が被害者の平穏生活権の実現の観点からも捉えられることより，その物に結び付けられた生活利益（生活状態）の回復があってはじめて「原状」の回復と評価できるのではないかということが，問題とされるようになっています（原発事故による被害を避けるために，長年住み慣れた家屋を捨て，居住地域から離れざるを得なくなったような場合）。また，原状回復を超える価値を生み出す費用については，利得禁止の観点から，超過分の請求をすることは認められません。

　第2は，物の交換価値を金銭で塡補するにふさわしい価額を被害者に与えるという観点からのアプローチです。等価物としての金額の支払を目的とした損害賠償であるとも言えます。

　なお，原状回復費用相当額の賠償と交換価値の賠償との間には，二者択一の関係があります。原状回復の方向での金銭賠償を選択するか，交換価値の賠償の方向での金銭賠償を選択するかは被害者の自由であるというのが基本でしょう。しかし，車両損害に関する判例は，(a) 修理が可能な場合には，修理するよりも買い替えたほうが安く済む場合を除き，原則として，修理によって原状

回復をすべきであり，(b) 修理が物理的または経済的に不可能ならば，その物と同種・同等の物を市場で調達するのに要する価格相当額が賠償の対象となるとしています（最判昭49・4・15民集28-3-385。同種・同等の物の調達費用から，つぶれた物の交換価値〔スクラップ価格〕が控除される点に注意してください）。

　第3は，利用価値の賠償，すなわち，被害者が物を完全な状態で利用することができたにもかかわらず，その使用収益の権限（利用権限）を行使してその物を利用することができなかったために，被害者の総体財産に損害が生じたこと，または，その物を完全な状態で利用することができたのと同等の利用可能状態を調達（確保）するために費用を投下したことにより，被害者の総体財産に損害が生じたことを理由に，その填補をするという観点からのアプローチです。加害車両にタクシーが衝突されたことによる休車・休業損害は前者の例，加害車両に自家用車が衝突されたことによる修理中の代車賃借料相当額の損害は後者の例です。

　なお，交換価値の賠償と利用価値の賠償との間では，後者は前者に包摂されるのではないか，したがって，前者の賠償が認められる場合には，これと合わせて後者の賠償は認められないのではないかということが問題となります。しかし，最近の研究では，利用価値の賠償といわれているものの内実は，(a)「その物の所有権が帰属する権利主体は，その物の所有者として自己に与えられた使用収益の権限を行使して，権利の客体である物を用いてみずからの行動を展開することにより得ることができた利益を保障されるべきである」という観点から，客体としての物の交換価値とは異質な利益としてその賠償が認められるべきものであるか，または，(b)「所有権に由来する使用収益の権限またはその権限を行使することによって得られる利益を保全するために投下した費用は権利主体にその回復を認められるべきである」という観点から，これまた，客体としての物の交換価値とは異質な利益としてその賠償が認められるべきものであることが明らかとなっています。

5.8　損害の主張・立証責任

　被害者が被った損害のうちで，財産的損害については，被害者が主張・立証責任を負います。ここで，通説・判例のように「差額説」を採用するときには，

「財産的損害については、被害者が主張・立証責任を負う」という点には、注意が必要です。それというのも、差額説によれば、「損害」とは「金額」なのです。したがって、被害者は、「損害が生じたこと」という要件事実のもとで、損害の項目のほか、損害の金額についてまで主張・立証しなければならないのです。

　もっとも、ここでは、5.3で述べた民事訴訟法248条の規定に気をつけてください（特許法105条の3、著作権法114条の5、不正競争防止法9条などにも同種の規定があります）。そこでは、「損害が生じたこと」（注。損害が生じたという事実の意味です。金額は含みません）の主張・立証はされたが、金額について被害者が立証に成功していない場合でも、「損害の性質上その額を立証することが極めて困難であるとき」は、裁判所は、口頭弁論の全趣旨および証拠調べの結果に基づき、「相当な賠償額を認定することができる」とされているのです（この規定の持つ意味とこれに該当するケースについては、民事訴訟法の教科書を参照してください）。

　さらに、特別法では、損害額について、推定規定が置かれている場合があります。たとえば、特許権や著作権の侵害があったときに侵害者が得た利益（侵害者利益）をもって、特許権者・著作権者等の受けた損害の額（特許権・著作権等を用いて事業活動を展開することによって得たであろう収益）であるとの推定がされています（特許法102条2項、著作権法114条2項、不正競争防止法5条2項など）。

5.9　慰謝料の算定——慰謝料の果たす機能

　これに対して、慰謝料については、判例は、①その算定にあたって、裁判官はその額を認定するに至った根拠をいちいち示す必要がなく、②被害者が慰謝料額の証明をしていなくても諸般の事情を斟酌（しんしゃく）して慰謝料の賠償を命じることができるし（最判昭47・6・22判時673-41）、③その際に斟酌すべき事情に制限はなく、被害者の地位・職業等はもとより、加害者の社会的地位や財産状態も斟酌することができる（大判大9・5・20民録26-710、大判昭8・7・7民集12-1805）としています。慰謝料額をいくらと認定するかについては裁判官の裁量的・創造的役割に全面的に委ねられているのです。

　ここから、慰謝料には、単に精神的苦痛を塡補する機能だけでなく、その他

の機能も与えられているという指摘がされることになります。

　たとえば，被害者が財産的損害の主張・立証に成功しなかったものの，裁判官から見れば，損害発生の高度の蓋然性はないけれども財産的損害をゼロとするのは被害者に酷だと考えたときには，財産的損害については真偽不明についての立証責任の被害者負担という制約がありますからどうしようもないけれども，慰謝料額を決定するにあたり，上記の事情を考慮して金額を上積みしてやるということが可能です。この点を捉えて，慰謝料には精神的苦痛を塡補する機能（損害塡補機能）だけでなく，「財産的損害を補完する機能」（補完的機能）があると言われています。

❖ 損害賠償請求と訴訟物の個数 ════════════════════

　　民事訴訟法学では，損害賠償請求がされた場合における訴訟物（訴訟における審理の対象）の個数が議論されています。民事訴訟法における通説・判例によれば，訴訟物の個数は，「給付を求めることのできる実体法上の請求権の数をどのように考えるか」で決まります。そして，判例によれば，「同一の事故」による「同一の法益への侵害」を理由とする財産的損害と非財産的損害の賠償請求権は，実体法上は1個と考えられており，したがって，訴訟物も1個であるとされています（最判昭48・4・5民集27-3-419）。

　　民法プロパーの問題として見たとき，このことは，慰謝料の補完的機能を考えるうえで非常に重要な意味を持ちます。というのは，「同一の事故」による「同一の法益への侵害」を理由とする財産的損害と非財産的損害の賠償請求権の訴訟物は1個ゆえに，裁判所は，被害者の請求額の範囲内であれば，被害者が提示した内訳に拘束されることなく，被害者の提示した慰謝料額を超えて慰謝料を認容してもよいからです（被害者の請求を超えて賠償額を認容することは許されません。「裁判所は，当事者が申し立てている範囲内でのみ，判決をすることができる」のは，民事訴訟における処分権主義〔民事訴訟法246条参照〕が働くからです。処分権主義については，民事訴訟法の教科書を参照してください）。

　慰謝料に財産的損害の補完的機能がある点については，今日の学説では異論を見ません。それに対して，慰謝料には制裁的機能（懲罰的機能）もあるのではないかという見解が，一部の学説により主張されています。しかし，わが国の通説・判例は，慰謝料の制裁的機能（懲罰的機能）を認めません。この関連では，懲罰的損害賠償（punitive damages）を認めたアメリカ・カリフォルニア州最高裁の判決のわが国での執行が問題となった万世工業事件判決が重要です。

この事件で，わが国の最高裁は，懲罰的損害賠償はわが国の「公序」に反するとして，わが国での執行を認めませんでした（最判平9・7・11民集51-6-2573）。わが国においては，加害者に対する制裁や将来における同様の行為の抑止は刑事上または行政上の制裁に委ねられているのであり，不法行為の当事者間で，被害者が加害者から制裁および一般予防を目的とする賠償金の支払を受けることができるとすることは，被害者が被った現実の損害の補填を目的とするわが国の不法行為損害賠償制度の基本原則ないし基本理念と相容れないとされたのです。

5.10　損害賠償請求の方法

5.10.1　「一時金」方式と「定期金」方式

（1）　**総　論**　不法行為を理由とする損害賠償請求権は，不法行為時に成立しています。そして，損害も，一般的には，後遺障害による逸失利益（後遺障害逸失利益），将来の介護費用等を含め，不法行為時に一定の内容のものとして発生しているものと考えられています（最判昭48・4・5民集27-3-419，最判昭58・9・6民集37-7-901）。

このとき，不法行為の被害者が，後遺障害逸失利益や将来の介護費用のような将来生じる不利益を，どのような方法で請求することができるかが問題となります。民法は，このことを定めた規定を置いていません。

論理的には，将来の不利益を，他の項目の損害と同様，一時金で賠償させる方式と，定期金を給付する方法で賠償させる方式とが考えられます。

この点に関して，裁判実務においては，現在に至るまで，圧倒的に多くの原告は一時金での支払を請求しており，裁判所も，こうした請求方式に異を唱えることなく一時金賠償を肯定しています。しかも，判例は，傍論ながら，損害賠償請求権者が一時金による賠償の支払を求める旨の申立てをしている場合に，定期金による支払を命じる判決をすることはできないとしています（最判昭62・2・6判タ638-137）。

（2）　**一時金賠償のメリットとデメリット**　一時金賠償方式には，紛争の一回

的解決というメリットがあるだけでなく，加害者の将来の支払拒絶・支払不能に備えての履行確保措置（担保供与措置）について，定期金賠償方式の場合よりも配慮する必要がないというメリットもあります。

　他方で，一時金賠償方式には，被害者に高額の金銭が一時に支払われるために，被害者が浪費するなどして当該金額が将来の生活設計にあてられない危険性がありますし，加害者にとっても巨額の賠償金の支払により経済的破綻をきたすデメリットがあります（ただし，加害者の不利益については，不法行為を犯した者である以上，考慮する必要はないとも言えますし，一時金賠償を命じることが国民感情に合致するとも言われます）。さらに，一時金算定にあたっては，未確定な将来損害項目に十分に対応できないうえに，とりわけ逸失利益については擬制的に現在化するしかないという弱点もあります。

　より深刻なのは，一時金賠償には，被害者にとって不利な面があるという点です。一時金賠償では，5.10.3で述べるように，法定利率（3％〔ただし，変動可能性あり〕）による中間利息控除がされ，しかも複利計算での控除がされるところ，実際問題として，一時金で賠償金を受け取った被害者が長期にわたり3％による運用をすることなど，一般市民にとっては難しいものです。その結果，被害者にとっては受け取ることのできる額が低くなります。とりわけ，被害者（特に，年少者）が寝たきりになったようなケースでは，3％で運用できるとの前提で減額算定された額の一時金を受け取ったとしても，現実に生じるかもしれない将来の介護費用や後遺障害逸失利益を十分に得られないことになりかねません。

　(3)　**定期金賠償のメリットとデメリット**　　これに対して，定期金賠償方式には，長期にわたり被害者や遺族の生活を保障することができること，加害者にとっても巨額の一時金賠償による経済的破綻を回避できることといったメリットがあります。

　しかしながら，定期金賠償方式だと，加害者の資力悪化，支払の意図的拒絶，逃亡・所在不明等による履行遅滞の場合に，被害者に現実に賠償金の支払がされないこととなり，その結果，履行確保のための担保供与措置と一体でなければ，被害者にとっては無意味になる危険性が潜んでいます。また，判決後の事情変更に対応できるための措置（変更判決の申立可能性）を講じておかなければ，判決後に生じた状況の変化に対応した定期金給付ができないという弱点もあります。

もっとも，民事訴訟法は，最後の点に関して，「口頭弁論終結前に生じた損害」につき「定期金による賠償」を命じた「確定判決」につき，口頭弁論終結後に生じた著しい事情変更を理由とする判決の変更を求める訴えの余地を認めています（民事訴訟法117条）。しかし，それでも，履行確保のための担保供与措置を定めた規定がない点で，定期金賠償の抱える問題が残ったままになっています。

5.10.2　後遺障害逸失利益・将来の介護費用の定期金賠償

　このような中で，判例は，人身侵害の被害者が後遺障害逸失利益や将来の介護費用の賠償を請求するときに，一時金賠償方式によることを認めるとともに，被害者が定期金賠償の方法で請求をしたときには，一定の条件下でこれを認める立場，言い換えれば，被害者がこれらの項目についての損害の賠償を定期金により請求してきたときに，加害者側からの一時金賠償によるべきであるとの反論を認めない立場に立脚しています。

　すなわち，判例は，被害者が交通事故によって身体傷害を受け，その後に後遺障害が残った場合に，後遺障害逸失利益につき，一時金賠償を命じることができるほか，被害者が定期金賠償を求めたならば，個々の事件の具体的事情に照らし，被害者が被った不利益を補填して不法行為がなかったときの状態に回復させるという不法行為損害賠償制度の目的および損害の公平な分担を図るという理念に適う場合には，定期金賠償を命じることもできるとしています（最判令2・7・9民集74-4-1204〔4歳の幼児が交通事故により労働能力を全部喪失した事案〕）。合わせて，この判例は，判決で定期金の賠償を認めた後，将来において乖離が生じたときは，前述した民事訴訟法117条〔定期金賠償を命じた確定判決の変更を求める訴え〕により是正を図ることを想定しています。同様の考え方は，将来の介護費用についても妥当します。

　なお，判例は，被害者が後遺障害逸失利益の賠償を定期金で請求した場合における定期金賠償の終期に関して，交通事故被害者が後遺障害逸失利益の賠償を一時金で請求したものの，事故後に被害者が死亡した事案に関して「継続説」を採用した先例（最判平8・4・25民集50-5-1221，最判平8・5・31民集50-6-1323。後述する6.2のコラムを参照してください）と同様の理由から，交通事故の時点で被害者が死亡する原因となる具体的事由が存在し，近い将来における死亡

が客観的に予測されていたなどの特段の事情がなければ，就労可能期間の終期より前に被害者が死亡したからといって，定期金賠償の終期が被害者の死亡時となるものではないとしています（前掲最判令2・7・9）。

5.10.3　一時金賠償と中間利息の控除

　逸失利益や将来予想される介護費用に相当する額を不法行為時に生じた損害として一時金で被害者に取得させると，これを元本として運用した利息分を被害者が利得することになってしまいます。たとえば，40歳の男性が労働能力80％を喪失する事故に遭い，加害者から被害者に対してこの者が67歳まで働いたとして得た収入の80％に相当する額として6000万円が支払われたとします。すると，被害者は，この6000万円を元本として運用することが可能になり，結果として67歳に達した時点では運用利息分を利得したことになってしまいます。

　そこで，裁判例では，この不都合を回避するため，運用利息分も含めて見たときに被害者が不法行為をきっかけとして利得をしないよう，中間利息分をあらかじめ控除して一時金を支払わせるという処理がされています。これを中間利息の控除といいます。

　中間利息算定の際の利率は，民法404条の定める法定利率によります。もっとも，民法は，平成29年（2017年）改正前（5％の固定利率）と異なり，変動利率制を採用しています（施行時は3％。その後に，一定の要件を充たせば変動〔満たさなければ変動せず〕。詳細は，債権総論の教科書を参照してください）。

　そのうえで，民法は，中間利息の控除に関して，次の規定を設けています（民法417条の2）。

　①　将来において取得すべき利益（たとえば，人身侵害における逸失利益）についての損害賠償の額を定める場合において，その利益を取得すべき時までの利息相当額を控除するときは，その損害賠償の請求権が生じた時点における法定利率によります（同条1項）。その結果，不法行為を理由とする損害賠償債務では不法行為の時点，安全配慮義務違反を理由とする損害賠償債務では義務違反の時点が，法定利率の基準時であるということになります。

　②　将来において負担すべき費用（たとえば，将来の介護費用）についての損害賠償の額を定める場合において，その費用を負担すべき時までの利息相当額を控除するときも，①と同様です（同条2項）。

なお，中間利息の控除に際しては，元本を単利で運用することを前提として控除額を計算する複式ホフマン方式と，元本を複利で運用することを前提として控除額を計算するライプニッツ方式がありますが，いずれも不合理な算定方法ではないと解されています（複式ホフマン方式につき，最判昭37・12・14民集16-12-2368，ライプニッツ方式につき，最判昭53・10・20民集32-7-1500。交通事故裁判実務では，後者に統一されつつあります）。

5.11　賠償されるべき損害の確定──加害行為（・権利侵害）と損害との相当因果関係，さらに民法416条の類推適用論

5.11.1　相当因果関係論

　不法行為の加害者は，加害行為から生じた被害者の財産的・非財産的損失のうちのどこまでを賠償しなければならないのでしょうか。ここには，2つの問いが含まれています。

　1つは，「どこまでの損害項目が損害賠償の範囲に取り込まれることになるのか」という問いです。もう1つは，「差額の算定にあたって，どの金額で評価することになるのか」という問いです（後者の問いについては，物損の算定で不法行為時から現在までの間に物の市場価格に変動があった場合や，損害項目としては賠償の対象となる弁護士費用として多額の報酬が約束されていたような場合を考えてみてください）。

　通説・判例は，ここで，「賠償されるべき損害は，加害行為（もしくは権利侵害）と相当因果関係のある損害に限られる」という考え方を採用しています。「差額説」に立つ通説・判例からは，ここに，上記の2つの問いに対応して，「当該損害項目が，加害行為（または権利侵害）と相当因果関係のある損害項目か」という判断と，「当該損害項目を金銭評価するときに，どこまでの金額が加害行為（または権利侵害）と相当因果関係のある金額か」という判断とが含まれることになります。

　しかも，通説・判例は，このように不法行為を理由として賠償されるべき損害の範囲を確定するにあたり，金銭評価の点をも含めて相当因果関係論を採用したうえで，民法416条を類推適用することにより，相当性判断をおこなってい

ます。①賠償されるべき損害は，加害行為（または権利侵害）と相当因果関係にある損害であるところ，②債務不履行の効果としての損害賠償の範囲を定める416条は，相当因果関係を定めた規定であるから，③不法行為による損害賠償についても，416条が類推適用されるという論法が支持されているのです（富喜丸事件と称される大連判大15・5・22民集5-386が採用した後，最高裁になって以降も維持されています）。

　この通説・判例によれば，①まず，416条1項は「通常生ずべき損害」（通常損害と言います）を賠償すべきだとすることで「相当因果関係」の考え方を採用しているところ，不法行為の場合も，当該不法行為により「通常生ずべき損害」の賠償が求められるべきであり，②さらに，同条2項は「特別の事情によって生じた損害」（特別損害と言います）であっても，当事者（＝債務者）がこの特別事情を予見し，または予見すべきであったときには賠償が認められるとしているから，不法行為の場合も，被害者としては特別事情を加害者が予見していたこと，または予見すべきであったことを主張・立証することで特別損害が賠償の範囲に入ってくる，ということになります（くどいようですが，通説・判例からは，ここに言う「損害」には「金額」も入りますから，上記のことは，金銭評価についてもあてはまります）。

5.11.2　相当因果関係論批判

　通説・判例に対しては，強い批判が出されています（平井宜雄の見解に代表されます）。民法416条は契約違反の場合を対象とした規定であり，不法行為についてこれを妥当させようとするのはおかしいと言うのです。債務不履行の場合には，当事者は合理的計算に基づいて締結された契約により結合されていますから，債務不履行による損害について予見可能性を問題とする意味がありますが，無関係な者の間で突発する不法行為においては，故意の場合はともかく過失による場合には，損害の予見可能性がほとんど問題となり得ません。それにもかかわらず，416条を類推適用すると，特別損害の賠償が困難となり，その不都合を回避するために，通常損害や予見可能性を擬制せざるを得なくなるのです。

　そればかりか，以下は債権総論の領域で扱われることですが，相当因果関係の理論は完全賠償原則を前提としてドイツで展開されたものであるところ，わ

が国の民法416条は完全賠償原則を採用していない（イギリスの判例を基礎にした制限賠償原則を採用したものである）から、416条と相当因果関係の理論を結合すること自体が既に失当だとされるのです。

さらに、相当因果関係論に対しては、「相当因果関係」判断の中に異質の作業が混在している点も批判されています。つまり、「賠償されるべき損害は、加害行為（もしくは権利侵害）と相当因果関係のある損害に限られる」という中には、①加害行為と損害との間の事実的因果関係を確定する作業（これは、過去の事実の復元という事実認定に関する作業です）、②加害行為と事実的因果関係にある損害のうち、どこまでの範囲のものを賠償対象とすべきかという規範的価値判断の作業（これは、「保護範囲」の確定作業です）、そして、③賠償されるべき損害をどのように金銭評価するかという作業の3つが含まれているとされ、それぞれを区別すべきだとするのです。

ちなみに、このような見方からは、不法行為の場合において「賠償されるべき損害の範囲」については、①故意不法行為の場合には原則として全損害、②過失不法行為の場合には過失の評価規範としての損害回避義務の射程範囲内にある損害が賠償されるべきだとされます（②から、「義務射程説」とも言われます）。

相当因果関係論および義務射程説に対する私の評価は、本章末のコラムで扱うことにします。

5.12　弁護士費用の賠償

被害者や加害者は、自分が訴訟を委任した弁護士に支払う報酬を、相手方に請求できるでしょうか。

わが国では、訴訟手続について弁護士強制主義を採用していませんし、「訴訟費用」（民事訴訟法61条で敗訴者負担の原則が定められています）にも含まれていません。そこで、かつての判例は、不当訴訟に対する応訴のためやむを得ず支出した弁護士費用に限って、賠償を認めていました。しかし、現在の判例は、被害者が自己の損害賠償請求権を実現するため訴えを提起した場合一般につき、事案の難易、請求額、認容額その他諸般の事情を斟酌して相当と認められる範囲のものに限って、「不法行為による損害」として賠償請求できるとしています（最判昭44・2・27民集23-2-441。実際に賠償が認められているのは、弁護士費用の

2割から3割程度といったところです）。

弁護士費用相当額の損害賠償請求権が認められるには，当事者と弁護士との間で報酬の支払合意が成立していればよく，報酬がいまだ支払われていなくてもかまいません（大判昭16・9・30民集20-1261）。

❖ 債務不履行を理由とする損害賠償と弁護士費用の賠償 ━━━━━━━━
　　安全配慮義務違反（債務不履行）を理由とする損害賠償でも，不法行為を理由とする損害賠償と同様に，事実の難易度，請求額，認容額その他諸般の事情を斟酌して相当と認められる範囲のものに限って，弁護士費用相当額を賠償請求することができます（最判平24・2・24判時2144-89）。

　　他方，土地の売買契約において，買主が「履行による利益」が実現されなかったことを理由とする損害賠償として弁護士費用を請求することは，原則として否定されます。①「契約を締結しようとする者は，任意の履行がされない場合があることを考慮して，契約の内容を検討したり，契約を締結するかどうかを決定したりすることができる」ので，契約締結の際に具体的に予見することができた契約利益の危殆化に対処する費用（弁護士費用もここに含まれます）は債権者が負担すべきですし，②「土地の売買契約において売主が負う土地の引渡しや所有権移転登記手続をすべき債務は，同契約から一義的に確定するものであって，上記債務の履行を求める請求権は，上記契約の成立という客観的な事実によって基礎付けられる」ので，債務不履行を理由とする損害賠償請求権を訴訟上行使するためには弁護士に委任しなければ十分訴訟活動をすることが困難であるともいえないからです（最判令3・1・22判タ1487-157）。

5.13　遅延損害金（遅延利息）

5.13.1　遅延損害金の起算点

　不法行為によって損害が発生し，加害者がその支払をしないとき，支払が遅滞しているわけですから，損害金を元本として，遅延損害金（遅延利息とも言います）が発生します。

　この遅延損害金は，いつの時点を起算点として発生しはじめるのでしょうか。加害者が被害者に対して負担する不法行為に基づく損害賠償債務は，「履行期

の定めのない債務」です。そうであれば，遅延損害金については民法412条3項が適用され，被害者からの催告（請求）を待って遅滞に陥る（＝遅延損害金は損害賠償を請求した日の翌日から起算される〔初日不算入の原則。民法140条本文〕）ことになりそうです。

ところが，判例は，一貫して，「不法行為に基づく損害賠償債務は，なんらの催告を要することなく，損害の発生と同時に遅滞に陥る」(最判昭37・9・4民集16-9-1834。初期のものとしては，大判明43・10・20民録16-719) としています。損害賠償債務は損害の発生と同時に遅滞に陥ると考えられているのです（その結果，初日不算入の原則も妥当しません）。ほとんどの学説も，これに異論を唱えていません。しかし，判例ともども，このように解することの理由が示されていません（一部の学説はその理由を推測する作業を通じて判例の問題点を突いているのですが，ここでは立ち入りません。興味のある方は，厚めの教科書・体系書を参照してください）。

❖ 弁護士費用相当額の損害についての遅延損害金の起算点 ━━━━━━━━
　　判例によれば，弁護士費用相当額の損害の遅延損害金も上記の準則の例外ではないのでして，その損害は不法行為時に発生し，かつ，それと同時に履行遅滞に陥るとされています（最判昭58・9・6民集37-7-901。弁護士費用相当額の損害賠償請求権が消滅時効にかかるとき，その起算点は委任契約時であることと混同しないようにしてください。最判昭45・6・19民集24-6-560。最後の点は，8.8.1(4)で触れます）。

5.13.2　遅延損害金の算定利率

遅延損害金に関して，民法は，「金銭の給付を目的とする債務の不履行については，その損害賠償の額は，債務者が遅滞の責任を負った最初の時点における法定利率によって定める。ただし，約定利率が法定利率を超えるときは，約定利率による」と定めています（民法419条1項）。

「債務者が遅滞の責任を負った最初の時点」とは，いつの時点を指すのでしょうか。平成29年（2017年）改正後の民法は法定利率の変動制を採用しているため，この時点が重要な意味を持ってきます。これについては，5.13.1に示した判例を前提とするならば，「債務者が遅滞の責任を負った最初の時点」は，不法行為を理由とする損害賠償債務では不法行為の時点です。ちなみに，安全

配慮義務違反を理由とする損害賠償債務では，遅延利息の算定に用いる法定利率は損害賠償請求時のもの（民法412条3項参照）となります。

❖ 示談後に生じた事態を理由とする損害賠償 ━━━━━━━━━━━

人身侵害の不法行為を理由とする損害賠償について当事者間で示談が成立したところ，その後に被害者の障害が重症であることが判明したり，後遺症が発生したりした場合，被害者は，示談額を上回る損害の賠償を請求することができるでしょうか。これに関する判例法理は，次のようなものです（最判昭43・3・15民集22-3-587）。

① 一般に，不法行為による損害賠償について示談がされ，被害者が一定額の支払を受けることで満足し，その余の賠償請求権を放棄したときは，被害者は，示談当時にそれ以上の損害が存在していたとしても，あるいは，それ以上の損害が事後に生じたとしても，示談額を上回る損害について，示談後には請求することができない。

② もっとも，全損害を正確に把握することが困難な状況下で，早急に小額の賠償金で満足する旨の示談がされた場合には，示談によって被害者が放棄した損害賠償請求権は，示談当時予想していた損害についてのもののみと解すべきである。その当時予想できなかった不測の再手術や後遺症がその後発生した場合その他の損害についてまで，賠償請求権を放棄した趣旨と解するのは，当事者の合理的意思に合致するものとは言えない。

示談の射程（損害賠償請求権の放棄に関する合意の射程）がどこまでかに関する上記の判例の基本的な考え方は，物損が生じた場合や，取引的不法行為における示談についても，同様に妥当するものと考えられます（もっとも，上記②のうち，示談が早急にされたことと，小額の賠償金で満足することを企図したことは，示談の際の当事者の合理的意思がどこにあるのかを見るうえで必ずしも決定的ではない——示談額を上回る損害の賠償請求権が放棄されていないと解するための必要条件ではない——ように思われます）。

■補論——相当因果関係についての筆者の考え方■

　本書の性格からは場違いですが，念のため，私自身の考え方についても，一言触れておきます。以下については，潮見『不法行為法［第2版］Ⅰ・Ⅱ』(信山社)ほか私の論文・評釈類（とりわけ，潮見「不法行為における財産的損害の『理論』」法曹時報63-1-1以下［2011年］）を読まれる際に参考になれば十分です。ある程度の学習段階に達しない間は，読まれないほうがよいかもしれません（私の勤務する京都大学の学部学生・大学院生からしばしば質問を受けるので，念のために書いておくだけのことです）。

　私は，因果関係について，4.1で述べた理由から，責任設定の因果関係と賠償範囲の因果関係を分ける立場を基礎に据えています。

　① 　そのうえで，責任設定の因果関係については，これを合法則条件公式のもとで捉えられる事実的因果関係と解すべきだと考えています（この点についても，既に触れました）。

　また，相当因果関係の理論に対する平井の批判には，共感をおぼえるところが少なくありません。とりわけ，本来は契約違反の際の賠償範囲に関するルールを書いた民法416条を——しかも，相当因果関係の規律だとして——不法行為責任の場面で類推するという通説は，起草趣旨に照らしても，論理的に見ても，おかしいと思います（そもそも，416条は，相当因果関係を定めた規定ではありません）。

　責任設定の相当因果関係が問題となる場面において，相当性の考慮でおこなわれているのは，故意・過失ありとされた行為（禁止規範・命令規範に違反する行為）と，具体的に発生した権利侵害の結果とを関連づけることが法的に正当化されるかどうかの評価です。それならば，この法的評価を過去の事実の復元という意味での因果関係の確定作業から切り離して判断するのが，異質の判断過程を混合しない点で論理的に優れています。同じ理由で，損害の金銭評価についても，別の次元で捉えるべきでしょう。この点も，平井の考え方とほぼ同じです。

　しかし，まず，責任設定面に目を向けたとき，そもそも「過失があったかどうか」という評価をする際の行為義務は，現実に発生した具体的な結果から回顧的に（レトロスペクティブに）判断して，「その具体的結果を回避するために，行為者は，あのときに，これこれの行動をすべきであった」というように決められる（平井の見解）ものなのでしょうか。自動車の運転者がＡと

86

いう40歳の男性を轢いた場合，Ｂという80歳の男性を轢いた場合，路上に飛び出したイノシシを轢いた場合，路上に転がっていた看板を轢いた場合のそれぞれで，結果回避義務の中身が変わってきてもよいのでしょうか。むしろ，共同体社会の中で生活している人々に対する禁止規範・命令規範を立てて行動の自由を制約するときには，事前的に（プロスペクティブに）「その行動に出るときには，そこから生じるかもしれないこと（＝想定される被害者群〔被害者類型〕を対象として，事前的に想定されるさまざまな権利侵害）を考慮して，こういう注意深い行動をとるべきだ」というように判断しないと，これから行動を起こそうとする際の人々の行動の自由は保障されないのではないでしょうか（まして，「回顧的に過失を判断する」という作業は，医療過誤のような事例では不合理というものです）。

　このように考えると，責任設定レベルで相当性の判断と言われているものは，事前的に判断された行為義務に違反した行為と，具体的に発生した権利侵害とを関連づける規範的価値判断であると考えるのが適切であるということになります。この規範的価値判断において，①「侵害された具体的権利が，法秩序が命令規範・禁止規範により保護しようとした権利の中に含まれる」ときには，「その権利侵害は，禁止規範・命令規範の保護目的内のものである」という評価がされ，その権利侵害（第一次侵害）は行為者に対して帰責されます（「規範の保護目的説」と呼ばれる考え方です）。また，②「侵害された具体的権利が，法秩序が禁止規範・命令規範により保護しようとした権利には入っていない（したがって，義務射程は当該権利には及ばない）ものの，その権利侵害は，故意・過失による行為により生じた結果から特別に高められた危険が実現したことにより生じたものである」（第一次侵害との危険性関連を有している）ときにも，その権利侵害（後続侵害）は行為者に対して帰責されます。

　② 次に，賠償範囲の因果関係は，まず，損害事実の確定という点では，「損害があったかどうか」の判断の中に組み込まれます。金銭評価の部分を除いた賠償範囲の因果関係の問題は，「不法行為がなければ置かれたであろう事実状態（仮定的事実状態）と，不法行為がされたために置かれている事実状態（実際の事実状態）の差」を「損害」として把握する際に，同時に考慮されているのです。

　しかも，不法行為損害賠償制度の目的は侵害された被害者の権利について被害者に割り当てられた価値を金銭で保障することにあるとみるとき（損害賠償請求権の権利追求機能に立脚した規範的損害論）には，この事実状態の差は，

権利・法益の主体である被害者に割り当てられた価値を金銭で保障する方向で塡補されなければなりません（権利の主体に割り当てられた価値の金銭による実現。決定的なのは，責任設定の因果関係および規範の保護目的該当性の判断により故意・過失行為と関連づけられることとなった被侵害権利の主体に割り当てられ，保障された価値がいくらのものであるかであって，被害者の損失が禁止規範・命令規範の射程〔義務射程〕に入っているかどうかではありません）。ここでは，とりわけ，次の点に留意する必要があります。

①　権利侵害の結果として生じた事実状態の差を踏まえて，権利の主体である被害者に割り当てられた価値を金銭で保障するという観点からは，5.5のコラムで述べたように，抽象的損害計算のもとで算定される金額については，最小限の損害としての賠償が認められるべきです（これへの上積みを図る方向での具体的損害計算も認められるべきです）。

②　権利侵害の結果として生じた事実状態の差を踏まえて，権利の主体である被害者に割り当てられた価値を金銭で保障する場合に，損害賠償の方向は，(a)権利侵害がなければ被害者が置かれているべき状態を金銭により実現するという前向きの方向での損害賠償と，(b)権利侵害がされる前の状態を金銭により復元するという逆戻りの方向での損害賠償（原状回復的損害賠償とも言います）の2つのものを観念することができます。いずれを選択するかは，被害者の自由に委ねられています。

③　上記(a)については，(i)権利の客体それ自体の価値を被害者に保持させることを目的とした賠償（権利の客体それ自体の価値の賠償）と，(ii)被害者が社会生活の中で権利の客体を用いて人格を自由に展開すること（人格権・自己決定権に由来する人格の展開の自由。財産管理・処分の自由を含むものです）によって享受することができた財産状態を被害者に実現することを目的とした賠償（人格の展開の自由が侵害されたことにより，被害者の総体財産に生じた損害の賠償）とを観念することができます。

③　こうして，私の考えからは，民法709条の要件事実は，次のようになります。原告被害者をX，被告加害者をYと表記し，一番単純な不法行為モデルで説明します。

①　Xの権利が侵害されたこと

②　Yが行為をするにあたり，Yに故意があったこと。または，Yが行為をするにあたり，Yに過失があったとの評価を根拠づける具体的事実

③　①の権利侵害と②の行為との間に因果関係（事実的因果関係）があること

④　①の権利侵害が②の命令規範・禁止規範の保護目的内のものであったこと（を根拠づける具体的事実）。後続侵害の場合には，第一次侵害との危険性関連（を根拠づける具体的事実）

⑤　損害の発生（を根拠づける具体的事実）

⑥　損害の金額

第6章

損害賠償請求権の主体

▶X1・X2の言い分……A（当時45歳）はゲームソフト開発会社Zのサラリーマンをしており，私X1は，Aの妻で，X2はAの子です。Aは，Yの経営する飲食店で出された料理で食中毒を起こし，意識を失い病院に運ばれ，2週間後に死亡しました。私たちは，Aの相続人ですので，Yに対して，Aに代わってAの死亡による逸失利益8000万円と死亡による慰謝料3000万円を請求するつもりですし，さらに，私たち自身の慰謝料として，それぞれ500万円を請求したいと考えています。また，当時，X2は交換留学生としてオーストラリアにいたのですが，事故の連絡を受け，一番早く帰国できる飛行機で空いていたビジネスクラスの席を予約して帰ってきたので，X2は，その代金60万円も請求したい。

▶Zの言い分……Aは，当社のゲームソフト開発の第1人者で，彼の開発した商品はことごとく大ヒットし，当社に100億円を超える収益をもたらしてきました。Aを失ったことにより，当社の被った損失には計り知れないものがあります。当社としては，Aが生存して働いておれば勤務期間内に開発したであろうソフトの本数に当社ソフト1個あたりの平均的売上高を乗じた金額をYに請求したい。

▶Yの言い分……私が経営する飲食店で食中毒を出してしまったのは申し訳なく，賠償には誠意をもって応じるつもりですが，損害の額については，疑問があります。第一に，死亡による慰謝料と言いますが，死亡したこと自体についての慰謝料が発生した時点ではAは亡くなっているのですから，そのような権利をAは有していないのではないでしょうか。また，飛行機代もいずれ留学が終わればX2は帰国したのですから，事故と因果関係のある損害だとは思えません。また，Zまでもが請求をしようとしていますが，権

利侵害を受けたのはAであって，Zではないのですし，そもそも従業員が事故にあったら会社が自分のところの不利益を加害者に損害賠償請求できるというのはおかしいと思います。

6.1　前章までのパターンとの違い

前章までは，Yの加害行為によりXの権利が侵害されたときに，XがYに対して損害賠償請求するというパターンを扱ってきました。

これに対して，本章で扱うのは，Yの加害行為によりAの権利が侵害されたけれども，A以外の者であるX・ZがYに対して損害賠償請求するというパターンです。

このうち，重要なのは，①Aの相続人であるXが「自分はAの損害賠償請求権を相続した」と主張して，Yに対しその支払を求める場合と，②Aの権利が侵害されたことの間接的な結果として不利益を被ったZが，「自分もYの不法行為によって損害を受けた」と主張して，Yに対し損害賠償請求をする場合です。後者のZのような者は，被害者への加害行為により間接的に損失を被った者であるという点に注目して，間接被害者と呼ばれることが多いです。

この章では，①・②の順序で解説をします。

❖ 損害賠償請求権と共同相続 ════════════════════

不法行為を理由とする損害賠償請求権を加害者に対して有していた被害者が死亡し，この者について共同相続が開始したとき，損害賠償請求権はどのように帰属・承継されるのでしょうか。判例によれば，①不法行為を理由とする損害賠償請求権は，金銭債権であり，かつ，可分の給付を目的とする債権です（なお，金銭債権が常に可分の給付を目的とする債権〔可分債権〕となるわけではありません。準共有される金銭債権もあります）。したがって，損害賠償請求権は，相続により法律上当然に相続分に応じて分割され，各共同相続人に承継されます（遺産共有の対象にもなりません。預貯金債権の共同相続に関する最大決平28・12・19民集70-8-2121は，損害賠償請求権には及びません）。②もっとも，損害賠償請求権も遺産の一部ですから，共同相続人が合意して，この損害賠償請求権を遺産分割協議の対象とすることは可能です（①については，最判昭29・4・8民集8-4-819〔山林の違法伐採を理由とする民法715条に基づく損害賠償請求権の共同相続〕，②については，福岡高決平8・8・20判タ939-226〔ただし，預金債権の事案〕）。

6.2 生命侵害と損害賠償請求権の相続問題（その１）
——問題の所在

　まず，簡単なところから話をはじめましょう。Ｙの加害行為によってＡが負傷したことから，ＡがＹを相手どって民法709条に基づき不法行為を理由として損害賠償請求訴訟を提起し，逸失利益ほか財産的損害と慰謝料の支払を求め，Ａ勝訴の判決が確定したとします。ここで問題となった損害賠償請求権は，「傷害を理由とする」損害賠償請求権であり，財産的損害と慰謝料の支払を内容とするものです。さて，この後，Ａが死亡して，ＸがＡを相続したとします。このとき，Ｘは，ＡのＹに対する「傷を理由とする損害賠償請求権」を相続します。

❖ **不法行為による負傷者が判決までに死亡した場合の処理** ═══════

　不法行為により負傷した被害者が判決まで（正確には，事実審口頭弁論終結時まで）に別の原因により死亡したとき，最初の不法行為により生じた「傷害を理由とする逸失利益の賠償請求権」は，どうなるのでしょうか。傷害を理由とする被害者の逸失利益は，現に死亡した時までのものに限定されるのでしょうか（切断説）。それとも，不法行為の時点で「傷害を理由とする逸失利益の賠償請求権」が発生した以上，後発的事情を考慮すべきでなく，最初の不法行為による傷害の存続が想定される期間まで逸失利益を認めるべきなのでしょうか（継続説）。

　判例は，継続説を支持し，交通事故の被害者が事故に起因する傷害のために身体的機能の一部を喪失し，労働能力の一部を喪失した場合につき，傷害を理由とする逸失利益の算定にあたっては「その後に被害者が死亡したとしても，右交通事故の時点で，その死亡の原因となる具体的事由が存在し，近い将来における死亡が客観的に予測されていたなどの特別の事情がない限り，右死亡の事実は就労可能期間の認定上考慮すべきものではない」としています（最判平8・4・25民集50-5-1221，最判平8・5・31民集50-6-1323）。

　そこでは，①労働能力の一部喪失による損害は，不法行為の時に既に一定の内容のものとして発生しているのであって，その後に生じた事由によってその内容に消長をきたすものではないことと，②不法行為の被害者がその後にたまたま別の原因で死亡したことにより，賠償義務者がその義務の全部または一部を免れ，他方，被害者ないしその遺族が不法行為により生じた損害の塡補を受けられなくなるのは公平の理念に反することが，理由として挙げられています。

　なお，この問題に関しては，8.6のコラム（傷害を受けた後に死亡した場合と生活費の控除）も参照してください。

それなら，Ｙの加害行為によってＡが死亡したとき，Ａの相続人Ｘは，Ｙに対し「ＡのＹに対する損害賠償請求権」を自分が相続したと主張して，その支払を求めることができるでしょうか。ＡのＹに対する「傷害を理由とする損害賠償請求権」については，相続がされることに異論はありません。しかし，「生命侵害を理由とする損害賠償請求権」については，それが相続の対象となるのかどうかについて，議論があります。

　なぜこれが問題となるのかと言えば，「生命侵害を理由とする損害賠償請求権」が相続の対象になると言えるためには，その前提として，「生命侵害を理由とする損害賠償請求権」が被相続人に帰属していなければなりませんが，論理的に見て，これはおかしなことだからです。と言いますのも，「生命侵害」の場合に，死者は死亡と同時に権利主体でなくなっているのです。だから，「生命侵害を理由とする損害賠償請求権」がその時点で権利主体でない「死者」に「帰属する」というのは論理矛盾なのです（権利主体でなくなった──したがって，権利義務の帰属点となり得ないはずの──「死者」に「生命侵害を理由とする損害賠償請求権」がいったん帰属し，これを相続人が相続により承継するというのは，論理的におかしいのです）。相続人を救済するために相続人からの損害賠償請求を認めてやるべきだと言うのなら，こんな論理矛盾を犯しての相続構成など採らずに，端的に「相続人自身の損害賠償請求権」を認めてやれば十分ではないでしょうか。

　これが，議論の出発点です。もっとも，この問題をめぐる議論は，財産的損害の賠償請求権と慰謝料請求権とで異なった展開を示しています。そのため，以下では，両者を区別して説明します（なお，「生命侵害を理由とする損害賠償請求権」は，即死の場合だけでなく，受傷後死亡の場合にも問題となります。もっとも，後者の場合には，故意・過失行為と生命侵害の間に相当因果関係〔伝統的立場による場合〕のあることが，先決問題です）。

6.3　生命侵害と損害賠償請求権の相続問題（その２）
──財産的損害賠償請求権の相続可能性

　生命侵害を理由とする財産的損害の賠償請求権が相続されるかどうかについて，民法典施行後まもない時期の考え方は，相続を認めないとの立場（相続否定説）を採っていました。そこでは，相続人自身に対する侵害，つまり扶養請

求権の侵害を理由とする相続人固有の財産的損害賠償請求権を考えることができるにすぎないとされていたのです。

ところが，大正時代から昭和初期にかけて，学説の中では，**相続肯定説への流れが加速していきました**。そして，①「死亡」に時間的な幅（「致死傷」と「生命絶止」との間の時間の間隔）を持たせ，死亡による財産的損害賠償請求権がまず死者に帰属したうえで，次の瞬間に相続されるとする時間的間隔説，②「法律上の人格者」として数個の生命を有する1人の存在を認めたうえで，「法律上の同一人格に対する生命の侵害」と捉えて生命侵害による損害賠償請求権の相続人への帰属を正当化しようとする人格承継説，③生命侵害は身体傷害の極限概念であるとして，身体傷害の場合と同様に生命侵害の場合にも相続を肯定してよいとする極限概念説，④家族共同生活体を被害者と見るべきであるとする家族共同体被害者説ほか，さまざまな見解が提唱されました。いずれの見解も，その背後では，このような損害賠償請求権の発生と相続を認めなければ，被害者が負傷後に死亡した場合には被害者自身が損害賠償請求権を取得して相続人が承継するのに，これよりも重大な即死の場合には加害者の「不法行為責任を免除する」という不当な結果を招き，均衡を失するとの実質的考慮が働いていました。

判例も，負傷後の死亡であれ，即死であれ，「生命侵害を理由とする」財産的損害賠償請求権が被害者（「死者」）に発生し，ついで相続人がこれを相続するとの立場（相続肯定説）を採用して，今日に至っています（負傷後の死亡につき，大判大9・4・20民録26-553。即死につき，大判大15・2・16民集5-150〔時間的間隔説を採用〕）。

このような相続肯定説に対しては，現在，次のような批判が出されています。

① 即死の場合に，傷害と死亡との間の時間的間隔を認めるのは，論理矛盾である。

② 相続構成だと，「笑う相続人」の出現を招くという不都合がある（遠縁の親族で死者と交流もなかった者に，相続資格の関係で莫大な損害賠償金が転がり込むという場合を考えてみてください）。

③ 相続構成だと，真に保護を必要とするにもかかわらず相続人にあたらない者（内縁配偶者，事実上の親子など）に保護が及ばない不都合がある。

④ 子が死亡したとき，親が子の逸失利益相当額をも含めて相続するという点には，矛盾が大きい（3歳の養子が死亡し，当時70歳の養父が，この死亡した子が

67歳まで働いたとして得たであろう収入相当額の損害賠償請求権を相続するという場合を考えればよいでしょう）。

　ここから，今日の学説では，**固有損害説**と呼ばれる相続否定説が有力に主張されています。固有損害説によれば，生命侵害を理由とする損害賠償請求権は死者自身には帰属せず，したがって相続の問題も起こらないとされ，むしろ，直接被害者の生命侵害の結果として遺族が被った固有の財産的損害を捉え，近親者固有の損害の賠償請求を認めていくべきであるとされます。もっとも，何を「固有損害」と見るかで，固有損害説の中でも見解の相違があります。そこでは，(a)「扶養を受ける利益が侵害されたことによる近親者固有の損害を観念していく」という立場（扶養侵害説）と，(b)「遺族の生活利益が侵害されたことによる近親者固有の損害を観念していく」（生活利益侵害説）という立場が，有力です。ちなみに，固有損害説の論者は，相続を否定したならば身体傷害事例との間で不均衡が生じるとの相続肯定説の指摘に対し，この指摘は遺族に対する固有損害の賠償可能性を視野に入れたときに決定的ではないと批判しています。

　他方，固有損害説の台頭を受けて，今日，相続肯定説を支持する立場からは，「司法政策的な配慮ないしは便宜」という名のもとで，次のような指摘がされています。

　①　扶養構成に拠った場合には，賠償額が低くなってしまう（家族法で学ぶように，わが国において一般に考えられている扶養料は，相当低い額に抑えられています）。

　②　相続肯定説に拠った場合には，計算基準の客観性が担保されるとともに，損害計算が簡明であり，かつ，損害額の立証が容易である。

　③　相続肯定説に拠った場合には，請求権者の範囲が明確となる。

　④　幼児死亡の際に，親に子の逸失利益賠償を認めないとするのは，わが国の国民感情に適合しない。

　⑤　相続肯定説に対しては「笑う相続人」出現への懸念があるが，およそ相続が法に基づいて発生するものであり，相続人となる者を法秩序が指定することで画一的判断を下し，これによって人の死亡による財貨帰属秩序の混乱を避けるという立場を採っている以上，「笑う相続人」の出現は制度内在的かつ許容限度内の矛盾である。

有力学説の批判にもかかわらず，判例では，相続肯定説が定着しています。しかし，誤解のないようにしてほしいのは，判例が相続構成を否定しないというだけであって，固有損害構成も排除していないという点です。最高裁判決の中では，固有損害構成を基礎にした主張を認めるものも現れてきています（最判平5・4・6民集47-6-4505〔内縁の妻の扶養損害賠償請求権を肯定〕）。その意味で，判例の相続構成については，「原告が生命侵害を理由とする財産的損害の賠償請求権を相続したと主張して支払を求めてきたときに，被告が相続否定説の立場からこのような請求を否定しようとしても，通らない」という意味のものとして理解するのがよいでしょう。

6.4 生命侵害と損害賠償請求権の相続問題（その3）
──慰謝料請求権の相続可能性

生命侵害を理由とする慰謝料請求権の相続可能性については，財産的損害の場合と違った考慮が必要となってきます。

というのは，民法は，生命侵害の不法行為による近親者固有の慰謝料請求権について，民法711条の規定を用意しているからです。そこでは，被害者の父母，配偶者および子に固有の慰謝料請求権を認める旨が明言されています。そのうえ，請求権者の範囲については，実質的に見て民法711条に列挙されている者と同視できる者（たとえば，内縁配偶者，事実上の親子，親代わりに面倒を見てきた兄弟姉妹など）にも固有の慰謝料請求権を認めるべきであるとする点で，今日ほぼ異論を見ません（最判昭49・12・17民集28-10-2040〔死亡した妻と同居していた夫の妹〕）。

このように，生命侵害の場合には，近親者固有の慰謝料請求権を定める711条の規定があるのです。そうであれば，わざわざ「生命侵害を理由とする慰謝料請求権が死亡と同時に死者に発生して，それが相続人に相続される」などという論理的に無理な構成を採らなくても，被害者の相続人は民法711条で救済されるではないかとの意見の1つも出てきて不思議ではないでしょう。

ところが，判例は，民法711条が定める近親者固有の慰謝料請求権と並んで，生命侵害を理由とする死者自身の慰謝料請求権を認め，その相続を肯定しているのです。

　ちなみに，判例は，生命侵害に限らず，傷害を負うに止まった場合でも，死亡したときにも比肩できるような精神上の苦痛を近親者が受けたものと評価できるときには，近親者固有の慰謝料請求権を認めています（最判昭33・8・5民集12-12-1901〔女児の顔に残った顔面醜状痕〕ほか。ただし，判例が根拠とする条文は，民法710条です。学説の多くは，民法711条の類推適用を説いています）。

　もっとも，判例は，当初，民法起草者と同様に相続を否定する立場を採っていました。しかし，その後，被害者が死亡する前に慰謝料請求の意思表示をしていれば相続を認めるという立場に変化したのです（大判大8・6・5民録25-962，大判昭2・5・30新聞2702-5〔残念残念事件〕など）。慰謝料請求権は一身専属権であるところ，慰謝料請求の意思表示があれば，これにより金銭債権に転化して相続の対象になるというのが，その理由でした。

　しかし，これに対しては，被害者がどのように意思を表現するかの差によって結論が違ってくること（「残念残念」・「悔しい」はよいが，「助けてくれ」ではだめなど），即死の場合や意識不明のまま死亡した場合との均衡を失すること，さらに，財産的損害賠償請求権が相続されることとの均衡を失することが，相続肯定説に立つ当時の学説によって批判されました。

　そのような中，最高裁は，交通事故の被害者が意識不明のまま死亡した事件につき大法廷を開き，これまでの立場を転換して，慰謝料についても財産的損害と同様に，被害者の意思表示を必要とすることなく，当然に相続されるとの立場を宣言したのです（最大判昭42・11・1民集21-9-2249）。その理由は，次の諸点にあります。

　①　民法は，その損害が財産上のものであるか，財産以外のものであるかによって，別異の取扱いをしていない。

　②　慰謝料請求権が発生する場合における被害法益は当該被害者の一身に専属するものであるけれども，これを侵害したことによって生じる慰謝料請求権そのものは，財産上の損害賠償請求権と同様，単純な金銭債権であり，相続の対象となり得ないものと解すべき法的根拠はない。

　③　民法711条によれば，生命を害された被害者と一定の身分関係にある者は，被害者の取得する慰謝料請求権とは別に，固有の慰謝料請求権を取得し得るが，この両者の請求権は被害法益を異にし，併存可能なものである。

④　被害者の相続人は，必ずしも，民法711条の規定により慰謝料請求権を取得できるとは限らないので，同条があるからといって，慰謝料請求権が相続の対象となり得ないと解すべきではない。

しかし，財産的損害と違い，慰謝料については，民法711条に権利者の範囲を画する基準が示されているうえに，損害額の決定についても裁判官の裁量に委ねられているので算定面で相続肯定説が有利だという点は決め手を欠きます。それゆえ，今日の学説において，慰謝料請求は，民法711条によって処理すべきであるとされ，判例の相続肯定説は，それほど支持されていません。

6.5　間接被害者の損害賠償請求（その1）
——問題の所在

被害者への加害行為により間接的に損失を被った者のことを，間接被害者と言います。間接被害者の損害賠償請求という観点のもとで取り扱われる事例群には，次の3つのタイプのものがあります。

[例1]　Yがあやまって3階ベランダから落とした陶器製プランターで通行人Aが頭部を負傷し，入院した。Aの父Xが，Aの入院費・手術費100万円を支払った。

[例2]　Yの運転ミスでAが重傷を負い，入院した。Aの子Xは当時モスクワに留学していたが，事故の知らせを聞き，急遽帰国した。帰国に要した費用は30万円であった。

[例3]　Yの運行する小型機がパイロットの操縦ミスで墜落し，休暇をとって同機に搭乗していたX社の商品開発部社員Aら全員が死亡した。

これらの場合にあっては，①間接被害者（X）の損害を不法行為者（Y）が賠償すべきかという点とともに，②間接被害者の損害賠償請求の問題を直接被害者の損害賠償請求の問題と違えて法律構成すべきかという点が問題となります。

6.6　間接被害者の損害賠償請求（その2）
——肩代わり損害の場合

たとえば，人身事故で入院した被害者の親族が入院費・治療費等を支払った

場合に，この親族は，みずからの支出した費用相当額を損害として，加害者に対し賠償請求することができるでしょうか。これが，肩代わり損害（反射損害）と呼ばれる間接被害者の問題です。みずからは権利を侵害されていない者が不法行為を契機として何らかの出費をしたところ，同じ出費を直接被害者がしたならば，これを自己の損害として請求することが可能であったという点が，この種の事件の特徴です。

肩代わり損害については，間接被害者からの賠償請求を認めるべきであるという点に異論はありません（親の治療費を子が支出し，子〔間接被害者〕が賠償請求したのを認めたケースとして，大判昭12・2・12民集16-46。なお，子の治療費を親が支出し，子〔直接被害者〕が賠償請求したのを認めたケースとして，大判昭18・4・9民集22-255，最判昭32・6・20民集11-6-1093）。

問題は，その際の理論構成です。判例・通説は，加害者の不法行為と間接被害者の損害との間の相当因果関係の問題として処理しています。しかし，間接被害者が肩代わりした損害を直接被害者が支出したと仮定したら当該「損害」が賠償されるべき損害にあたるかどうかを吟味したうえで，この問いが肯定されたときには，この直接被害者の損害を間接被害者が塡補したものと捉え，①間接被害者が直接被害者に対して損害塡補のための支出をする義務（扶養義務など）を負っているときには，損害塡補をした間接被害者は，民法422条の賠償者代位の規定を類推適用することにより，直接被害者の損害賠償請求権に代位するものとして処理し，②そのような義務を負っていないときは，加害者の損害賠償債務を間接被害者が第三者弁済したことによる直接被害者への弁済者代位（民法499条）によって処理するのが適切であると思われます。

6.7　間接被害者の損害賠償請求（その3）
　　　——定型的付随損害の場合

直接被害者に対する権利侵害をきっかけとして，直接被害者以外の者に随伴的に財産的損害や精神的損害が生じることがあります。定型的付随損害とも言われます。財産的損害の例としては，［例2］のように，家族が事故にあったために急遽海外から帰国した近親者の航空運賃相当額の損害（最判昭49・4・25民集28-3-447）や，扶養義務者が死亡または重篤な障害を被ったために近親者に生じた扶養請求権相当額の損害を挙げることができます。また，精神的損害

の例としては，既に見たことですが，家族が死亡または重篤な障害を被ったことにより配偶者，父母，子に生じた精神的苦痛による損害（民法711条）を挙げることができます。

こうした定型的付随損害は直接被害者への不法行為を介して直接被害者と異なる主体に生じたものです。この場面では，間接被害者と言われる人も，実は自己の法益（自己決定権その他の人格権・人格的利益）に対する直接の侵害を受けた被害者（直接被害者）であると考えることができます。このように見れば，通説はこのタイプの事例を間接被害者の問題として処理していますが，あえて間接被害者の損害賠償などという特別な枠組みを立てる必要はないということになりましょう（伝統的立場からは相当因果関係一般の問題として処理をし，社会通念上相当と考えられる範囲で——判例によれば民法416条を類推適用して——賠償の可否を決すればよいことになります）。

6.8　間接被害者の損害賠償請求（その4）
——企業損害の場合

　企業のある部門の中心メンバーが人身事故に遭った場合に，企業自身が，当該被害者の不在により営業収入が減少したことを理由に，みずからも被害者であるとして，逸失利益の賠償を請求することができるでしょうか。これが，企業損害と呼ばれる間接被害者の問題です。

　企業損害の賠償請求を認めるかどうかにとっては，企業の営業活動上の利益を保護すべき義務が加害者に課されていたかどうか，このような義務が課されていたときにはその違反が認められるかどうか（さらに，結果発生の予見可能性があったかどうか）が決定的です。このように，ここでの問題の本質は，「間接被害者」としての企業の損害賠償請求にあるのではありません。むしろ，ここで問われている企業損害は，企業自体の被った直接侵害，つまり，営業権・営業利益侵害による経済的損失を理由とした企業自身を直接被害者とする損害賠償請求の問題なのです。

　ちなみに，企業の代表者・従業員らが被害を受けたことに起因する企業の営業活動に伴うリスクについては，営業活動をおこなう企業自身がみずからの負担すべき損失（事業リスク）として計算に入れ，保険をかけるなどの回避措置を講じるべきです。それを加害者側に義務づけるのは，相当ではありません。そ

れゆえ，加害者に企業の営業活動上の利益の保護を目的とした行為義務を課すことが正当化される事例は，例外と考えるべきです。

　もっとも，問題の会社が法人とは名ばかりの個人企業である場合には，会社の実権が代表者個人に集中し，この者に会社の機関としての代替性がなく，かつ代表者と会社とが経済的に一体をなす関係にある状況にあるのであれば，「代表者が個人としての逸失利益を請求した場合と，個人企業の固有損害で請求した場合とで，原則として差があってはならない」点に鑑み，企業損害の賠償請求を認めてもよいでしょう（最判昭43・11・15民集22-12-2614）。

　なお，例外的に企業損害の賠償を認めたとされる上記の最高裁判決は，「X1会社は法人とは名ばかりの，俗にいう個人会社であり，その実権は従前同様X2個人に集中していて，同人にはX1会社の機関としての代替性がなく，経済的にX2とX1会社とは一体をなす関係にあるものと認められる」と述べていますが，これは，当該事件において会社が個人と一体のものと評価できるということを導く際の説示にすぎません。ここから，およそ企業損害が認められるためには「代替性」と「経済的一体性」という2つの要件を常に充たさなければならないなどという一般理論を導いてはいけません（必要条件と十分条件の違い）。

❖ 営業権・営業利益侵害を理由とする損害賠償 ══════════════════

　本文では，企業損害類型は営業権・営業利益侵害の枠組みで処理すべきではないかと述べました。ところで，営業権・営業利益侵害を理由とする損害賠償が問題となるのは，本文で述べたような(a)従業員の権利・法益に対する侵害により企業固有の損害が生じた場合（間接被害者型）にとどまりません。(b)競争関係にある事業者による不正競争行為・独占禁止法違反行為がされた場合，(c)役員や労働者の引抜きがおこなわれた場合，(d)マスコミ・顧客その他の一般市民により営業活動にとってマイナスとなる言動がされた場合（不当な不買運動，風評被害など），(e)施設・設備の事故により営業活動が妨げられた場合（福島原発事故の例）など，さまざまなタイプのものがあります。

　営業権や営業の自由は，憲法の下でも保障されています。しかしながら，他方で，営業活動を通じて得られる利益は，営業の主体に対して当然に保障されるわけではありません。営業の主体は，みずからの営業に関するリスクを引き受けたうえで営業活動を展開しなければならないのです。そして，営業に関するリスクの中には，他者による営業活動への侵襲のリスクも含まれます。

　その結果，営業に結びつけられた通常のリスク（営業に伴う一般的危険）は，事

前に予見することができ，回避措置（事前のリスク分散措置）を講じることが合理的に期待できるものですから，営業の主体が負担すべきです。たとえば，風評その他の当該営業に対する市場参加者（一般市民を含む）の評判による営業利益の減少は，一般的には，営業に伴う通常のリスク（一般的危険）というべきものであり，営業の主体が負担すべきです。

これに対して，営業の主体にとってそのリスクを事前に予見して回避措置（事前のリスク分散措置）を講じることを合理的に期待することができないもの（特殊な危険）については，営業に関するリスクの引受けという観点から営業の主体への負担帰属を正当化することはできません。この場合には，営業権・営業利益の侵害を理由とする損害賠償が認められるべきです（もとより，後述する損害軽減義務違反を理由として賠償額を減額する余地は残されます）。

なお，代替取引が可能であった場合には営業損害を認めるべきではないという考え方もありますが，このような考え方を認めることは，営業の主体には代替取引義務（代替取引をして損害を回避・軽減する義務）があるという考え方を一般論として承認することとなり，必ずしも適切ではありません。代替取引によって回避できるリスクだからといって，それが直ちに営業に伴う通常のリスク（営業に伴う一般的危険）であるとは言えないからです。特に，特定の地域やコミュニティと結びついて事業活動をしている中小企業者や，複数の企業の組織的・連鎖的結合の中に組みこまれて事業活動をしている事業者のように，市場代替性を説くのが適切でない場面では，代替取引義務の考え方が当然の前提とされてはいけないと思われます。

6.9　胎児の損害賠償請求権

損害賠償請求権の主体という点では，胎児が加害者に対して損害賠償請求をすることができるかどうかも問題となり，次の2つの局面があります。

（1）**父母の損害賠償請求権の相続**　胎児の損害賠償請求が問題となる場合としては，まず，権利侵害を受けた父または母の取得する損害賠償請求権を胎児が相続するという場合が考えられます。

相続については，民法886条で，胎児は既に生まれたものとみなすとされています。したがって，損害賠償請求権の相続が認められるときには，胎児は，886条（721条ではありません）により，相続した損害賠償請求権を，出生を条件として行使することができます。

(2)　胎児固有の損害賠償請求権　　胎児自身の固有の損害賠償請求権が問題となる場合も考えられます。これについては，民法721条が，胎児は損害賠償請求権については既に生まれたものとみなすと規定しています。そうすることで，私権の享有は出生に始まる旨を定めた民法3条1項を修正し，胎児が「固有の」損害賠償請求権の主体となり得ることを認めているのです（民法総則で学ぶ阪神電鉄事件と称される大判昭7・10・6民集11-2023を確認してください）。

第7章

損害賠償請求に対する抗弁（1）

▶Ｘの言い分……運動公園内のグランドで友人たちとサッカーのミニゲームをしていた15歳のＡの蹴ったサッカーボールがグランドそばを通りかかった私の左目にあたり，眼底からの出血があったため緊急手術をし，1か月の入院治療を要しました。私は，Ａの父親であるＹに，入通院に要した費用，この間の休業損害，そして慰謝料を請求したい。

▶Ｙの言い分……15歳と言えば，未成年であるものの，精神的には立派な大人です。14歳以上だから刑事責任も問われるくらいの能力を持っているのです。それに，サッカーボールを蹴っていたのは運動公園内のグランドでしたし，Ａも，わざと人に向けて蹴ったわけではないと言っています。私自身，Ａには，これまで厳しく教育・指導をしてきました。Ａは，近所でも評判のしっかりした人物です。

7.1 責任無能力の抗弁

ここまでは，被害者が加害者に対し，民法709条に基づき不法行為を理由として損害賠償請求をする場合の請求原因をとりあげて解説を加えてきました。

本章と次章は，請求原因の主張・立証がされたときの加害者側の抗弁と，それに関連する制度をとりあげることにします。

不法行為に関する民法の条文の中で最初に登場する抗弁は，「自分は，行為の当時，責任能力がなかった」との抗弁です。民法712条と713条に規定されているものです。

民法の教科書類では，責任能力は，権利侵害，故意・過失，損害の発生，因果関係と並び，「不法行為の要件」と書かれていることが少なくありません。

しかし，責任能力は，上記の4要件が充足されることによる損害賠償請求権の発生を妨げる要件であり（いわゆる権利障害規定），抗弁として位置づけられるべきものなのです。「行為の当時，加害者に責任能力があったこと」について被害者が主張・立証責任を負うのでなく，「行為の当時，加害者には責任能力がなかったこと」について加害者が主張・立証責任を負うのです。

7.2　責任能力の意義

7.2.1　自己の行為の責任を弁識する能力

　それでは，責任能力とは，どのような能力のことを言うのでしょうか。民法712条・713条には，「自己の行為の責任を弁識するに足りる知能」・「自己の行為の責任を弁識する能力」という表現がされています。

　かつては，「責任能力とは，過失を犯す能力のことである」と説かれることもありました。この立場ですと，権利侵害や損害といった結果を予見したり回避したりすることのできる能力が責任能力だということになります。しかし，これだと，要件事実としての責任能力の存在意義がなくなってしまいます。それというのも，結果の発生を予見する能力と結果を回避するための行動能力は，結果の予見可能性や結果回避義務（行為義務）の前提として，既に過失判断の中に組み入れられているからです。むしろ，責任能力は，過失に対して論理的前提の関係に立たないものであり，過失とは別の原理・思想に基礎を置く要件として新たな意義を与えられるべきなのです（過失と責任能力は無関係です）。

　現在の学説において多数の支持を得ている見解も，このような立場を採っています。つまり，責任能力は，「法の命令・禁止を理解し得ない人間を，損害賠償責任から解放することによって保護する」との政策的価値判断に基づき立てられた概念であって，行為者が保護されるか否かを振り分けるための知的・精神的能力として捉えられるのです。

　なお，民法で説かれる責任能力と刑事責任能力（刑法41条で14歳とされています）とは，目的と内容を異にします。責任能力に関する刑法の理論を民法の責任能力の場面に持ち込まないように気をつけてください。

7.2.2　政策的価値判断を支える原理・思想

　「責任能力のない人を，損害賠償責任から解放することによって保護する」という政策的価値判断は，どのような原理・思想に裏づけられているのでしょうか。

　一方では，共同体主義の観点から責任能力制度を説明するものがあります。共同体社会の中では人々は互いの信頼を裏切らないように行動すべきであり，国家も社会構成員に対し社会生活において必要とされる注意を尽くすように行為義務を課しているのであるところ，社会の中には国家が課した禁止・命令の意味を理解して適法な行為をすることが期待できない人がいるから，この者たちの責任を問わずに保護してやるべきだという考え方に依拠した見解です。

　他方では，人格面で発展段階にある者（年少者）や人格の発展が妨げられている者（精神上の障害を有する者）に対して，人格の未熟さを非難することはできないとの観点から，その者たちの責任を問わずに保護してやるべきだという考え方に依拠した見解が主張されています（私は，この立場を支持しています）。

　こうして，責任能力は，過失で問題となる結果予見・回避能力とは異なる「自己の行為の是非を判断できるだけの知能」と定義されます（論者によれば，善悪の判断能力・違法性認識能力とも言われます）。そして，責任能力の有無は，個々の具体的行為者の能力を基準に判断されるべきものであるとされています（過失の有無が判断されるときには合理人の注意が基準となるのとは対照的です）。また，責任能力の有無は，同一人においても，あらゆる行為について一律に決まるのではなく，加害行為の種類や態様ごとに異なってきます。それでも，大体の目安としては，小学校を卒業する程度の知能（12歳程度の知能）が挙げられる場合が多いです。

7.3　誰が責任無能力者か？

　民法で責任能力がないとされているのは，次の者たちです。

　(1)　未成年者であって，自己の行為の責任を弁識するに足りる知能を備えていなかったもの（民法712条）　責任能力の有無は，当該具体的事件の個別事情を考慮

しつつ（しかも，通説によれば，当該行為者の具体的判断能力に即して）判断されなければなりませんから，一律の年齢ですべてを決することはできません。もっとも，前述したように，小学校を卒業する12歳程度の知能が一応の目安になります。

(2) 精神上の障害により，自己の行為の責任を弁識する能力を欠く状態にある間に他人に損害を加えた者（民法713条本文）　もっとも，民法713条ただし書は，行為者が故意または過失により一時的に自己の行為の責任を弁識する能力を欠く状態を招いたときにはこの限りでないとしています。刑法で言う「原因において自由な行為」の問題です。飲酒による酩酊や薬物使用の場合に問題となり得るものです。なお，「責任能力を欠く状態を招いたことにつき，行為者に故意があったこと，もしくは行為者に過失があったとの評価を根拠づける具体的事実」については，被害者からの損害賠償請求に対して加害者側から「当該行為は，自己の行為の責任を弁識する能力を欠く状態にある間におこなわれたものであること」の抗弁（責任無能力の抗弁）が主張・立証されたときに，再抗弁として被害者側が主張・立証すべき事実として現れます。

7.4　責任無能力者の監督義務者の責任

7.4.1　帰責と免責の仕組み

(1) 民法714条の基礎にある考え方　民法714条は，責任無能力者により不法行為がされたときに，その無能力者を監督する義務を負っている者（監督義務者）およびこれに代わって無能力者を監督する者（代理監督者。以下では，断りのない限り，監督義務者で代表させます）に，被害者への損害賠償責任を課しています。

民法714条は，家族関係の特殊性（特に，親子の関係）を考慮して，法定の監督義務者が家族共同体内で責任無能力者の福利厚生・教育を図るという身分上の監護権ないし監護をすることのできる地位にある点に注目し，監督義務者に監督上の過失（監督過失）があることを根拠として，この者に損害賠償責任を課しているのです（共同体メンバーがした行為の結果は家族共同体で引き受けるべきだという思想に出た民法714条は，立法論としては疑問があります）。

(2) 責任の性質——監督義務者固有の責任（監督過失）　民法714条の監督義

務者の責任は，監督義務者自身の過失（監督過失）を理由とする責任です（責任無能力者に「代わって」監督義務者が責任を負うのではなく，監督義務者自身の過失を理由に監督義務者が責任を負うのです）。

　そして，ここでの過失は，民法709条に言う「過失」にほかなりません（次の7.4.2も参照してください）。そのうえで，監督過失についての主張・立証責任が被害者側から監督義務者側に転換されているのです（この点を捉えて，伝統的には，中間責任と呼ばれています）。

❖ 責任無能力者による失火と失火責任法 ══════════════

　責任無能力者の行為により出火した場合に，失火責任法による軽過失免責と監督義務者の損害賠償責任との関係は，どのように理解すればよいでしょうか（言い換えれば，重過失を責任無能力者について判断すべきでしょうか。それとも，監督義務者について判断すべきでしょうか）。判例は，重過失を監督義務者について判断し，失火について監督義務者に重過失がなかったときには，民法714条1項に基づく損害賠償義務を免れるとしています（最判平7・1・24民集49-1-25）。

7.4.2　主張・立証責任

　このように見たときには，責任無能力者Aの不法行為を理由として被害者Xが監督義務者Yに対し民法714条1項本文に基づき損害賠償請求する場合の請求原因は，次のようになります（責任能力の主張・立証責任に注意してください。ここでは，責任能力は，民法714条1項本文に基づく損害賠償請求権の発生原因事実となるのです。なお，監督義務者の自己責任という枠組みを貫徹する見解の中には，②のAの故意・過失を不要とする見解もあります）。

① 　Xの権利が侵害されたこと
② 　Aの行為につき，Aに故意があったこと，またはAに過失があったとの評価を根拠づける具体的事実
③ 　Aの行為とXの権利侵害との間の因果関係
④ 　損害の発生（およびその金額）
⑤ 　Xの権利侵害と損害との間の因果関係
⑥ 　Aの行為の当時，Aに責任能力がなかったこと
⑦ 　Aの行為の当時，YがAの監督義務者であったこと

これに対し，監督義務者Yは，民法714条1項ただし書に依拠して，次のよ

うな抗弁を出すことができます。

第1に，監督義務者は，「みずからが責任無能力者の監督義務を怠らなかったこと」について，主張・立証することができます（ただし書前段）。もっとも，ここに言う監督義務は，結果の発生を回避するための包括的な監督義務を意味するものと解されています。それゆえ，監督義務を尽くしたとの立証に成功するのは，かなり困難ですが，稀ではあるものの，無過失の抗弁が認められた例もあります（後述7.4.4（2））。

第2に，監督義務者は，「みずからが監督義務を怠らなくても損害が生じたであろうこと」，つまり，監督上の過失と権利侵害との間の因果関係の不存在を主張・立証することができます（ただし書後段）。もっとも，この因果関係についても，上記のようなきわめて広範かつ包括的な監督義務と結果発生との間の因果関係が問題とされているのですから，因果関係不存在の立証（監督義務を尽くさなかったという不作為が問われていることから，因果関係の主張・立証は，「監督義務〔作為義務〕を尽くしていたとしても，結果は発生していたであろう」ということの主張・立証になります）は，きわめて困難です。

❖ **責任無能力者の不法行為に衡平責任を導入する可能性** ════════

諸外国では，たとえば，（18歳未満の者が惹起した損害につき）「当事者の資力その他当該事案のすべての事情を考慮して，損害賠償義務を課すことが衡平にかなうと認められる」（ヨーロッパ私法共通参照枠草案〔DCFR〕Ⅵ.–3：103条（3）(b)）場合に，この者に損害賠償責任を負わせる旨を定めるものがあります（ドイツ民法829条ほかも同様です）。衡平責任と呼ばれます。

わが国の民法に引きつけて捉えれば，現行民法では，禁止規範・命令規範に違反する行為をした故意・過失のある加害者に対して，この者が責任能力を有さず，そのために適法行為の期待可能性がない場合に，この者に対する損害賠償責任を認めないというルールが採用され，その結果として損害リスクを被害者に負担させています（これにより，損害リスクを加害者へと転嫁することを禁止しています）。しかし，加害者の資力，当事者間の関係等を考慮に入れたときに，禁止規範・命令規範に違反する行為をした加害者に対して損害リスクを転嫁することが衡平に照らして正当化される場合があるのではないかということが，立法論として考慮に値します。不法行為をした責任無能力者が資産家であり，他方で，被害者またはその相続人が生活に困窮しているような場合が，その一例です。

もっとも，衡平責任の枠組みは，行為者の行為が禁止規範・命令規範に違反するものであること，したがって，過失責任の原理のもとでの損害リスクの加害者への

転嫁が正当化されるということを前提とします（故意・過失ある加害者を免責する枠組みの適用を排除するものとしての衡平責任）。これを超えて，およそ一般的に，「当事者の資力その他当該事案のすべての事情を考慮して，損害賠償義務を課すことが衡平にかなうと認められる」ときに損害リスクを加害者が負担すべきであるとの考え方をとるのは，過失責任の帰責原理と齟齬するうえに，権利侵害の抑止や財の効率的分配という観点を入れたとしても，正当化できるものではないでしょう。

7.4.3　法定の監督義務者とは？

(1)　**法定の監督義務者**　民法714条 1 項は，責任を負う主体として，法定の監督義務者を挙げています。

①　未成年者については，親権者，親権代行者，未成年後見人，児童福祉施設に入所中の者で親権者・未成年後見人のいない場合には同施設の長が法定の監督義務者にあたるとされています。

②　成年後見人は，成年被後見人に対し民法858条により身上配慮義務を負っているものの，同条は，成年後見人が契約等の法律行為をする際に成年被後見人の身上について配慮すべきことを求めるものであって，成年後見人に対し事実行為として成年被後見人の現実の介護をおこなうことや，成年被後見人の行動を監督することを求めるものではありません。精神障害者の日常行動を監視し，他害防止のために監督するという事実行為は成年後見人の事務ではありませんから，成年後見人ということだけで，法定監督義務者であるということにはなりません（最判平28・ 3 ・ 1 民集70-3-681〔JR東海事件〕）。

③　精神障害者の保護者については，監督義務者にあたらないとする見解が増えています（「精神保健及び精神障害者福祉に関する法律」では，かつて，精神障害者の「保護者」を規定し，この者に対して，精神障害者に治療を受けさせる義務を課していました（精神障害者の家族が主に「保護者」になっていました）。そのため，精神障害者の「保護者」が監督義務者にあたるかどうかが，議論の対象となっていました。しかし，同法は，その後改正され，「保護者」制度は廃止されました）。

④　精神障害者の配偶者であるからといって，この者が監督義務者にあたるとすることはできません。たしかに，民法752条は夫婦の同居・協力・扶助の義務について規定していますが，これらの義務は夫婦間において相互に相手方に対して負う義務であって，第三者との関係で夫婦の一方に何らかの作為義務

を課すものではありません。しかも，同居の義務についてはその性質上履行を強制することができないものであり，協力の義務についてはそれ自体抽象的なものです。また，扶助の義務は，これを相手方の生活を自分自身の生活として保障する義務であると解したとしても，そのことから直ちに第三者との関係で相手方を監督する義務を基礎づけることはできません。したがって，民法752条の規定をもって，民法714条1項に言う責任無能力者を監督する義務を定めたものと言うことはできないのです。

⑤　精神障害者の子も，この者を「責任無能力者を監督する法定の義務を負う者」にあたるとする法令上の根拠はないので，監督義務者にあたりません。

❖ 認知症高齢者の不法行為と監督義務者の免責可能性 ══════════

　　JR東海事件と呼ばれている事件では，愛知県内に居住していたA（平成19年の事故当時91歳。平成12年頃に認知症の罹患をうかがわせる症状を示し，平成14年にはアルツハイマー型認知症に罹患していたと診断され，平成16年頃には見当識障害や記憶障害の症状を示し，平成19年2月には要介護状態区分のうち要介護4の認定を受けていました）が，愛知県内でX旅客鉄道会社の駅構内の線路に立ち入り，列車に衝突し，死亡した事件です。XからAの妻Y1と長男Y2に対し，民法714条1項本文に基づいて損害賠償請求がされましたが，最高裁は，Y1とY2の責任を否定しました（1審・控訴審・最高裁で，判断の結果も理由付けがそれぞれ異なっている上に，最高裁判決には補足意見や意見がついていますので，最高裁判決の法廷意見以外もきちんと見ておいてください）。

　　なお，この事件では，Y1は，長年Aと同居してAの介護にあたっていたものの，事故当時85歳で左右下肢に麻痺拘縮があって要介護1の認定を受けており，Aの介護も，Y2の妻であるBの補助を受けておこなっていたという状況にありました。また，Y2は，Aの介護に関する話合いに加わり，妻BがA宅の近隣に住んでA宅に通いながらY1によるAの介護を補助していたものの，Y2自身は，横浜市に居住して東京都内で勤務していたもので，本件事故まで20年以上もAと同居しておらず，本件事故直前の時期においても1か月に3回程度週末にA宅を訪ねていたにすぎないという状況にありました。

　（2）　代理監督者　　民法714条2項は，法定の監督義務者に代わって監督する者（代理監督者）も，監督義務者と同様に責任を負うとしています。その例として，一般には，託児所・幼稚園の保育士，小学校の教員，精神病院の医師，少年院の職員等が挙げられています。しかし，特に組織体における代理監督者

の認定にあたり，実際に監護する者に注目すれば，末端ないし下位に位置づけられる職員等に過大な負担を強いる結果となる不都合があります。それゆえ，むしろ，代理監督者は，組織体の業務についての指揮命令権限を付託された長に限定するのが適切です（職員等は，709条により責任を負うことになります）。

（3）　法定の監督義務者に準ずべき者　　判例は，法定の監督義務者に該当しない者であっても，「責任無能力者との身分関係や日常生活における接触状況に照らし，第三者に対する加害行為の防止に向けてその者が当該責任無能力者の監督を現に行いその態様が単なる事実上の監督を超えているなどその監督義務を引き受けたとみるべき特段の事情が認められる場合」には，「衡平の見地」から法定の監督義務を負う者と同視して，その者に対し714条に基づく損害賠償責任を問うことができるとするのが相当であるとしています。このような者については，「法定の監督義務者に準ずべき者」として，同条1項を類推適用するのです（前掲最判平28・3・1〔JR東海事件〕。しかし，民法714条に立法上の疑義がある中で，同条の責任をこのような人的カテゴリーを作り出すことによって拡張するのは適切でないと思います）。

　判例によれば，ある者が，精神障害者に関して法定の監督義務者に準ずべき者にあたるか否かは，(i) その者自身の生活状況や心身の状況，(ii) 精神障害者との親族関係の有無・濃淡，(iii) 同居の有無その他の日常的な接触の程度，(iv) 精神障害者の財産管理への関与の状況などその者と精神障害者との関わりの実情，(v) 精神障害者の心身の状況や日常生活における問題行動の有無・内容，(vi) これらに対応しておこなわれている監護や介護の実態など諸般の事情を総合考慮して，その者が精神障害者を現に監督しているか，または監督することが可能かつ容易であるなど，「衡平の見地」からその者に対し精神障害者の行為に係る責任を問うのが相当といえる客観的状況が認められるか否かという観点から判断すべきであるとされます（前掲最判平28・3・1〔JR東海事件〕では，加害者の妻も長男も，当該事件の事情のもとでは法定の監督義務者に準ずべき者にあたらないとされました）。

7.4.4　監督義務を怠らなかったと言える場合

（1）　総　論　　監督義務者が被害者からの損害賠償請求に対して「監督義務を怠らなかった」との抗弁を出すことができる場合とは，どのような場合で

しょうか。

　以前は，責任無能力者の行為について監督義務者が責任を負うのは，監督義務者が責任無能力者の福利厚生・教育を図るという身分上の監護権を有しているからであるという点を強調することにより，民法714条1項ただし書に言う監督義務とは，未成年者の親権者の場合には民法820条の監護教育義務を指し（なお，未成年後見人については民法857条），成年後見人の場合には民法858条の身上配慮義務を指すものとする考え方が多数を占めていたように思われます。このような理解をする場合には，①民法714条1項ただし書で問題となる監督義務は，家族その他の身分関係に基づき課されるものであって，民法709条で問題とされる他人の権利・法益を害しないように注意して行動すべき義務（結果回避義務）とは異質のものであり，しかも，②広範かつ包括的な監護教育義務として捉えられるものとなります。その結果として，監督義務者が同項ただし書により免責される場面は，きわめて例外的なものとなります。

　しかし，最近の裁判例は，民法714条1項ただし書に言う監督義務も民法709条に言う過失の前提となる行為義務と異ならず，**他人の権利・法益を害しないように注意して行動すべき義務**（結果回避義務）であると捉えているようです。このような理解からは，同項に言う監督義務は，身分関係・生活関係から導かれる監護教育義務・身上配慮義務（民法820条・858条など）とは異質なものであるということになります。その結果，民法714条1項ただし書による免責の抗弁は，**監督面での無過失の抗弁**にほかなりません。

　もっとも，ここでの監督義務は，民法709条に言う過失の前提となる行為義務（結果回避義務）であるとはいえ，そこでは，当該権利・法益侵害を回避するために監督義務者がどのような個別具体的な監督行為をするべきであったのかが問われるのではなく（したがって，次の7.5の局面で問題となる責任能力者に対する保護者の「監督義務」とは異なります），監督義務者と被監督者との身分関係・生活関係に照らして捉えられる結果回避のための包括的な監督義務とその違反の有無が問われることになります（包括的監督義務）。

　(2)　**未成年者の不法行為と監督義務者の免責可能性**　このような観点から，責任無能力者の不法行為について監督義務者の免責が問題となった最近の重要な最高裁判決として，次のものがあります。

　この判決が扱ったのは，放課後，児童らのために開放されていた小学校の校庭において，使用可能な状態で設置されていたサッカーゴールに向けてフリー

キックの練習をしていた11歳11か月の小学生Ａ（責任能力がなかったとされています）がゴールに向けて蹴ったボールが，ゴールの後方10mのところにあった校門の門扉の上を越えて転がり，道路上に出たところ，折しも自動二輪車を運転して小学校の校庭横の道路を進行していたＢ（当時85歳）が，校庭から転がり出てきたボールを避けようとして転倒して負傷し，その後死亡したという事件です（最判平27・4・9民集69-3-455〔サッカーボール事件〕）。

　最高裁は，この事案において，①Ａの行為自体は，サッカーゴールの後方に道路があることを考慮に入れても，校庭の日常的な使用方法として通常の行為であって，②本件状況下でサッカーゴールに向けてボールを蹴ったとしても，ボールが道路上に出ることが「常態」であったものとはみられないとし，さらに，③Ａがことさらに道路に向けてボールを蹴ったなどの事情もうかがわれないとしました。

　そのうえで，最高裁は，「責任能力のない未成年者の親権者は，その直接的な監視下にない子の行動について，人身に危険が及ばないよう注意して行動するよう日頃から指導監督する義務があると解されるが，本件ゴールに向けたフリーキックの練習は，上記各事実に照らすと，通常は人身に危険が及ぶような行為であるとはいえない。また，親権者の直接的な監視下にない子の行動についての日頃の指導監督は，ある程度一般的なものとならざるを得ないから，**通常は人身に危険が及ぶものとはみられない行為**によってたまたま人身に損害を生じさせた場合は，当該行為について具体的に予見可能であるなど特別の事情が認められない限り，子に対する監督義務を尽くしていなかったとすべきではない」としました。そして，Ａの父母は，「危険な行為に及ばないよう日頃からＡに通常のしつけをしていたというのであり，Ａの本件における行為について具体的に予見可能であったなどの特別の事情があったこともうかがわれない」ことから，Ａの父母は，「民法714条１項の監督義務者としての義務を怠らなかった」として，父母の免責を認めたのです。

　この判決は，①民法714条１項ただし書で問われている監督義務違反を民法709条の過失と同義と捉え，かつ，②日常的にみられる通常は人身に危険が及ぶようなものではない行為から「常態」ではない経緯を経た結果であって，この結果を行為者がその意思により招致させたものでないものについては，監督義務者は，一般的な監護教育を尽くしていれば，監督義務違反を問われないとした点で注目されます（ただし，判決では検討が加えられていませんが，本件のよう

な行為について，そもそも，A自身に民法709条に言う「過失」があったか否かを理論的に精査する必要がありそうです）。

　なお，この判決は，責任無能力者の当該行為について監督義務者が具体的に予見可能であったなどの「特別の事情」があったときには，監督義務者の免責を認めないものとしています。これは，要件事実のレベルでは，「〔監督義務者にとって〕当該行為について具体的に予見可能であるなど特別の事情」が存在することを，監督上の過失がなかったとの評価を妨げる事実（無過失の評価障害事実）として位置づけ，この事実を被害者が主張・立証すれば，監督義務者の無過失の抗弁（民法714条1項ただし書に基づく抗弁）が否定されるという枠組みを採用しているものと捉えることができましょう。

7.5　行為者に責任能力がある場合の保護者の損害賠償責任

　民法714条は，不法行為者に責任能力がなかったときに，被害者がその監督義務者に損害賠償を請求できると定めています。

　したがって，不法行為者に責任能力があったときには，被害者は，同条に基づき監督義務者に損害賠償請求することはできません（上述した請求原因の項目をもう一度確認してください）。

　そうなると，たとえば，16歳の者が暴走行為・暴力行為により他人に危害を加えたというようなときには，この者に責任能力があれば，被害者は，この者を相手に，民法709条に基づき損害賠償請求しなければならず，民法714条を根拠に保護者（父・母など）に損害賠償請求をすることはできません。その結果，不法行為者に十分な資力がないときには，民法709条に基づき損害賠償請求できると言っても，絵に描いた餅になってしまいます。だからと言って，「あなたは，加害者の親ではないか（家族ではないか）」などという理由だけでは，保護者に対する損害賠償請求権を正当化することはできません。子供は親の持ち物ではありませんし，何よりも近代民法は，個人主義の考え方に立脚しているのです。

　それでは，上記のような場合，被害者は，保護者に対して損害賠償を請求することはできないのでしょうか。ここで考えていただきたいのは，第1章で解説した「民法709条が不法行為を理由とする損害賠償請求権の一般ルールを定

めている」ということです。「責任能力者による不法行為」の場面でも，民法709条の要件を充たしたならば，被害者は，その保護者に対し，不法行為に基づく損害賠償請求をすることができるのです。

判例も，このことを認め，次のように言っています。「監督義務者の義務違反と当該未成年者の不法行為によって生じた結果との間に相当因果関係を認めうるときは，監督義務者につき民法709条に基づく不法行為が成立するものと解するのが相当であって，民法714条の規定が右解釈の妨げとなるものではない」(最判昭49・3・22民集28-2-347)。

こうして，民法709条を根拠とするのであれば，被害者は責任能力者の保護者に対して損害賠償請求をすることができます。請求原因については第1章で示したものが妥当します。直接の行為者である被保護者も民法709条に基づき損害賠償債務を負担するときには，両者の損害賠償債務は「連帯債務」の関係にあります。ただ，ここでは，次の点に注意してください。

まず，ここで，被害者が民法709条に基づき損害賠償請求する場合，誰の行為が「不法行為」として捉えられているのでしょうか。そして，誰のどのような故意・過失が問題とされているのでしょうか。また，何と何との因果関係が問題とされているのでしょうか。以上をまとめて，被害者は，請求原因として，何を主張・立証すべきなのでしょうか。

① 民法709条の枠組みに載せる以上，ここでとりあげられるのは，「保護者の不法行為」です(民法714条の枠組みと違い，責任能力者の行為を民法709条の「不法行為」と見ているわけではない点に注意してください)。

② また，保護者の過失が問われる場合に，その内容となるのは，権利侵害(もしくは損害の発生)という結果発生の予見可能性であり，かつ，結果回避のために採るべき具体的な監督措置なのです。ここでも「監督義務」・「監督過失」という表現が用いられますが，その内容は，民法714条に基づく損害賠償請求において監督義務者からの抗弁が問題となる際に問われた広範かつ包括的な監督義務の違反とは違い，結果回避に向けられた具体的かつ特定の監督措置を内容とするものです。そして，民法709条に基づき保護者に対し損害賠償請求をする被害者としては，(民法714条の場合と違い)民法709条のセオリーどおり，「過失があったとの評価を根拠づける具体的事実」(評価根拠事実)について主張・立証責任を負うのは言うまでもないことですし，その際，当該具体的状況下において上記のような監督義務が保護者に課されていたことと，保護者に

よるその違反（監督過失）を根拠づける具体的事実について，主張・立証しなければならないのです。

　③　しかも，民法709条に基づき保護者に対し損害賠償請求をする被害者としては，②の監督過失による行為と生じた結果との間の因果関係（通説・判例によれば，相当因果関係）についても，主張・立証しなければなりません。監督義務違反と結果との間の条件関係（事実的因果関係）のみならず，この両者の間を結びつけることの相当性を根拠づける具体的事実についても，主張・立証しなければならないのです。

　結局，このように見れば，被害者からの保護者に対する損害賠償請求が認められる場面は，かなり限定されてくることがわかるかと思います。結局のところ，未成年者が非行を繰り返している場合や，犯罪歴・補導歴がある場合が中心になってきます（少年院仮退院後の19歳の少年らが起こした強盗傷害事件につき親権者が監督義務を怠らなかったとした最判平18・2・24判タ1206-177を，ぜひ一読してみてください）。

7.6　その他の抗弁
──「違法性阻却事由」（正当化事由）と言われているもの

　ここまで，責任無能力を理由とする加害者側の抗弁と，責任能力に関連する制度・規範について解説を加えました。

　民法には，ほかにも，被害者からの損害賠償請求権を排斥したり（「阻却する」とも言います），縮小したりする抗弁が，存在しています。この先の本章の解説と次章の解説で，その主要なものをとりあげます。

　本章の解説では，このうち，伝統的に違法性阻却事由（正当化事由）と呼ばれている抗弁事由をまとめて扱っておきます（なお，最近の民法学説〔私もそうですが〕では，損害賠償請求にあたり「違法性」という要件も概念もわが国では不要であることと，いずれにしても「責任」が阻却されるのだから責任無能力とまとめて「責任阻却事由」として説明すれば足りることから，「違法性阻却事由」という表現を用いるものは少なくなりつつあります）。次のものが，これにあたります。

7.6.1　正当防衛の抗弁

　民法720条1項は，他人の不法行為に対して，自己または第三者の権利を防衛するためにおこなわれた加害行為については，加害行為者は，それがやむを得ないものであった場合には，損害賠償責任を負わないとしています。刑法36条の正当防衛との要件面での違いに気をつけてください。

　民法の正当防衛が問題となるのは，たとえば，家に押し入った強盗から身を守るためにその者を殴り倒して死亡させたとか，路上で刃物を振り回して襲ってきた人から身を守るために隣家の垣根を壊して逃げ込んだとかいった場合です。

　民法720条の規定からは，正当防衛が成立するために必要なこととして，次の点が出てきます。

　(1)　他人の不法行為が原因となっていること　「他人の不法行為」は第三者に対する不法行為でもよく，自己に対する侵害行為であることは必要でありません。また，「他人の不法行為」には，「責任無能力者の不法行為」も含まれます。

　(2)　自己または第三者の権利を防衛するために加害行為をしたこと　ここでは，刑法の正当防衛との違いに注意しましょう。

　(3)　加害行為がやむを得ないものであったこと　これは，防衛行為の必要性を意味するものです。そのほかにも，条文には挙がっていませんが，正当防衛が成立するために，加害行為の相当性も必要だとされています。これは，過剰介入禁止の要請から付加されたものであり，主に防衛される利益と侵害された利益との均衡が問題とされます。

　このような正当防衛の抗弁の要件事実は，次のようになります。Xが，Yに対し，民法709条に基づく損害賠償請求をし，Xが請求原因の主張・立証をした場合に，Yが正当防衛の抗弁を出すとき，Yは，次の要件事実を主張・立証しなければなりません。

　①　Yまたは第三者の「権利」

　②　①の権利に対する「他人」の侵害行為

　③　請求原因に挙げられたYの故意・過失行為（加害行為）が，②の行為から
　　①の権利を防衛するためにおこなわれたものであること

　④　③の行為がやむを得ずにおこなわれたものであること（必要性と相当性）

7.6.2 緊急避難（対物防衛）の抗弁

　民法720条2項は，他人の物から生じた急迫の危難を避けるために，その物を損傷した者が損害賠償責任を負わないとしています。

　民法の緊急避難の例としては，道路を歩いていたときに風にあおられて倒れ掛かってきた看板から身を守るためにその看板を壊したような場合が考えられます。

　民法では，刑法37条の緊急避難とは，違ったものが想定されています。

　まず，民法に言う緊急避難とは，「他人の物から生じた急迫の危難」を避けるために，その物を損傷した場合を言います。その意味で，対物防衛と言ったほうがわかりやすいかもしれません。

　また，民法に言う緊急避難が成立するのは，反撃を加える対象が危難を生じさせた「その物」の場合に限定されている点に注意が必要です（その他の場合への類推適用を認めるべきだとする学説もあります）。

　他方，およそ他人の「物」から生じた危難に対するものであれば，その危難が他人の不法「行為」にならなくてもかまいません。たとえば，地震で壊れた檻から猛犬が逃げ出して，襲いかかってきたことから，襲われた者が近くにあった金属棒で殴り殺したというような場合が，その例と言えましょう。

　このような緊急避難の抗弁の要件事実は，次のようになります。物の所有者Xが，Yによるその物の損傷（所有権侵害）を理由として，Yに対し，民法709条に基づく損害賠償請求をしたとします。Xから請求原因の主張・立証がされた場合に，Yが緊急避難の抗弁を出すとき，Yは，次の要件事実を主張・立証しなければなりません。

①　Yの「権利」

②　①の権利に対して，請求原因に挙げられたXの物から急迫の危難が生じたこと

③　請求原因に挙げられたYの故意・過失行為（物の損傷行為）が，②の危難を避けるためにされたものであること

④　③の行為がやむを得ずにおこなわれたものであること（必要性と相当性。後者については，最判平3・3・8民集45-3-164）

7.6.3 「法令による行為」・「正当業務行為」の抗弁

　民法には明文の規定がありませんが，不法行為を理由とする損害賠償責任についても，刑法35条を参考にして，「法令または正当な業務によりおこなわれた行為には，違法性がない」とするのが伝統的見解です。

　法令による行為として違法性が阻却されるというのは，正当な手続による犯人の逮捕（刑事訴訟法199条，同213条），死刑の執行（刑事訴訟法475条以下），親権者の親権に基づく懲戒権の行使（民法822条），教員による懲戒権の行使（学校教育法11条），労働組合法上の争議行為（労働組合法8条）などです。

　正当業務行為として違法性が阻却されるものとしては，医師の医療行為やスポーツ競技による事故の場合が挙げられます。なお，遊戯中の事故についても，正当業務行為になぞらえて位置づけられることがありますが（鬼ごっこ事件と称される最判昭37・2・27民集16-2-407は，一般的に容認された遊戯中に生じた児童の事故につき，特段の事情がない限り違法性が阻却されるとしました），民事責任の領域で遊戯中の事故につき一般ルールを立てて特別扱いをすることには，疑問があります（手製の弓を撃ち合う「インディアンごっこ」〔これによる失明〕につき，社会的に許容されないとした最判昭43・2・9判時510-38を参照してください）。さらに言えば，わが国の判例が「正当業務行為」という枠組みでどこまでの事件類型を捉えようとしているのかについても，疑問があります。とりわけ，スポーツでのプレー中の事故については，原則として違法性がないとの構成よりも，最近では，危険を回避するための行為義務違反（過失）の有無を正面から問題とする傾向にあります（最判平7・3・10判時1526-99〔スキー中の衝突〕）。ここでは，過失の「評価根拠事実」・「評価障害事実」の問題として論じられているのです。

7.6.4 「被害者の承諾」の抗弁

　加害者による権利侵害行為がおこなわれても，侵害された権利者がこれに承諾を与えていた場合には，行為者は，被害者からの損害賠償請求に対する抗弁として，「権利侵害について，被害者の承諾があったこと」を主張・立証して，責任を免れることができます。権利の処分権限は権利主体に帰属するから，行為者は，承諾がされた範囲において不法行為責任を追及されることはないので

す。

　もちろん，被害者は，みずからが処分権限を有する事項についてのみ，承諾をすることができます。また，処分権限を有する事項についてであっても，公序良俗に反する承諾は，有効な承諾ではありません（同意殺人・堕胎に関する刑法202条・214条と，それらをめぐる刑法の議論を参照してください）。

　損害賠償責任の阻却事由として被害者の承諾が主として問題となるのは，診療行為における被害者の同意の局面ですが，民法ではインフォームド・コンセント（および説明義務）をめぐって，責任の阻却事由かどうかという点に止まらない複雑な問題があります。そこで，これについては，14.5でまとめて触れることにします。

7.6.5　自力救済の抗弁

　たとえば，家主Ｙが借家契約の終了後も立ち退かず借家に居座っているＸを荷物ともども無理やりに追い出した場合や，ＹがＸに融資をする際にＸ所有の工場機械の所有権を担保にとっていた（譲渡担保と言います）ところ，Ｘの資金繰りが逼迫してきたために，貸金の回収ができないことをおそれたＹが，Ｘの止めるのを聞かず，工場からこの機械を搬出した場合を考えてみてください。このような場合に，ＸがＹに対して不法行為を理由とする損害賠償請求をしたとき，Ｙは，「私は，自分の権利を守るために，緊急やむを得ずおこなったのだ」と主張して，不法行為責任を免れることができるでしょうか。自力救済と言われる問題です。

　判例は，自力救済を原則として禁止しつつも，「法律に定める手続によったのでは，権利に対する違法な侵害に対抗して現状を維持することが不可能又は著しく困難であると認められる緊急やむを得ない特別の事情が存する場合においてのみ，その必要の限度を越えない範囲内で，例外的に許される」としています（最判昭40・12・7民集19-9-2101。土地使用貸借契約終了後も元借主がその敷地上で店舗を経営していたため，元貸主が元借主の承諾なしに店舗の周囲に板囲いを設けたところ，これを元借主が実力行使して撤去した事件です。具体的事件の解決としては，自力救済の抗弁を斥けています）。学説も，違法性阻却事由を定める民法720条を類推することにより，また，占有訴権制度の趣旨から，判例とほぼ同様の要件のもとで，違法性阻却事由としての自力救済の可能性を認めています。

第8章

損害賠償請求に対する抗弁（2）

▶Xの言い分……私は，事故当時7歳の小学2年生でした。2015年12月5日の午後6時頃，私は母Aとそれぞれ自転車を運転して駅から自宅に向かっていたところ，急に脇道から猛スピードで飛び出してきたY運転のマウンテンバイクに衝突され，転倒し，左足の骨を折る大怪我をしました。この間，私の父母が代理人となって賠償金の支払をめぐってYと交渉してきましたが，埒があきません。そこで，私は，Yを相手どって裁判を起こし，治療費，後遺症による逸失利益，慰謝料ならびに弁護士費用の賠償を請求することにしました。

▶Yの言い分……Xは私が猛スピードで運転していたと言いますが，それは事実に反します。当日は，ほかにも自転車に乗っている人は大勢いて，私と同じくらいのスピードで運転している人たちもたくさんいました。それに，Xは当時，無灯火で運転していたのです。Aもそのことを知っていたはずです。また，Xが転倒して骨折し入院したのは知っていますが，普通の人なら骨折するような転倒の仕方ではなかったと思います。むしろ，Xの骨が一般人よりも弱かったというほかないのでして，そのような骨折の結果まで私に負担せよというのは，おかしいでしょう。そのうえ，聞くところによると，Xは，両親が掛けていたB損害保険会社の傷害保険から100万円の保険金も受けとっているということではないですか。いずれにしても，事故から既に3年以上経過しているわけですから，私は，時効による損害賠償請求権の消滅も主張します。

8.1 承　前

　今回も，前回に引き続き，被害者からの損害賠償請求がされた場合の，被告側からの抗弁を扱うことにします。前章は「違法性阻却事由」・「責任阻却事由」と言われるものを中心に解説しましたが，本章は，それ以外のさまざまな抗弁をとりあげてみます。

8.2 抗弁（その１）——過失の評価障害事実

　既に第３章で解説したように，民法709条に基づき不法行為を理由として損害賠償請求をするとき，被害者が主張・立証すべき「要件」の１つとして「過失」があります。この「過失」は規範的要件と呼ばれるもので，「過失があったとの評価を根拠づける具体的事実」(評価根拠事実) について，被害者が主張・立証責任を負うとされます。

　そして，これに対し，加害者は，抗弁として，「過失があったとの評価を妨げる具体的事実」(評価障害事実) を主張・立証することができます。

8.3 抗弁（その２）——過失相殺

8.3.1 過失相殺と裁量減額主義

　民法722条２項は，「被害者に過失があったときは，裁判所は，これを考慮して，損害賠償の額を定めることができる」と規定しています。「裁判所は…定めることができる」と定めているのは，被害者の過失を認定しても，これを考慮するかどうかは裁判所の裁量に委ねられている（裁量減額主義）ということを意味しています。

8.3.2 過失相殺制度を支える考え方

なぜ民法で過失相殺という制度が認められているのかについては，学説でさまざまな見方が示されています。しかし，初学者の皆さんは，ひとまず，過失相殺の制度は，被害者に発生した損害を被害者と加害者との間で公平に分配するため，加害者に故意・過失ありとされたことにより加害者の負担となった不利益の一部について，「被害者の過失」を理由に，再び被害者に転嫁する制度だと理解しておけばよいと思います。

少しだけ立ち入ると，本来は不法行為を理由とする損害賠償責任の成立要件を充たし，これによる損害を加害者に帰責することが正当化されるはずなのに，その損害を再び加害者から被害者に転嫁することが「公平」に合すると言えるためには，被害者へのリスク転嫁（被害者への損害の帰属）を正当化できるだけの理由がなければなりません。ここからは，自分に生じる損害を回避したり，減少させたりするための行動が被害者に期待できるときに，そうした行動をとらなかったことによる不利益（損害回避行動の失敗）を被害者に負担させる制度が過失相殺制度であるとの理解が適切であるということになります。この意味で，「被害者の過失」＝自己危険回避義務違反と言うこともできましょう。

8.3.3 ３つのレベルの「被害者の過失」

それでは，加害者としては，どのような点に注目して「被害者の過失」を捉えていけばよいのでしょうか。

①　加害者の不法行為それ自体に「被害者の過失」が関係することがあります。被害者の挑発的な言動が加害者の不法行為を誘発したような場合が，これにあたります。

②　損害の発生に「被害者の過失」が関係することがあります。放射能漏れを起こしている施設で防護服なしに作業をしたという場合が，これにあたります。さらに，

③　損害の拡大に「被害者の過失」が関係することもあります。手術後の行動について医師が十分な説明をしていなかったところ，患者側も常識外れの行動をとったために病状が悪化して入院が長引いたという場合が，これにあたり

ます。③は,「損害軽減義務」の違反という言葉で表されることもあります。

❖ **過失相殺における主張・立証責任** ━━━━━━━━━━━━━━━━━━━━━━

　過失相殺において,被害者の過失を根拠づける事実は,弁論にあらわれていなければなりません（弁論にあらわれていないときには,裁判所は過失相殺をしてはいけません。その意味では,被害者の過失を根拠づける事実については,加害者に主張責任があります。大判昭3・8・1民集7-648）。他方,被害者の過失を根拠づける事実が弁論にあらわれているときには,その事実を主張したのが債務者でなくても,裁判所は,その事実を真実と認めれば,職権で過失相殺をすることができます（最判昭43・12・24民集22-13-3454）。後者の点に関しては,最高裁判決は,被害者の過失を根拠づける事実が弁論にあらわれていて,かつ,その事実が「真実」であるとの心証形成がされたときには,裁判所が過失相殺をすることができる――当該事実が加害者から「抗弁」として主張されていなくてもよい――ということのみを述べたものであって,過失相殺について立証責任が問題とならないとしたものではありません（上記の判決は,被害者の過失を根拠づける事実について,弁論主義を否定して職権探知主義を採用したというものではありません）。被害者の過失を根拠づける事実が「真偽不明」である場合における立証責任の問題は依然として残っているのでして,被害者の過失を根拠づける事実については,加害者が立証責任を負担します。

8.3.4　過失相殺と被害者の責任能力・事理弁識能力

　(1)　**責任能力の要否**　　「被害者の過失」を,被害者に課される自己危険回避義務に対する違反として捉えた場合,責任能力を欠く者が被害者であったときには「被害者の過失」など考えられないのではないかという問題が出てきます。たとえば,10歳の子供は一般に責任能力がないとされているところ,この者が被害者となったときには「被害者の過失」を理由に賠償額を減額することは認められないのではないかという議論です。

　しかし,7.2.1で述べましたように,過失の前提となる能力が結果の予見・回避のための能力であるのに対して,責任能力で問題となる能力は,行為の違法性認識能力（善悪弁別能力）です。過失と責任能力とでは,能力の対象が違います。責任能力とは,過失とは関係なく,政策的観点から加害行為をした者を保護するために,この者の責任を阻却する制度なのです。このように考えると,「責任能力」と「過失」は別々の制度目的に基礎づけられた概念でして,「責任能力がないから」と言って「過失を犯す能力がない」ということにはなり

ません。まして，責任能力は「他人の権利を害しないように行為すべき義務」に違反した加害者について問題となるのに対して，過失相殺で問題となっているのは，損害の公平な分配という観点から見たときに自己危険回避義務に違反した被害者への不利益の転嫁なのです。

　判例も，「722条2項の過失相殺の問題は，不法行為者に対し積極的に損害賠償責任を負わせる問題とは趣を異にし，不法行為責任者が責任を負うべき損害賠償の額を定めるにつき，公平の見地から，損害発生についての被害者の不注意をいかにしんしゃくするかの問題に過ぎない」ことを理由に，「被害者たる未成年者の過失をしんしゃくする場合においても，未成年者に事理を弁識するに足る知能が具わっていれば足り，未成年者に対し不法行為責任を負わせる場合のごとく，行為の責任を弁識するに足る知能が具わっていることを要しないものと解するのが相当である」と述べています（最大判昭39・6・24民集18-5-854。自転車を2人乗りしていた8歳1か月と8歳2か月の男子が生コン運搬車に轢かれ死亡した事件を扱ったものです）。

　(2)　事理弁識能力の要否　　もっとも，上記の判決が「被害者たる未成年者の過失をしんしゃくする場合においても，未成年者に事理を弁識するに足る知能が具わっていれば足り…」としている点に注目してください。過失相殺をするためには被害者に責任能力が備わっている必要はないとしつつ，他方で，「事理を弁識するに足る知能」は必要だとしているのです。この知能を備えた能力は，事理弁識能力と言われています（なお，民法総則の成年後見制度で問題となる財産管理能力でも「事理弁識能力」という概念が用いられていますが，初学者の方は，ひとまず別物と考えてください）。過失相殺をするには，被害者に責任能力が備わっている必要はないものの，事理弁識能力は備わっている必要があるのです。自分の行動が「善いことか，悪いことか」とか「おこなってよいこと，許されることかどうか」といったことについて認識できる能力は要らないが，「自分がこれから何をしようとしているのか」ということについて認識できる能力は必要だという意味で考えればよいでしょう。ちなみに，裁判例では，事理弁識能力として，大体6歳前後が一応の目安になっていますが，6歳という数字が絶対的・画一的な基準というわけではありません。

　Y1の行為とY2の行為によってXの権利が侵害されたという場合に，Xからの損害賠償請求に対し，被告が過失相殺の抗弁を出すとき，被害者の過失と加害者の過失の割合は，どのようにして決めればよいのでしょうか。

（1）　一般的には，過失の割合は被害者の過失と個別加害者の過失とを相対的に比較することによって決められます。Y1の過失とXの過失，Y2の過失とXの過失というように，減額の率は行為者ごとに別々に判断されるのです（最判平13・3・13民集55-2-328。交通事故と搬送先での医療過誤が競合した事件です）。Y2の不法行為を理由とするXの損害賠償請求権について，Y1とXとの過失の割合をも考慮に入れて過失相殺をしたのでは，加害者Y2・被害者Xから見て中立的な立場にあるY1の行為を損害賠償額の算定にあたり考慮に入れることになってしまうからです。相対的過失割合による過失相殺とも言われます。

（2）　この例外として，「複数の加害者の過失及び被害者の過失が競合する1つの交通事故」の場面で，「その交通事故の原因となったすべての過失の割合（以下，「絶対的過失割合」という）を認定することができるとき」には，「絶対的過失割合に基づく被害者の過失による過失相殺をした損害賠償額について加害者らは連帯して共同不法行為に基づく賠償責任を負う」ものとされています（最判平15・7・11民集57-7-815）。絶対的過失割合による過失相殺とも言われます。

8.4　抗弁（その3）──被害者側の過失

　民法722条2項は，「被害者」に過失があった場合に，それが賠償額を減額する抗弁になり得るのだということを定めています。

　ところが，通説・判例は，過失相殺は発生した損害を加害者・被害者間で公平に分担させるという「公平の理念」に基づく制度であるところ，本人以外の者の過失を「被害者側」の過失として斟酌するのが「公平の理念」に照らし相当な場合があるとします。

　たとえば，不法行為に際しての被害者の被用者である家事使用人の過失や，被害者に対して親子・夫婦の関係にある者の過失を理由として，賠償額が減額されるべきだとされるのです。ただ，そうなると，裁判所による判断を恣意的・裁量的なものにしないためにも，誰が「被害者側」にあたるのかにつき判断するための基準を示す必要が出てきます。

　ここで，通説・判例は，「被害者本人と身分上，生活関係上，一体をなすと

みられるような関係にある者の過失」という枠をかぶせることにより，両者間に経済的一体性が認められる場面に限ることで，被害者「側」とされる者の範囲に合理的な制約を加えています（最判昭42・6・27民集21-6-1507〔保母。否定〕，最判昭51・3・25民集30-2-160〔夫。肯定〕，最判昭56・2・17判時996-65〔職場の同僚。否定〕，最判平9・9・9判時1618-63〔交際中の者。否定〕，最判平19・4・24判時1970-54〔内縁配偶者。肯定〕）。この基準に照らして判断すれば，乳幼児・児童が事故にあった際の保母や教師の過失，被害者（特に，乳幼児）を預かった隣人の過失，職場の同僚の過失，単なる交際中の男女間での交際相手の過失などは，「被害者側の過失」としては評価されず，賠償額減額の事由（抗弁）となり得ないことになります。

このような「被害者側」の過失の法理には，被害者にとっては第三者である者（以下では，Dと表記します）の過失を考慮して加害者が被害者に対し負担すべき賠償額を減額することで，Dの過失に対応する損害額を加害者に負担させないとの考慮，すなわち，Dの過失に対応する損害額は被害者がDに請求すべきであって，加害者が被害者に対しDが最終的に負担すべき額を含め支払ったあとに加害者からDへ求償するという形で処理すべきでない（被害者側とされる第三者からの回収不能のリスクを被害者に負担させ，加害者に負担させない）との考慮が働いています。

❖ 共同行為者の過失と過失相殺
── 「被害者側の過失」と異なる枠組みのもとでの減額 ══════

最高裁は，本文で述べた「被害者側の過失」の要件を充たさない場合であっても，第三者の行為が過失相殺による減額の対象となることを否定していません。自賠法3条に基づく損害賠償（本書第15章）が問題となった事案ですが，BがAの運転する改造バイクに同乗し，20名ほどの仲間とともに深夜に暴走行為を繰り返していたところ，A運転のバイクが暴走行為を停止させるために警察官Cが停車させていたパトカーに衝突し，Bが死亡したという事件を扱った最高裁判決が，これです（最判平20・7・4判時2018-16）。

この判決では，原審がAとBの間に身分上，生活関係上の一体性がないとの理由でAの過失を「被害者側の過失」として考慮することはできないとしたのに対し，最高裁は，運転行為に至る経過や運転行為の態様からすれば，問題の運転行為は「BとAが共同して行っていた暴走行為から独立したAの単独行為」と見ることはできず，「共同暴走行為の一環」を成すものであるとし，Cとの関係で過失相殺をするにあたっては「公平の見地に照らし，本件運転行為におけるAの過失も

Bの過失として考慮することができる」としました。Bの生命侵害を惹起したのが「Cの行為」と「A・Bの共同暴走行為」であると捉える——「Cの行為」と「Aの行為」によるBの生命侵害と見ない——ことで，県に対するB（の相続人）からの損害賠償請求にあたりAの過失を本来の過失相殺（＝「Bの過失」）の枠内で斟酌したものです。もとより，ここでは，Bにとっては第三者であるAの過失を考慮して県がBに対し負担すべき賠償額を減額することで，Aの過失に対応する損害額を県に負担させないという，「被害者側の過失」の場面におけるのと同様の考慮が働いていることも，見逃せません。

❖ 使用者が被害者である場合の「被用者の過失」 ━━━━━━━━━━━━━━

被害者が第三者に対して損害賠償請求をする場合に，被害者の被用者に損害の発生ないし拡大について過失があればこれを斟酌すべき点については，ほぼ異論を見ません（大判大9・6・15民録26-884）。この場面において，被用者の過失を斟酌して賠償額を減額することを理由づけるために，被害者側の過失の理論が用いられることがあります。

　しかし，ここでは，わざわざ被害者側の過失の理論を持ち出す必要はありません。むしろ，使用者が責任主体となる民法715条では，被用者が業務の執行につき加えた損害を使用者が賠償しなければならないとされ，被用者の業務執行行為について使用者が帰責されることとの均衡から，過失相殺の局面においても，業務の執行についてされた被用者の過失行為について使用者に帰責するのが相当であるとする見解（平井宜雄）を支持すべきでしょう。

　もっとも，単に使用関係があるというだけで被用者の過失がすべて斟酌されるということにはなりません。民法715条において被用者（＝加害者）の過失による行為について使用者が責任を負うためには，当該行為が使用者の事業の執行についてされたことを必要とするのと同様，民法722条2項において被用者の過失が考慮されて賠償額が減額されるためには，被用者の過失が使用者（＝被害者）の業務の執行に関連するものであったことが必要なのは，当然のことです。

8.5　抗弁（その4）——被害者の素因

　加害者の行為が不法行為と評価されて損害賠償責任が問題となる際に，被害者の有していた素質，すなわち，精神的・身体的性質や病的疾患が，損害の発生あるいは拡大の一因となっていることがあります。たとえば，被害者が事故

前に身体障害を有していたとか，心臓疾患その他の病気にかかっていたとか，事故後にノイローゼとなり治療費が増大したとかいったような場合です。このように，損害の発生・拡大の原因となった被害者の素質のことを，素因と言います。それでは，裁判所は，被害者の素因を考慮に入れて賠償額の減額を認めるべきでしょうか。被害者からの損害賠償請求に対し，加害者は，こうした被害者の素因を主張・立証して賠償額を減額することができるとすべきでしょうか。

最高裁は，まず，被害者の心因的素因が損害の拡大に寄与している事件（50日の加療を要するとされたむちうち症の10年間もの長期治療）で，このような場合に損害の全部を加害者に賠償させるのは損害の公平な分担を目的とする損害賠償法の理念に反するものとし，民法722条2項を類推適用することで賠償額の減額を認めました（最判昭63・4・21民集42-4-243。その後のものとして，最判平12・3・24民集54-3-1155〔過労による労働者の自殺。素因減額を否定〕）。しかし，当時は，この判決の射程について議論がありました。この判決後も，被害者の体質的素因についてはこれを斟酌すべきではないとする下級審判決も出されていたのです（東京地判平1・9・7判時1342-83，横浜地判平2・7・11判時1381-76。これらは，「あるがまま」判決と呼ばれています）。

そのような中，最高裁は，被害者の疾患が損害発生の一因となった事件において，「当該疾患の態様，程度などに照らし」，公平の観点から民法722条2項の類推適用を認める判断を示しました（後発的疾患につき，最判平4・6・25民集46-4-400。問題の交通事故より以前に，車内で仮眠中に一酸化炭素中毒になったことのあるタクシー運転手のケースです）。

もっとも，この判決で問題となったのは被害者の疾患が過去の被害者自身の行為によって後発的に形成された事例であること，また，判決が「体質的素因」と言わず「疾患」と言ったことから，最高裁の判例理論の意義と射程をどのように理解するかという点について評価が分かれました。

学説の議論が続く中，最高裁は，心臓に先天的疾患を有していた被害者につき，素因減額を肯定しました（最判平20・3・27判時2003-155）。さらに，その後，「疾患」とは言えない被害者の身体的特徴を賠償額算定にあたり考慮するかどうかにつき，特段の事情の存しない限り，これを考慮しないという立場を採ることを明言しました。「人の体格ないし体質は，すべての人が均一同質なものということはできないものであり，極端な肥満など通常人の平均値から著しくかけ離れた身体的特徴を有する者が，転倒などにより重大な傷害を被りかねない

ことから日常生活において通常人に比べてより慎重な行動をとることが求められるような場合は格別，その程度に至らない身体的特徴は，個々人の個体差の範囲として当然にその存在が予定されているものというべきだ」というのが，その理由です（最判平8・10・29民集50-9-2474）。この理由づけからは，判決理由中で特段の事情にあたるものと例示された「日常生活において通常人に比べてより慎重な行動をとることが求められるような」，「通常人の平均値から著しくかけ離れた身体的特徴を有する者」の場合には，公平の観点から，賠償額を減額する余地があることになる点に注意が必要です。

　ともあれ，上記4つの最高裁判決により，民法722条2項の類推適用という形を借りて，「裁判所は，被害者（側）に過失がない場合にも，加害者に損害の全部を負担させるのが公平に反するときには，自らの裁量により賠償額を減額することができる」という一般命題が，わが国の判例法上形成されました。

　ひるがえって，学説を見ますと，素因を考慮すべきかどうかをめぐり，正反対の方向からの見解が存在しています。

　一方で，素因を理由とする減額に好意的な立場から，被害者は自己の危険領域内の特別の危険から生じた結果に対して責任を負うべきであるところ（領域原理），被害者の身体内部にあり，それゆえに被害者の権利領域に属する素因について見れば，被害者の個人差以上の素因が損害発生に競合したときには，自然力の競合の場合と異なり，生じた損害を加害者に転嫁することができないとする見解が主張されています。

　他方で，素因を理由とする減額に慎重な立場は，素因が損害の発生ないし拡大にとって原因となったとしても，素因の形成について被害者に帰責性がないときに，なぜその不利益を被害者に負担させ，当該不法行為につき帰責事由のある加害者の減責を肯定するのが正当と言えるのかとの疑問をぶつけます。そして，素因斟酌説は結果的に素因保有者の社会生活への参加・行動の自由に抑止的効果をもたらすことになり，相当ではないと批判します。「加害者は，被害者のあるがままを受け入れなければならない」との考え方を支持する立場です。

　私自身は，この問題について，素因が存在するとの事実そのものは賠償額決定にあたって直接に考慮されるべきではないが，被害者に素因を発見あるいは統制することが期待可能で，かつ，これに基づいて自己の行動を適切にコントロールすることが可能であったという場合に限り，期待可能な措置を講じなか

ったという被害者の帰責性を基礎に，賠償額の減額を認めるべきであると考えています。被害者の素因発見・統制義務の違反を理由に賠償額の減額を認めるのです。この義務は損害拡大防止義務の一種ですが，一般の過失相殺において想定されている義務とは違い，義務の向けられた対象は損害ないし結果の発生・拡大ではなく，素因の発見と統制です。

8.6 抗弁（その5）——損益相殺

　被害者が不法行為によって損害を被ると同時に，同一の原因によって利益を受けた場合には，損害と利益との間に同質性と相互補完性がある限り，その利益の額を賠償されるべき損害額から控除します。これを損益相殺と言います。不法行為を理由とする損害賠償制度により，被害者は，不法行為により生じた不利益を塡補されることがあっても，不法行為から利益を獲得することは許されないとの考慮に出たものです。

　損益相殺の抗弁として加害者側が主張・立証すべき事実は，次の(1)・(2)・(3)です。

　(1)　被害者に生じた利益とその額　　ここには，財産の積極的増加額だけでなく，出費節約による利益も含まれます。

　(2)　その利益が不法行為を原因として生じたものであること　　この(2)の要件事実については，保険金（請求権）が問題となります。

　①　生命保険金は，保険事故（たとえば，人の死亡）が発生した際に，不法行為の原因と関係なく，保険料支払の対価として，実際の損害額を問わずに一定額が支払われるものです。したがって，たまたま不法行為により被保険者が死亡したためにその相続人に生命保険金が支払われたとしても，これを不法行為による損害賠償額から控除すべきではありません（最判昭39・9・25民集18-7-1528）。

　②　損害保険金も，保険料支払の対価として，保険事故発生の際に支払われるものです。たまたまその損害について第三者が不法行為に基づく損害賠償債務を負担するとしても，損害保険金は，そこでの損害賠償額の算定に際して損益相殺として控除されるべき利益にはあたりません（最判昭50・1・31民集29-1-68〔火災保険と家屋焼失による損害〕）。もっとも，損害保険は損害の塡補を目的

としたものですから，生命保険と異なり，第三者の負担する損害賠償債務の履行との間で重複塡補の問題が生じてきます。そのために，ここでは，保険法25条により，保険代位の制度が設けられています。これによれば，保険金を支払った保険者は，支払った保険金の限度で，第三者に対して被保険者が有する損害賠償請求権を取得します。そして，被保険者は，第三者に対する損害賠償請求権を失います。これとは逆に，被保険者が第三者から損害賠償債務の履行を受けた場合には，明文の規定はないものの，保険者は支払うべき保険金を相応に減額することができると解されています。詳しくは保険法の教科書を参照してください。

(3) その利益が損害と同質性と相互補完性を有すること　この(3)の同質性については，次の4つの場合を挙げておきます。

① 所得税法9条1項17号で損害賠償金が非課税所得とされていることにより，被害者が支払わずに済んだ所得税相当額は，控除されません（最判昭45・7・24民集24-7-1177（当時は16号））。被害者が納税義務を負わされるかどうかということは国家政策上の事柄であり，損失（所得喪失という逸失利益）と利益（損害賠償金が非課税所得とされていることによる納税金額の節約）との間に同質性も相互補完性もないからです。

② 年少者が死亡した場合において，この者が就労可能年齢に達するまで要したであろう養育費も控除されません。過去には，養育費は年少者が稼働能力を取得するために必要な経費であるとの理由から同質性を認めて控除を肯定する立場もありましたが，現在は，損失（所得喪失という逸失利益）と利益（養育費の節約）との間には同質性も相互補完性もないとの理由で損益相殺の対象としないとされています（最判昭53・10・20民集32-7-1500）。

③ 香典や見舞金も，損益相殺の対象とされません（大判昭5・5・12新聞3127-9，最判昭43・10・3判時540-38）。

④ 被害者に「生命侵害を理由とする損害賠償請求権」が発生して，それが相続されたときに，被害者（死者）の有する「生命侵害を理由とする損害賠償請求権」につき，被害者が死亡した結果として支出しないで済んだ生活費は，損益相殺の対象となります（交通事故実務では，男子につき逸失利益から概ね50%，女子につき概ね30%から40%を生活費として控除するのが通例です）。

被害者が加害者の不法行為により負傷し，その後2年経過してから死亡したような場合で，被害者の相続人が「受傷を理由とする逸失利益の賠償請求権」を相続したとして，加害者にその支払を求めたとき，加害者は損益相殺の抗弁として，生活費の控除を主張できるでしょうか。

これについては，不法行為による負傷の後，第2事故等で被害者が死亡した場合に生活費控除を認めないとする判例が確立しています（最判平8・5・31民集50-6-1323）。

なお，この問題に関しては，6.2のコラム（不法行為による負傷者が判決までに死亡した場合の処理）も参照してください。

⑤　売買の目的物である新築建物に重大な瑕疵があり，これを建て替えざるを得ない場合において，その瑕疵が構造耐力上の安全性にかかわるものであるため建物が倒壊する具体的なおそれがあるなど，社会通念上，建物自体が社会経済的な価値を有しないと評価すべきものであるときには，建物の買主がこれに居住していたという利益（居住利益）については，買主からの工事施工者に対する建替え費用相当額の損害賠償請求において，損益相殺ないし損益相殺的な調整の対象として損害額から控除することはできません（最判平22・6・17民集64-4-1197）。買主は，みずからの身を危険にさらすにもかかわらず，このような建物をやむを得ず使用しているのですから，建物に居住していたのが買主の「利益」であると評価して減額の対象にするのは適切ではありません。また，このような場合に居住利益の控除を認めたのでは，施工者が賠償を遅らせば遅らせるほど賠償すべき額が減ることとなり，誠意のない施工者を利するという好ましくない結果をもたらすでしょう。同様に，建替えによって買主が耐用年数の伸長した新築建物を取得することになったとしても，これをもって買主の「利益」と見て耐用年数伸長分の利益を損害額から控除することも認められません（前掲最判平22・6・17）。「耐用年数の伸長」は，瑕疵のない建物の引渡しが遅れた結果生じるものにすぎないからです。

8.7　抗弁（その6）——損益相殺的な調整

上述した損益相殺の要件を充たさない場合でも，判例は，損益相殺的な調整

の名のもとに，損害賠償請求をする者が一定の利益を取得した点を捉え，賠償額の減額を認めています。厳密に言えば不法行為と同一の原因によって被害者が受けた利益と言えない一定の利益についても，控除対象としているのです。

とりわけ，ここで「損益相殺的な調整」の名のもとに論じられているのは，不法行為による被害者の死亡によって相続人が社会保険給付（遺族年金など）ほかの利益を得た場合に，被害者から相続した損害賠償請求権につき，この相続人が得た利益を控除することができるかという問題（重複塡補）です。

これについて，判例は，「被害者が不法行為によって死亡し，その損害賠償請求権を取得した相続人が不法行為と同一の原因によって利益を受ける場合」に，相続人が得た利益を賠償額から控除するとしています（最大判平5・3・24民集47-4-3039〔地方公務員等共済組合法に基づく遺族共済年金受給額を控除〕，最判平11・10・22民集53-7-1211〔遺族厚生年金受給額を控除〕，最判平16・12・20判時1886-46〔遺族厚生年金受給額を控除〕。なお，最後の判決は，①それまでの判決では被害者〔被相続人〕も既に年金等の受給を受けていたのに対し，被害者が受給権者でなかった場合にも相続人の年金受給額で損益相殺的な調整ができるとした点，および，②「被害者が支給を受けるべき障害基礎年金等に係る逸失利益だけでなく，給与収入等を含めた逸失利益全般との関係で」相続人の年金受給額を控除すべきものであるとした点で，重要な判決です）。

❖ 損益相殺的な調整の対象となる社会保険給付額

不法行為の被害者らに社会保険給付がされるとき，これが損益相殺（的な調整）の対象とされて賠償額から控除されるのは，被害者やその相続人が現実に損害を塡補されたと言うことができる範囲またはこれと同視し得る範囲に限られます。

最高裁も，損益相殺的な調整がされるのは「当該債権（注。年金給付を目的とする債権）が現実に履行された場合又はこれと同視し得る程度にその存続及び履行が確実であるということができる場合に限られる」として，既に被害者の相続人が受給した遺族年金の額と，事実審口頭弁論終結時にいまだ支給を受けていないが支給を受けることが確定した遺族年金の額についての控除は認めましたが，いまだ支給を受けることが確定していない遺族年金額の控除は認めませんでした（前掲最大判平5・3・24）。

❖ 損益相殺的な調整がされる場合の充当関係

本文で述べたように，被害者が不法行為によって死亡した場合に，その損害賠償請求権を取得した相続人が労働者災害補償保険法に基づく遺族補償年金その他の

保険給付，公的年金制度に基づく年金給付の支給などを受けたときは，損害賠償額を算定するにあたり，遺族補償年金等について，損益相殺的な調整がされます。

その際，判例によれば，損益相殺的な調整は，「その填補の対象となる被扶養利益の喪失による損害と同じ性質であり，かつ，相互補完性のある逸失利益等の消極損害の元本との間で」されます。そして，この場合には，特段の事情のない限り，その填補の対象となる逸失利益等の消極損害は不法行為の時に填補されたものと法的に評価して，損益相殺的な調整がされます（最判平22・9・13民集64-6-1626〔労働者災害補償保険法に基づく保険給付および公的年金制度に基づく年金給付〕，最大判平27・3・4民集69-2-178〔遺族補償年金〕）。この判例の考え方からは，遺族補償年金等がその支払時における損害金の元本と遅延損害金の全部を消滅させるに足りないときは，まず損害金の元本に充当されるべきであって，遅延損害金の支払債務に充当されるべきものではないということになります。遅延損害金は，履行が遅れたことによる損害を填補することを目的とするものであって，被扶養利益の喪失による損害を填補することを目的とする遺族補償年金等とは明らかにその目的を異にしますから，遺族補償年金等が遅延損害金と同じ性質であると言うことも，相互補完性があると言うこともできないのです。

❖ 過失相殺と損益相殺の順序

1つの不法行為事件で，被害者の過失が認められ，かつ，損益相殺も問題となるという場合には，過失相殺と損益相殺とをどの順序でおこなえばよいのでしょうか。

ここでは，相殺後控除説（まず過失相殺，次に損益相殺）と，控除後相殺説（まず損益相殺，次に過失相殺）の対立が見られます。たとえば，損害総額が4000万円，被害者の過失が3割，併行給付（たとえば，労災給付）により支払われた額が3000万円であるとしますと，相殺後控除説では，賠償されるべき損害額がゼロとなるのに対して（4000 × 0.7 − 3000 ＜ 0），控除後相殺説では，被害者は700万円の賠償を得ることができます（[4000−3000]×0.7 ＝ 700）。このように，どちらの立場を採るかで，大きな違いが出てきます。

相殺後控除説は，被害者が不法行為により取得できる賠償額は被害者の損害を填補する以上に出るものではないうえに，被害者の過失に基づく部分については，過失相殺制度の趣旨から見てこれを加害者のみならず第三者にも転嫁することはできないと考えるのが相当であるから，過失相殺により減額された損害の総額が上限となり，この上限額からの損益相殺がされるべきであるとします。労災保険金と損害賠償との重複填補が問題となっている場合に判例の採る立場であり（最判平1・4・11民集43-4-209），保険実務の採用するところでもあります。公害・薬害裁判例でも採用されている立場です。

控除後相殺説は，被害者の救済を強調した立場です。損害賠償と併行しておこな

われる給付は被害者が自己の過失として自己負担すべき部分を含めた損害総額と重複填補の関係に立つものであるがゆえに，まず過失相殺を経ることなく評価された損害の総額について損益相殺を施し，次いで，残額につき過失相殺がされるべきだとするのです。特に，労災保険の場合には，その社会保障的性質からも，こうした控除後相殺説が被害者の救済に適うものであるとされます。

8.8　抗弁（その7）——消滅時効

8.8.1　短期消滅時効

（1）消滅時効期間——3年　民法724条1号によると，不法行為を理由とする損害賠償請求権は，被害者が損害と加害者を知った時から3年の消滅時効にかかります（生命・身体侵害の場合の特則については，8.8.2で扱います）。

　現在の支配的見解は，①証拠の散逸・立証困難と，②被害者の感情の沈静化により，3年の短期消滅時効を説明しています。すなわち，①の観点からは，歳月を経るに従い，被害者にとっては不法行為や損害についての証明が困難になるし，相手方にとっても証拠・記憶の消失のために権利防御の機会が奪われるところ，これによる曖昧な訴訟提起を避けるため，3年という短期消滅時効が定められたのだと言われます。また，②の観点からは，歳月を経るに従い被害者の感情が沈静するから，その後に再び波瀾を生じさせるのは政策的に見てこのましいことではないゆえに，3年という短期消滅時効が定められたのだと言われます。

（2）起算点　民法724条1号で消滅時効の起算点を「損害及び加害者を知った時」としたのは，被害者（またはその法定代理人〔以下同じ〕）にとって損害が発生したかどうか，また，誰に対して損害賠償の請求ができるかが不明な間に，損害賠償請求権が時効消滅しないようにするためです。

　そうであれば，同条1号の消滅時効が進行を開始するためには，その前提として，被害者にとって損害賠償請求権の行使が現実に期待のできるものであることが必要です（民法166条1項1号の「債権者が権利を行使することができることを知った時」と発想が同じです）。

したがって，そこに言う「加害者を知った時」とは，「加害者に対する賠償請求が事実上可能な状況のもとに，その可能な程度にこれを知った時」を意味するものと言うべきです（最判昭48・11・16民集27-10-1374。被害者が不法行為の当時加害者の住所氏名を正確に知らず，しかも当時の状況においてこの者に対する賠償請求権を行使することが事実上不可能な場合においては，その状況がやみ，被害者が加害者の住所氏名を確認した時，はじめて「加害者ヲ知リタル時」にあたるとされました）。

また，「損害を知った時」についても，「被害者が損害の発生を現実に認識した時」を意味するものと言うべきです（最判昭46・7・23民集25-5-805〔離婚するかどうかをめぐり夫婦間で争いがある事例での配偶者に対する慰謝料請求権〕，最判平14・1・29民集56-1-218〔新聞報道による名誉毀損を理由とする損害賠償請求権〕）。被害者が損害の発生を現実に認識していない場合には，被害者が加害者に対して損害賠償請求に及ぶことを期待することができません。このような場合にまで，被害者が損害の発生を容易に認識できるというだけで消滅時効の進行を認めたのでは，被害者は，自分に対する不法行為が存在する可能性のあったことを知った時点で，自分の損害賠償請求権を消滅させないために，損害の発生の有無を調査しなければならなくなってしまいます。不法行為によって損害を被った者に対してこのような負担を課すのは不当です。他方，損害の発生を現実に認識しているのならば，消滅時効の進行を認めても，被害者の権利を不当に侵害することにはならないのです。もっとも，損害賠償請求が事実上可能な程度に損害の「発生」を認識すれば足りるのであって，損害の程度や金額まで知る必要はありません（大判大9・3・10民録26-280）。

3年の消滅時効の起算点につき，特に留意すべきなのは，以下の場合です。

(3)　継続的不法行為の場合の損害賠償請求権　　継続的不法行為の結果として生じる損害にはさまざまな態様のものがあり，一律に論じることはできません。

①　不法行為は継続しているものの，これによる損害が性質上分断可能な被害の場合（たとえば，土地の不法占拠，日照妨害）には，分割して把握可能な個々の損害の発生ごとに損害賠償請求権を観念することができ，したがってこの個々の損害賠償請求権ごとに消滅時効を観念することができますから，個々の損害ごとにその進行が停止した時を起算点とすべきです（個別進行説）。

②　継続的不法行為による被害を集積し，統一的に把握すべき累積的被害の場合（たとえば，騒音・振動や大気・水質汚染による健康被害）は，全体として1個の損害賠償請求権を観念することにより，その累積的性質を損害賠償に反映

させることができますから，この全体としての1個の損害賠償請求権につき消滅時効を観念し，被害者との関係で継続的加害行為が終了した時を起算点とすべきです（全部進行説。ちなみに，鉱業法115条は，1項で，民法724条と同様に3年と20年の2通りの期間制限を設け，また，2項で，生命・身体侵害の場合の短期消滅時効期間の特則を設けたうえで，3項で，「前2項の期間は，進行中の損害については，その進行のやんだ時から起算する」としています。加害行為の継続中に被害者が死亡したときには，「被害者死亡時」を起算点とすべきです。最判平16・4・27判時1860-152も参照してください）。

③　不法行為は継続的ではないものの，損害が断続的・継続的に発生する場合もあります。ここでは，①・②の区別を参考にして，損害をどこまで統一的に把握することができるかを考え，1つにまとめ上げられるものごとに時効期間の進行が開始するものと考えればよいでしょう。

(4)　**弁護士費用相当額の損害賠償請求権**　弁護士費用相当額の損害賠償請求権の消滅時効については，判例は，不法行為時ではなく，弁護士への委任契約時を起算点としています（最判昭45・6・19民集24-6-560）。この時点で損害，すなわち，弁護士に対して報酬を支払わなければならないことを被害者が知ったと言えるからです。

8.8.2　生命・身体侵害を理由とする損害賠償請求権の短期消滅時効

(1)　**消滅時効期間の特則——5年**　民法は，人の生命・身体の侵害による損害賠償請求権の消滅時効に関する期間の特則を設けています。それによれば，不法行為を理由とする損害賠償請求権の3年の消滅時効の期間は，人の生命・身体の侵害による損害賠償請求権の場合には，5年に伸長されています（民法724条の2）。これは，民法が，債権一般の消滅時効のうち，主観的起算点からの短期の消滅時効期間を5年としている（民法166条1項1号）のに合わせたことによるものです。なお，ここに言う生命・身体には健康は含まれますが，名誉その他の人格的利益は含まれません。

(2)　**後遺障害が発生した場合の起算点**　人身侵害における後遺障害の残存による逸失利益を理由とする損害賠償請求権については，短期消滅時効が起算されるためには，損害賠償請求権の行使が事実上可能であることを要するとの判断が基礎に据えられています（最判昭42・7・18民集21-6-1559）。そして，一般

的には，後遺障害としての症状が固定した時が，民法724条1号にいう「損害を知った時」にあたり，消滅時効の起算点とされるべきです（最判平16・12・24判時1887-52）。

それでは，不法行為の被害者に，その不法行為によって受傷した時から相当の期間が経過した後に，この受傷に基因する後遺症（それまで潜伏していたもの）が現れた場合は，どうでしょうか。ここでは，およそ事故当時に医学的にも予想できなかった後遺症が生じたのであれば，その後遺症が顕在化した時が短期消滅時効の起算点であると解されています（前掲最判昭42・7・18，最判昭49・9・26交通民集7-5-1233）。

ちなみに，製造物責任法5条3項は，同法3条に基づく損害賠償請求権の長期消滅時効に関するものですが，10年の時効（同法5条1項2号）の起算点につき，「身体に蓄積した場合に人の健康を害することとなる物質による損害」または「一定の潜伏期間が経過した後に症状が現れる損害」については，「その損害が生じた時」から起算するものとしています。

8.8.3　20年の長期消滅時効

(1)　消滅時効期間——20年　　民法724条2号によると，不法行為を理由とする損害賠償請求権は，不法行為の時から20年の消滅時効にかかります。この20年の期間は，平成29年（2017年）改正前の判例は消滅時効ではなく，除斥期間であるとしていましたが，改正後の民法は，民法724条柱書で，この期間が消滅時効期間であることを明示しています。

❖ 生命・身体侵害を生じさせた債務不履行を理由とする
　損害賠償請求権と長期消滅時効期間の特則 ════════════════
　生命・身体侵害を生じさせた債務不履行（保護義務・安全配慮義務違反）を理由とする損害賠償請求権に関して，民法167条は，債務不履行による損害賠償請求権を想定し，客観的起算点からの時効期間を民法166条1項2号の10年から20年に延ばしています。
　このことと，前述した短期消滅時効に関する民法724条の2の特則とを合わせてみたときには，生命・身体侵害による損害賠償請求権については，不法行為を理由とするものであれ，債務不履行を理由とするものであり，いずれの消滅時効も，主観的起算点から5年，客観的起算点から20年で統一されています（不法行為と債務

不履行とで，各規定の主観的起算点・客観的起算点の表現は異なるものの，実質的には同じ時点となるであろうことが前提です）。

(2)　起算点　　民法724条2号の20年の消滅時効の起算点については，行為時説（加害行為がされた時点とする立場）もありますが，加害行為時と損害発生時との間に時間的間隔がある場合を考慮すると，損害発生前に期間の進行を認めるのはおかしいですから，損害発生時説（損害が現実化した時点とする立場）を採るのがよいでしょう。なお，ここに言う損害発生時は，民法166条1項2号の場合と同じく，損害賠償請求権の行使にとって法律上の障害がないと認められる程度に至っているかどうかという観点から判断されるべきものです。たとえば，じん肺のように，行政上の決定（管理区分決定）がないと損害の発生が通常認めがたい場合もあります（安全配慮義務違反につき，最判平6・2・22民集48-2-441）。

ちなみに，判例は，（改正前民法下の除斥期間の始期に関するものですが）「不法行為の時」とは，①加害行為がされた時に損害が発生する不法行為の場合には「加害行為の時」だが，②身体に蓄積した場合に人の健康を害することとなる物質による損害や，一定の潜伏期間が経過した後に症状が現れる損害のように，不法行為により発生する損害の性質上，加害行為が終了してから相当の期間が経過した後に損害が発生する場合は，「当該損害の全部又は一部が発生した時」を言うとしています（最判平16・4・27民集58-4-1032。予防接種によりB型肝炎にかかった事件につき，接種時ではなくて発症時としたものとして，最判平18・6・16民集60-5-1997）。前述した製造物責任法5条3項の規定は，この考え方に立脚したものです。

❖ 民法724条2号の消滅時効と完成猶予事由

不法行為の被害者（心神喪失の常況にあるものの，成年後見開始の審判を受けていなかった者）が不法行為の時から20年を経過する前6か月内において成年後見人を有しなかった場合には，民法158条の法意により，時効の完成は猶予されるべきです（20年の期間を除斥期間としていた改正前民法下の判例ですが，最判平10・6・12民集52-4-1087がこの旨を説いています）。

同様に，殺人を犯した者が被害者死亡の事実を知ることのできない状況を作り出し，殺害の時から20年を経過した後に行為者の自首により殺害の事実が発覚した場合には，相続人は被害者死亡の事実を知ることができず，相続人が確定しないまま

20年の期間が経過したものと言えますから，民法160条により，消滅時効の完成が猶予されます（20年の期間を除斥期間としていた改正前民法下の判例ですが，最判平21・4・28民集63-4-853がこの旨を説いています）。

8.9　抗弁（その8）
——損害賠償債権を受働債権とする相殺の可否

　不法行為を理由とする被害者からの損害賠償請求に対し，加害者は，被害者に対する反対債権をもって相殺をすることができるのが原則です。しかしながら，民法509条は，その例外として，次に掲げる2つの場面では，加害者（損害賠償債権の債務者）が，相殺をもって債権者（＝相殺の相手方）に対抗することができないとしています（ただし，相殺の相手方が受働債権にあたる損害賠償債権を他人から譲り受けたときはこの限りでありません）。

　① 悪意による不法行為に基づく損害賠償の債務（1号）　　1号は，損害を加える意図（「悪意」）による不法行為に基づく被害者からの損害賠償請求に対し，加害者が反対債権をもって相殺をすることを禁止するものです。反対債権の弁済を受けられない者が，相手方に対して不法行為をすることによって損害賠償債権を作り出し，これと反対債権とを相殺することによって反対債権を回収することを防ぐという趣旨，つまり，不法行為誘発の防止という趣旨に出たものです。なお，「悪意」とは，故意では足りず，積極的意欲までも必要です（破産法253条1項2号の解釈論を参考にしてください。なお，1号は，債務不履行を理由とする損害賠償債権について類推適用されるべきものです）。

　② 人の生命または身体の侵害による損害賠償の債務（2号）　　2号は，人の生命・身体の侵害に基づく被害者からの損害賠償請求に対し，加害者が反対債権をもって相殺をすることを禁止するものです。被害者に現実の給付を得させるという趣旨に出たものです（なお，2号は，生命・身体の侵害を生じさせる債務不履行〔保護義務・安全配慮義務違反〕を理由とする損害賠償債権も，適用の対象としています）。

　なお，旧法下の判例（最判昭49・6・28民集28-5-666）に照らせば，改正後も，判例は，Aの運転する自動車とBの運転する自動車が衝突してA・Bともに負傷したというような交叉的不法行為の場合にも，民法509条2号により相殺を

認めないものと思われます。詳しくは，債権総論の相殺に関する説明をご覧ください。

第9章

使用者の責任・注文者の責任

▶Xの言い分……私は，2021年6月10日の午後7時頃，Y建設会社がA社から一括して請け負って建築工事をしていた甲ビルのそばの歩道を歩いていたところ，頭上から金属製のスパナ（工具）が落ちてきて，私の右鎖骨にあたりました。私はそのために鎖骨骨折の重傷を負い，2か月ほど入院するはめになりました。自営で豆腐の製造販売をしている私は，この間，仕事を完全に休みました。このスパナは，建築中の甲ビル内で作業をしていたHが落としたものです。私は，Y社に対し，損害賠償を請求したい。

▶Yの言い分……スパナを落としたのがHであることは認めますが，Hは当社の従業員ではなく，甲ビルで水道管の配管作業をしていたB社の従業員です。Hは，B社の作業服も着用していました。しかも，甲ビル建設現場での作業は午後6時には終了するという規則になっていたのでして，当社としては，なぜこの時間にHが甲ビル内にいたのか，わかりません。損害賠償を請求するのなら，当社ではなく，HやB社を訴えるべきです。

9.1　使用者責任の意味

　使用者責任は，被用者の不法行為を理由として，被害者が使用者に対して損害賠償請求するという場面に関するものです。民法715条が，使用者責任に関する規律を定めています。

　最初に，なぜ，被用者の不法行為について使用者が責任を負わなければならないのかという，使用者責任を支える基本的な考え方について触れておきます。そこには，次の2つの基本思想・原理を見ることができます（もっとも，通説は，報償責任の原理のみを挙げています。私は，使用者責任をもっぱら危険責任の原理のも

とで捉えています）。1.6で触れたところも再確認しておいてください。

1つは，**危険責任の原理**です。使用者が被用者を用いることで新たな危険を創造したり，拡大したりしている以上，使用者は被用者による危険の実現につき責任を負担すべきであるというものです。

もう1つは，**報償責任の原理**です。使用者が自分の業務のために被用者を用いることによって事業活動上の利益を上げている以上，使用者は被用者による事業活動の危険も負担すべきであるというものです。

さらに，このような基本原理・思想に支えられた使用者責任において使用者が負担する責任については，それが使用者に固有の責任なのか（自己責任説），それとも，被用者が負担する責任を使用者が代わって負担するものなのか（代位責任説）という点をめぐって，見解の対立が見られます（もっとも，この見解の対立については，下記のコラムも参照してください）。

自己責任説（固有責任説とも言われます）は，使用者責任を，使用者責任は使用者の過失，すなわち，選任・監督義務違反あるいは「自己の活動目的のための他人の活動に対する支配・統御という関係に基づく侵害防止義務の違反」が問題となる責任であるとします。この点では，使用者責任は，民法709条による責任と，何ら変わりがないことになります。ただ，使用者責任では，使用者自身の故意・過失，すなわち，被用者の選任・監督についての使用者の故意・過失について，民法709条では被害者が主張・立証責任を負うところ，民法715条では，1項ただし書が設けられることによって，使用者の側へと主張・立証責任が転換されており，この点で民法709条による責任とは異なるとされます。そして，この故意・過失の主張・立証責任の転換を捉えて，「使用者責任は，中間責任である」と言うのです。

これに対して，通説・判例は，使用者責任を，代位責任であるとします。この立場は，使用者責任を，被用者の不法行為について，使用者が被用者に代わって被害者に対し損害賠償責任を負うものとして捉える立場です。この立場からは，①被用者の行為は，それ自体として不法行為の成立要件を充足するものでなければならないとされます。また，②民法715条1項ただし書に言う使用者の選任・監督上の過失は，民法709条の「故意・過失」と違い，一種の政策的考慮に出た免責事由であるということになります。その結果，代位責任説からは，もはや「使用者責任は，中間責任である」と言う意味がなくなります。

このような代位責任説の考え方は，前述した危険責任・報償責任の原理とい

う無過失責任の原理によって使用者責任を正当化する方向とも整合性があります。そして，それと同時に，このような原理に基礎づけられた責任ですから，上記②の点に関して使用者が民法715条1項ただし書による免責を主張したとしても，そのような免責は簡単には認められないということにもなります。

❖ 使用者責任における代位責任の枠組みと自己責任の枠組みは対立的か ══════

　使用者責任の法的性質をめぐって，従来は，本文で述べたように，代位責任説と自己責任説と対立する図式が描かれてきました。その背景には，自己責任という以上はその責任は過失責任でなければならないとの理解があったように思われます。

　しかし，ちょっと視点を変えれば，「使用者責任は代位責任であり，かつ，自己責任でもある」と考えることができそうです。使用者が責任を負うのは被用者の故意・過失行為が認められる場面で，使用者はこの被用者に代わってこの者の不法行為について責任を負うのだと見れば，使用者責任は代位責任としての性質を持つと言えますし，使用者が被用者の不法行為について責任を負う根拠は，被用者による業務執行という危険源の創設・維持管理の点に求めるべきだ（危険責任）と見れば，使用者責任は自己責任としての性質を持つと言えるからです（そもそも，自己責任を必ず過失責任と結びつけなければならない論拠はありません）。私自身は，現在，①使用者責任は危険責任の原理に基礎をおく使用者固有の責任（危険責任）であり（したがって，免責事由としては――選任・監督面での無過失では足りず――不可抗力レベルのものを要求し），②被用者が業務執行にあたってした不法行為（これが危険源）につき，使用者が被用者に代わって責任を負うものであると理解しています。ただし，本書の本文では，通常の対立構造による整理に従っています。

9.2　使用者責任の要件事実――概観

　被害者Xが被用者Hの不法行為を理由として，使用者Yに対し，民法715条1項に基づき損害賠償請求する場合，Xは，請求原因として，次の事実を主張・立証しなければなりません。

①　Xの権利侵害

②　Hの行為につき，Hに故意があったこと，または過失があったとの評価を根拠づける具体的事実

③　Hの行為とXの権利侵害との間の因果関係

④　損害の発生（およびその金額）

⑤ Xの権利侵害と損害との間の因果関係

⑥ 行為当時，Y・H間に使用関係があったこと

⑦ Hの不法行為がYの事業の執行につきおこなわれたものであること

❖ **失火責任法と使用者責任** ══════════════════════════

　被用者が火を失して被害者の人身や財産に損害を生じさせたという場合には，失火責任法の適用が問題となります（第3章参照）。このとき，帰責のために要求されている「重過失」は被用者の行為につき判断すればよいのでしょうか。それとも，使用者の選任・監督行為につき判断すればよいのでしょうか。判例は，被用者の行為につき重過失判断をすべきだとしています（最判昭42・6・30民集21-6-1526）。ここからは，判例が使用者責任を代位責任的に捉えて処理しようとしていることがわかります。

　これに対して，Yは，次のような各種の抗弁を出すことができます（Yが主張・立証責任を負います）。主なものを挙げておきます（第7章・第8章の解説で触れた抗弁も確認してください）。

（a）　Hに過失があったとの評価を妨げる具体的事実（過失の評価障害事実）

（b）　行為当時，Hに責任能力がなかったこと（民法712条，民法713条）

（c）　YがHの選任およびその事業の監督につき相当の注意をしたこと（民法715条1項ただし書前段）

（d）　YがHの選任・監督につき相当の注意をしても損害が生じたであろうこと（同項ただし書後段）

❖ **「被用者に責任能力がなかったこと」の抗弁の適否** ══════════

　通説と裁判実務は，当然のように，（b）の「被用者に責任能力がなかったこと」の抗弁を認めます（フォークリフトを運転して作業をしていた被用者の意識が突然もうろうとしてしまったという場面を想定してください）。しかし，免責事由としての行為者の責任能力は，7.2でも触れたように，責任無能力者自身が損害賠償責任を負担することを政策的に排除するためのものなのです。そうであれば，たとえ，使用者責任を代位責任と捉えたとしても，使用者の損害賠償責任が問われる局面では，このような政策的な配慮は無用であり，責任無能力の抗弁は否定されるべきです。まして，自己責任説からは，責任無能力の抗弁は当然に否定されるべきことになります。

9.3 使用関係

使用者責任が認められるためには，使用者が被用者を使用するという関係が存在しなければなりません。しかし，「雇用関係」が存在する必要はありません。両者の間に契約関係が存在するか，おこなわれる事業が一時的か継続的か，営利目的かどうか，適法か違法かなどといった点は重要でなく，実質的に見て使用者が被用者を指揮監督するという関係があれば足りるのです（最判昭42・11・9民集21-9-2336）。

しかも，この実質的指揮監督関係は，使用者が被用者を実際に指揮監督していたかどうかという点に即して判断されるのではなく，指揮監督をすべき地位が使用者に認められるかどうかという点に即して判断されています。それゆえ，いわゆる名義貸の場合における名義貸与者と借用者の関係も，具体的事案で名義貸与者に借用者の指揮・監督をすべき地位があると認められる場合には，ここに言う使用関係に含まれます。自動車運送事業者が無免許者に自己の商号の使用を許した場合（最判昭41・6・10民集20-5-1029）は，その一例です。さらに，判決の中には，兄が弟に車で迎えにこさせ，運転経験に乏しい弟の運転する車に同乗したうえで運転上の指示を与えていた場合に，使用関係を肯定したものもあります（最判昭56・11・27民集35-8-1271）。階層的に構成されている暴力団の最上位の組長と下部組織の構成員との間に同暴力団の威力を利用しての資金獲得活動にかかる事業について，使用関係が成立しているとされた事例も登場しています（最判平16・11・12民集58-8-2078。暴力団員による不当な行為の防止等に関する法律31条および31条の2も参照してください）。

9.4 事業執行性

被用者の不法行為は，使用者の事業の執行につき，おこなわれたものでなければなりません。

この要件を充たすには，被用者が使用者から実際に与えられた業務をおこなっていたことが必要でしょうか。言い換えれば，被害者としては，「被用者のおこなった行為が，使用者から当該被用者に業務として指示されたものである

こと」の主張・立証をしなければならないのでしょうか。このような厳密な捉え方をしたときには，被用者が使用者から与えられた権限を超えた行為や，権限と無関係の行為をした場合（暴力行為，けんか等），権限を濫用した場合に，被害者は使用者に対して損害賠償を請求することができなくなります。

判例は，ここで，**外形標準説**と呼ばれる立場を採用しています。「事業の執行につき」とは，「被用者の職務執行行為そのものには属しないが，その行為の外形から観察して，あたかも被用者の職務の範囲内の行為に属するものとみられる場合を包含するものと解すべき」であるとするのです（最判昭32・7・16民集11-7-1254，最判昭36・6・9民集15-6-1546ほか多数）。そして，判例は，このような外形標準説を，**信頼保護**の観点から正当化しています。外形標準説の意義は，「取引行為に関するかぎり，行為の外形に対する第三者の信頼を保護しようとするところに存在する」とされているのです（最判昭42・4・20民集21-3-697。取引行為に限定した表現である点に注意してください。また，被用者の行為が職務執行行為に該当する場合には，そもそも外形標準説の定式など持ち出す必要がありません）。

このように，外形標準説が取引の外観を信頼した被害者を保護すべきであるという視点から出たものであるとしますと，「外観を信頼したどのような被害者であっても，保護に値するのか」が問題となります。ここで，判例は，「被用者のなした取引行為が，その行為の外形からみて，使用者の事業の範囲内に属するものと認められる場合においても，その行為が被用者の職務権限内において適法に行なわれたものでなく，かつ，その行為の相手方が右の事情を知りながら，または，少なくとも重大な過失により右の事情を知らないで，当該取引をした」ときは，その行為に基づく損害は民法715条所定の損害とは言えないとしています（最判昭42・11・2民集21-9-2278）。職務の範囲内において適法におこなわれたものでない点につき悪意または重過失ある被害者は，外観への信頼に対する保護に値する第三者ではないとされているのです。

その結果，被害者から民法715条1項に基づき損害賠償請求された使用者は，これに対する抗弁として，①「被用者のおこなった行為が被用者の職務権限内において適法におこなわれたものでないこと」と，②「被害者がこの事情を知っていたか，または重過失により知らなかったこと」を主張・立証することで，請求を免れることができます。

ちなみに，ここでの重過失とは，使用者責任による保護を剥奪するという強

い効果を招く点に鑑み，「故意に準じる程度の注意の欠缺(けんけつ)があり，公平の見地上，相手方にまったく保護を与えないことが相当と認められる状態」でなければならないものとされ，きわめて厳格に解されています（最判昭44・11・21民集23-11-2097，最判平6・11・22金法1427-42〔正常な預金取引としては不自然な事情が介在した場合における，信用金庫支店長代理の権限逸脱についての顧客の不知〕）。

❖ 被害者に軽過失があるに止まる場合 =====

　職務の範囲内において適法におこなわれた行為でないことを知らなかったのが軽過失にすぎないときには，第8章で扱った「過失相殺の抗弁」の問題として処理されます。
　なお，学説の中では，判例に反対し，重過失の場合も過失相殺の問題として処理すべきであると主張する見解も有力です。

　ところで，上記の外形標準説は，権限濫用・逸脱による手形の振出しや金融取引といった取引的不法行為を対象に展開されたものです。
　しかし，使用者責任が問題となる不法行為は，取引的不法行為には限られません。前述したような被用者の暴力行為，けんか，さらには交通事故といったような事実的不法行為でも，使用者責任が問題となります。ここでは，「事業の執行につき」は，どのように捉えればよいのでしょうか。外形標準説は事実的不法行為の場面でも妥当するのでしょうか。
　この点に関して，判例は，一方で，勤務時間外に，従業員が私用のために会社所有の自動車を運転中に交通事故を起こしたときや，従業員が出張の際に自家用車を運転中に交通事故を起こしたときに，外形から客観的に見て職務の範囲内にあたるかどうかを基準に，「事業の執行につき」という要件の充足性を判断しています（最判昭37・11・8民集16-11-2255，最判昭52・9・22民集31-5-767）。
　他方で，判例は，仕事の現場でのあるいは仕事中のけんか・暴力行為につき，被用者が「使用者の事業の執行行為を契機とし，これと密接な関連を有すると認められる行為によって加えた」損害と認められるかどうかという基準を採用しています（最判昭44・11・18民集23-11-2079，最判昭46・6・22民集25-4-566）。ここでは，「外観への信頼」という視点は現れてきていないのです。最近も，階層的に構成されている暴力団の下部組織における対立抗争において，その構成員がした殺傷行為は組の威力を利用しての資金獲得活動にかかる事業の執行と密接に関連する行為と言うべきであるとしたものがあります（前掲最判平16・11

・12)。

事実的不法行為については，使用者責任が危険責任の原理に基礎を置くものである点にかんがみれば，取引における外観への信頼保護に依拠した外形標準説ではなく，被用者のした権利侵害行為と職務として課された行為との密接関連性（危険源の創設）と，使用者による被用者の行為の支配・統制可能性に注目して，事業執行性の有無を判断すればよいと考えます。

9.5　民法715条1項ただし書の免責立証

使用者は，被用者の選任および事業の監督につき相当の注意をしたことを立証するか，または，相当の注意をしても損害が発生していたであろうということを立証することによって，免責を受けることができます（民法715条1項ただし書）。前者は選任・監督上の相当の注意の証明に関するもの，後者は因果関係の証明に関するものです。しかし，これらの免責立証が認められた事例は皆無に近く，このただし書は空文化しているとの評価が大勢を占めています。このことは，使用者責任が危険責任の原理に基礎づけられていることからも，理論的に正当化することができます。すなわち，危険責任から免責されるためには，一般には，不可抗力程度のものが必要と考えられているからです。

9.6　使用者が賠償した場合の，被用者に対する求償権

民法715条3項は，被害者に対して損害賠償をした使用者が被用者に求償することができる旨を定めています。

使用者責任を代位責任と構成する場合には，本来損害賠償責任を負うはずの被用者に求償できるのは当然なわけで，しかも，この場合に使用者は賠償額全額を求償できることになりそうです。

ところが，判例は，損害の公平な分担という見地から，信義則に照らし，求償権が制限されるとしています（最判昭51・7・8民集30-7-689）。使用者責任は，使用者が被用者の活動によって利益を上げる関係にあること（報償責任）や，自己の事業範囲を拡張して第三者に損害を生じさせる危険を増大させているこ

と（危険責任）に着目し，損害の公平な分担という見地から，その事業の執行について被用者が第三者に加えた損害を使用者に負担させることとしたものです。このような使用者責任の趣旨からすれば，使用者は，その事業の執行により損害を被った第三者に対する関係において損害賠償義務を負うのみならず，被用者との関係においても，事業活動に伴うリスクの一部を負担しなければならないからです（最判令2・2・28民集74-2-106）。

　求償権を信義則上制限すべきことを根拠づける具体的事実については，使用者から求償を受けた被用者が，抗弁として主張・立証しなければなりません。前述した判例は，信義則による求償権の限定に際して，「事業の性格，規模，施設の状況，被用者の業務の内容，労働条件，勤務態度，加害行為の態様，加害行為の予防若しくは損失の分散についての使用者の配慮の程度その他諸般の事情」(前掲最判昭51・7・8）というように，複数の抽象的な指標を一般論として掲げています。被用者としては，これらをよりどころにして，具体的事実を主張・立証すべきでしょう。

❖ **使用者から被用者に対する損害賠償請求権の制限** ══════════

　被用者が業務の執行につきおこなった行為により，被害者に損害が生じるだけでなく，使用者自身の権利も侵害され，使用者固有の損害が生じることがあります。たとえば，会社の自動車運転者が社用車を運転中にいねむり運転をして追突事故を起こし，被害者の車を損傷させるとともに，会社の社用車も大破させたという場合を考えてみてください。

　ここでは，使用者・被用者間における契約違反または使用者に対する被用者の不法行為（民法709条）を理由とする損害賠償責任が問題となります。

　判例は，この場合における使用者の被用者に対する損害賠償請求につき，求償権の制限の場合と同一の基準で制限を加え，「損害の公平な分担という見地から信義則上相当と認められる限度において」損害賠償請求ができるとしています（前掲最判昭51・7・8）。

───

9.7　被用者が賠償した場合の，使用者に対する逆求償

　被用者が被害者に対して損害賠償をした場合に，被用者は使用者に対して求償をすることができるでしょうか。これは，逆求償といわれる問題です。

9.6で述べたように，使用者が被害者に対して賠償した場合には，使用者は，損害の公平な分担という見地から信義則上相当と認められる限度においてのみ，被用者に対して求償することができます。この場合と，被用者が被害者に対して賠償した場合とで，使用者と被用者の間での内部的な損害の負担が異なる結果になるのは相当ではありません。それゆえ，使用者の事業の執行について第三者に損害を加えた被用者がその損害を賠償した場合は，被用者は，9.6で述べた諸般の事情に照らし，損害の公平な分担という見地から相当と認められる額について，使用者に対して求償することができます（前掲最判令2・2・28）。

9.8　代理監督者の責任

　民法715条2項によれば，使用者に代わって事業を監督する者（代理監督者）も，使用者と同様に，被用者が事業の執行につき被害者に加えた損害を賠償する責任を負います。代理監督者（Dとします）を被告として損害賠償請求する被害者は，請求原因として，9.2に挙げた①〜⑦の要件事実に加え，⑧「使用者がDに対し事業を監督する権限を与えたこと」を主張・立証しなければなりません。

　代理監督者と言えるためには，現実に被用者の具体的な選任・監督にあたっていることが必要です（最判昭42・5・30民集21-4-961。会社の代表者であるということから直ちに代理監督者となるわけではないとしました）。

　なお，代理監督者の責任についても免責立証が可能ですが，実際に機能した例は見あたりません。

9.9　民法709条に基づく被用者の損害賠償責任

　使用者責任が成立する局面では，被害者は，被用者を相手どって民法709条に基づき損害賠償請求をすることもできます。

　ここで，被害者に対する被用者の損害賠償債務と，被害者に対する使用者の損害賠償債務とは，連帯債務の関係に立ちます。そして，民法の債権総則に定められている連帯債務に関する規律によって処理されます。その結果，被用者

に対する損害賠償請求権についての消滅時効の完成は使用者に対する損害賠償請求権には原則として影響を与えませんし，被用者に対する免除は使用者の損害賠償債務には原則として影響を与えません。被用者に対する損害賠償債務の履行の請求をしたからといって，使用者に対して損害賠償債務の履行を請求したことには原則としてはなりません。もっとも，被害者は，被用者または使用者のいずれか1人に対する意思表示によって，全員の損害賠償債務を免除することができます（共同不法行為のケースですが，最判平10・9・10民集52-6-1494）。この場合は，全員の債務が消滅します。

9.10 民法709条に基づく法人自身の不法行為責任（法人過失論）

ここまで解説したのは，被用者自身の不法行為を理由として使用者が被害者に損害賠償責任を負うという使用者責任の制度でした。

これに対し，使用者が法人の場合には，被害者に対する権利侵害を「法人たる使用者の不法行為」と捉え，民法709条を根拠に，法人の損害賠償責任を導くことが，学説では有力に主張されています（法人は自然人でないから「法人の行為」など観念できないとして，このような構成に批判的な見解もあります）。

この考え方は，法人の活動を組織的に一体のものとして捉えて，法人としての活動にあたる被用者の行為を「法人の行為」の中に吸収し，この意味での「法人の行為」が社会生活において必要とされる注意を尽くしていないと評価されるときに，法人の過失を認め，これにより民法709条の「過失」要件の充足，ひいては709条に基づく被害者に対する法人の損害賠償責任を認めるというものです。大気汚染・水質汚濁などの公害事例や食品公害事例では，企業内部での個々具体的な活動（さらに，誰が具体的な作業をどのように担当していたか）を被害者側が特定することに困難を伴うことから，こうした「法人の不法行為」という構成が支持されやすい基盤がありました。下級審裁判例の中には，「有機的統一組織体としての企業において，複数かつ不特定の被用者の企業活動の一環としての行為に過失がある場合には，むしろ個々の被用者の具体的行為を問題とすることなく，使用者たる企業自身に過失があるとして直接に民法709条による責任があると解するのが，直截，簡明であり，相当である」(福岡地判昭52・10・5判時866-21〔カネミ油症事件〕)としたものもあります。以上は，

「法人が直接の加害行為をした」という点に着目した「法人の不法行為」という構成です。

　他方，「法人の不法行為」という構成は，これとは別の場面でも，とりあげられています。それは，法人が人的・物的な組織を整備して法人としての活動をおこなう点に着目し，人的・物的な組織編成面での不備が被害発生につながったとして，「組織編成面での過失」(組織過失とも言います)を根拠に，法人の不法行為責任を問うという場面です。列車事故により乗客・住民らが死傷したという場合の鉄道会社の責任の例で考えてみてください。

❖ もうひとつの組織過失──組織の責任者レベルでの組織過失・監督過失 ══════

　組織過失には，①法人自身の過失のレベルで捉えられるもののほかに，②法人を構成する個人レベルで捉えられるものもあります。②は，他の構成員の活動を監督する者，人的な組織を編成する責任を負う者(たとえば，企業の安全管理責任者，私立小学校の校長・教頭)が，監督者・組織編成責任者として監督義務・組織編成義務を負い，その義務違反(監督過失・組織過失)について，みずからが民法709条に基づく責任を負うとともに，この監督者・組織編成責任者を使用する者(使用者)が民法715条に基づく責任を負うとの見方です(JR西日本と信楽高原鉄道の列車衝突事故においてJR西日本の運行指令らの過失が問題とされた大阪高判平14・12・26判タ1116-93や，東日本大震災による津波で逃げ遅れた小学生・教職員の死亡につき，学校防災に関わる校長・市教委等の安全確保義務違反を認めた仙台高判平30・4・26判時2387-31〔大川小学校事件〕の基礎にある考え方です)。この考え方は，民法714条をめぐって論じられている監督義務者の過失(監督過失)にも通じるところがあります。

9.11　使用者責任に類似する制度（その1）
──国家賠償法1条に基づく国・公共団体の損害賠償責任

　国家賠償法1条1項は，国または公共団体は公務員の違法な公権力の行使により被害者に生じた損害を賠償しなければならないとしています。

　国家賠償法1条1項に基づいて，被害者が国または公共団体に対し損害賠償請求をするとき，被害者は，請求原因として，次の(1)〜(7)の事実を主張・立証しなければなりません（個々の要件事実の持つ意味については，行政法の教科書を参照してください）。

(1)　公権力の行使にあたる公務員の加害行為であること　　「公権力の行使」の

意味について，かつては権力的行政作用に限定するとの見解が支配的でしたが，現在の多数説は，国・公共団体の作用の中から純然たる私経済作用と営造物の設置管理作用を除いた一切の公行政作用を意味するものとして理解しています（たとえば，伝染病の予防接種なども，ここに含まれます。純然たる私経済作用は民法715条で処理されますし，営造物の設置管理作用は国家賠償法2条で処理されます）。そして，行政作用のみならず，立法作用や司法作用も入ります。

　なお，やや細かなことですが，公務員による「一連の職務上の行為の過程において」他人に被害を発生させた場合，それが具体的にどの公務員のどのような違法行為によるものであるかを特定することができなくても，①一連の行為のうちのいずれかに行為者の故意・過失による違法行為があったのでなければ当該被害が生じなかったであろうと認められ，かつ，②それがどの行為であるにせよ，これによる被害につき行為者の属する国または公共団体が法律上賠償責任を負うべき関係が存在するときは，国または公共団体は，「加害行為不特定」を理由として国家賠償法または民法上の損害賠償責任を免れることはできないとされています（最判昭57・4・1民集36-4-519）。

　(2)　加害行為が職務をおこなうにつきされたものであること　　ここでも，外形標準説が採用されています。

　(3)　加害行為について公務員に故意があったこと，または過失があったとの評価を根拠づける具体的事実

　(4)　加害行為に違法性が認められること　　ここでの「違法性」の意味については，注意が必要です。ここに言う「違法性」とは，職務行為規範に対する違反（公務員が職務遂行に際し遵守すべき行為規範の違反）のことを意味します。判例は，国家賠償法1条1項を，国・公共団体の公権力の行使にあたる公務員が個別の国民に対して負担する「職務上尽くすべき注意義務」（「職務上の法的義務」）に違背して当該国民に損害を加えたときに，国または公共団体がこれを賠償する責任を負うことを定めたものであると言っています（職務義務違反説。最判昭53・10・20民集32-7-1367ほか）。

　(5)　被害者の権利の侵害

　(6)　損害の発生（およびその金額）

　(7)　(1)の加害行為と権利侵害（・損害）との間の因果関係

　ところで，以上の要件を充たして損害賠償請求権が認められ，国・公共団体が被害者に対し賠償金を支払ったとき，国・公共団体は，加害行為をした公務

員に故意または重過失があった場合に（のみ），その公務員に対して求償することができます（国家賠償法1条2項）。

　最後に，民法715条の使用者責任と国家賠償法1条1項に基づく国・公共団体の責任の大きな相違点を挙げておきます。それは，公務員の個人責任に関する点です。

　判例およびこれを支持する学説によれば，公権力の行使にあたる国の公務員がその職務をおこなうにつき故意または過失によって違法に他人に損害を与えた場合には，国がその被害者に対して賠償責任を負うのであって，公務員個人はその責任を負わないとされています（最判昭30・4・19民集9-5-534，最判昭47・3・21判時666-50，前掲最判昭53・10・20）。「職務行為を理由とする国家賠償の請求」であって，「公務員が行政機関としての地位において賠償の責任を負うものではない」というのが，その理由です。その背後には，国から確実に賠償を得られる以上，公務員個人の責任を追及する必要はない（損害賠償制度は加害者に対する報復や制裁を目的としていない）との考慮もあります。しかし，公務員を特別に保護するこのような考え方には，疑問を禁じ得ません。学説の多くは，国家賠償法1条2項の趣旨に照らし，公務員に故意または重過失があった場合には，その公務員は被害者に対して直接の損害賠償責任を負うべきであるとの立場を支持していますし，私自身は，そもそも被害者に対する対外的責任の点で加害者が公務員か私人かで区別をするべきではない（公務員に軽過失があるにとどまる場合であっても，公務員の直接の損害賠償責任を認めるべきである）と考えています。

9.12　使用者責任に類似する制度（その2）
——代表者の不法行為を理由とする法人の損害賠償責任

　一般社団法人及び一般財団法人に関する法律は，78条（一般社団法人に関する規定。なお，197条で，一般財団法人に準用）で，法人の代表者（代表理事など）が職務遂行につき第三者に加えた損害について，法人が損害賠償責任を負う旨を規定しています。

　これは，民法715条と同趣旨の規定です。代表者が民法709条に基づき個人的に不法行為責任を負う——したがって，法人との連帯責任となる——点も，使用者責任の場面と共通します。

しかし，上記の78条では免責立証が明文上も完全に否定されている点が重要です。代理理事等が法人の機関であり，法人を代表して行為をする点にかんがみ，代理理事等がした不法行為についての法人の責任を，法律で特に，民法715条の使用者の責任よりも厳しくしたのです。

同条については，一般に，不法行為法の教科書よりも民法総則の教科書で説明されています。それゆえ，同条の解説については，民法総則の教科書を参照してください。

9.13 使用者責任に類似する制度（その3）
──注文者の責任

民法716条本文は，請負人の仕事が第三者に損害を与えた場合に，注文者は，この損害を賠償する責任を負わないとしています。建物を建築中に請負人が建築資材を落下させ，通行人の頭にあたってこの者が負傷したというような場合が，これにあたります。

民法715条の使用者責任の場合と異なり，請負人が独立の事業者であり，注文者の指揮監督を受けない点を考慮して，請負人の行為の結果について，注文者に責任を問わないこととしたのです。

もっとも，民法716条ただし書は，注文者に注文または指図について過失がある場合には，注文者は，請負人の仕事につき第三者に生じた損害を賠償しなければならないとしています。しかし，この規定がなくても，民法709条により同様の責任を導くことができるため，このただし書は念のために規定されたものにすぎません。

第10章

物による権利侵害
——工作物責任・営造物責任・製造物責任
・動物占有者の責任

▶Ｘの言い分……私は，事故当時，10歳の小学生でした。2020年8月10日の午後2時頃，私は，家族とともにＹの経営する郊外型スーパーマーケットを訪れていて，駐車場にあるカーブミラーに触れていたところ，突然カーブミラーが折れて，破損したミラー部分が私の足の上に落下し，私は右足骨折の重傷を負って入院しました。カーブミラーは，支柱部分とミラー部分の接合が不十分でした。私は，Ｙに対し，入通院費と慰謝料の支払を求めたい。

▶Ｙの言い分……問題のスーパーマーケットは当社が経営していますが，その敷地・建物は所有者であるＡ社から賃借しているものです。カーブミラーも，賃貸借契約を締結したときから設置されていたものです。しかも，カーブミラーは，当社製のものではなく，Ｂ社が製造したものです。なお，事故直前，Ｘが問題のカーブミラーによじ登っていたという目撃証言があります。したがって，事故の結果については，危険なことをしたＸが責任を負うべきです。

10.1　物による権利侵害と損害賠償責任

ここまでの不法行為制度の説明では，人の「行為」から権利侵害が発生したときに，その「行為」者または関係者（監督義務者・使用者・注文者など）に対する被害者の損害賠償請求権が問題となる場面をとりあげてきました。

しかし，民法その他の特別法では，「不法行為」という制度の枠組みの中にありながら，人の「行為」ではなく，「物」から権利侵害が発生したときに，物の管理者その他の者に対する被害者の損害賠償請求権を認めたものもあります。その中でも，重要なのは，次のものです（ほかにも，原子力損害の賠償に関

する法律3条の定める責任などがあります)。

(1) 土地の工作物等から生じた権利侵害と，その工作物の占有者・所有者の損害賠償責任（民法717条）

(2) 動物から生じた権利侵害と，その動物の占有者の損害賠償責任（民法718条）

(3) 営造物から生じた権利侵害と，国・公共団体の損害賠償責任（国家賠償法2条）

(4) 製造物から生じた権利侵害と，その物の製造者らの損害賠償責任（製造物責任法3条）

10.2 工作物責任の概要

民法717条は，土地工作物の設置または保存（あるいは，竹木の栽植または支持）に瑕疵があり，これによって他人に損害が生じた場合には，その工作物の占有者が被害者に対して損害賠償責任を負うと定めています（土地工作物につき，1項本文。竹木につき，2項）。ビルの外壁が剥がれて落下して通行人にあたり，この者が負傷した場合（危険内在型）や，私有のため池の囲い網が破損していて，そこから幼児が入り込み，池に落ちて溺死したという場合（危険外在型〔守備ミス型〕）が，その例です。

ただし，被害者から損害賠償請求を受けた工作物の占有者は，みずからが損害の発生を防止するのに必要な注意をしたことを立証することができれば，免責されます。この場合は，工作物の所有者が，被害者に対して損害を賠償しなければなりません（民法717条1項ただし書。2項で竹木に準用）。

以上が，工作物責任の概要です。民法717条1項に基づき，被害者が工作物の占有者に対して損害賠償請求をする場合，被害者は，請求原因として，次の事実を主張・立証しなければなりません。被害者をX，工作物占有者をY，工作物を甲と表記します。

① 甲が工作物であること

② 甲の設置・保存に瑕疵があったとの評価を根拠づける具体的事実

③ Xの権利侵害

④ 設置・保存の瑕疵とXの権利侵害との間の因果関係

⑤　損害の発生（およびその金額）

⑥　Xの権利侵害と損害との間の因果関係

⑦　権利侵害が生じた時点で，Yが甲を占有していたこと

　このとき，Yが免責を望むなら，「損害の発生を防止するのに必要な注意をしたとの評価を根拠づける具体的事実」を，抗弁として主張・立証することができます（なお，第7章・第8章も再確認してください）。

10.3　工作物の意味

　土地の工作物とは，土地に接着している物のみならず，土地の工作物としての機能を有するものを言います。

　具体的に問題となったものでは，建物に組み込まれたエレベーター，エスカレーター，風呂釜，プロパンガス容器・ゴムホースが，土地の工作物であるとされています（プロパンガス容器から着脱可能なゴムホースについてまで工作物性を肯定したものとして，最判平2・11・6判時1407-67があります）。また，道路，橋，トンネル，擁壁・石垣，電柱，下水設備はもとより，造成地，スキー場のゲレンデ，ゴルフコースなども，工作物に入ります。さらに，踏切の軌道施設に関しては，保安設備と一体としてこれを捉えるべきであるとして，工作物性を肯定した最高裁判決もあります（最判昭46・4・23民集25-3-351）。

10.4　設置・保存の瑕疵

　工作物の設置・保存の瑕疵とは，「工作物が，その種類に応じて，通常予想される危険に対し，通常備えているべき安全性を欠いていること」を言います（後述する営造物責任に関するものですが，高知落石事件と呼ばれる最判昭45・8・20民集24-9-1268）。この意味での瑕疵が工作物の設置時に存在しているか，設置の後に生じたものであるかは，問いません（前者が設置の瑕疵，後者が保存の瑕疵です）。

　「工作物がその種類に応じて通常備えているべき安全性の欠如」とは，通常予想される危険に対応した安全性を指します。したがって，第三者や被害者の

異常な行動による危険とか，異常な自然力（不可抗力）により生じた危険に対する安全性まで備えている必要はありません（営造物責任に関するものですが，最判昭53・7・4民集32-5-809〔道路で遊んでいた6歳の子供が道路端の防護柵を越えて転落〕，最判平5・3・30民集47-4-3226〔中学校校庭内にあるテニスの審判台への幼児の昇降〕。野球場でのファールボール直撃による観客の失明に関する札幌高判平28・5・20判時2314-40〔札幌ドーム事件〕も参照してください）。

結局，工作物の設置・保存に瑕疵があったかどうかを判断する際には，①まず，具体的に問題となった危険を視野の外に置いたうえで，②工作物に対して「通常予想される危険」が何かを確定し，次に，③その「通常予想される危険」に対して工作物が「通常備えているべき安全性」が何かを確定します。②・③の判断を経て，その工作物の設置・保存に瑕疵があったと判断されるのです。だから，たとえば予想もされなかった震度7強の大地震が発生してブロック塀が倒れ，通行人が死傷したというケースでは，①まず，実際に発生した大地震を捨象して，②そのブロック塀にとって通常予想される危険にはどのようなもの（内容・程度）があったかを確定します。そして，③その通常予想される危険がたとえば震度5というものであれば，これに耐えられるだけの安全性をそのブロック塀が備えていたかどうかを検討し，そこまでの耐久力がなければ，そのブロック塀には——たとえ，その倒壊が震度7強によるものであったとしても——「設置・保存の瑕疵」があったということになります。

ところで，工作物の設置・保存の瑕疵を判断する際には，「工作物の設置者・管理者がどのような注意を尽くして保存・管理行為をすべきであったか（そして，その義務違反があったか）」ということは，問題となりません。占有者・所有者の義務違反（安全性具備義務違反のようなもの）を問題とせず，工作物の客観的性状から「通常予想される危険に対して通常備えているべき安全性」を欠いていたかどうかを判断することになります。客観説と言います（ちなみに，瑕疵＝安全性具備義務違反とする立場のことを，義務違反説と言います。判例は，客観説の立場です）。

工作物の設置・保存の瑕疵の有無は，いつの時点の評価を基準として判断すればよいのでしょうか。科学技術が大きく進歩したり，社会事情・生活環境が変化したときには，基準時がいつかは，重要な問題となります。これについては，事故時の評価を基準に「通常予想される危険に対して通常備えるべき安全性」を欠いていたかどうかが判断されることになります（営造物責任の事例です

が，点字ブロック訴訟と呼ばれる最判昭61・3・25民集40-2-472〔国鉄（当時）の駅のホームへの点字ブロックの不設置と視覚障害者の事故〕を一読してください）。したがって，工作物責任を負うか否かは，その工作物が通常有すべき安全性を欠くと評価されるようになったのはいつの時点からであるかを証拠に基づいて確定したうえで，さらに，被害者の権利・法益侵害がその時点以降に生じたものか否か，また，瑕疵と権利・法益侵害との間の因果関係を認めることができるか否かなどを審理してはじめて判断をすることができます（最判平25・7・12判タ1394-130〔アスベストが壁面に吹き付けられた建物で勤務していた者の健康被害とこれについての建物所有者の損害賠償責任が問題となった事案〕）。

❖ 規範的要件としての「設置・保存の瑕疵」 ━━━━━━━━━━━━━━

　本文で繰り返し述べたように，工作物の設置・保存の瑕疵とは，「当該工作物が通常予想される危険に対して通常備えているべき安全性を欠いていたこと」と定義されます。ここからわかるように，設置・保存の瑕疵といっても，「瑕疵があった」というのは評価そのものであり，それ自体が主張・立証の対象となるのではありません。これも，民法709条の過失と同様，「規範的要件」でして（3.9参照），「設置・保存に瑕疵があったとの評価を根拠づける具体的事実」（評価根拠事実）について，被害者が主張・立証責任を負うことになります。ちなみに，工作物占有者・所有者は，抗弁として，「設置・保存に瑕疵があったとの評価を妨げる具体的事実」（評価障害事実）を主張・立証できます。ただし，通説は「瑕疵」を規範的要件とは見ていないので，注意してください。

10.5　因果関係

　工作物の設置・保存の瑕疵を理由として被害者が工作物の占有者に対し損害賠償請求をする場合，被害者は，設置・保存の瑕疵と権利侵害（・損害）との間の因果関係を主張・立証しなければなりません。

　「通常予想される危険」を超えた危険が生じた場合や，「通常予想される危険」に第三者の行為も共同作用したという場合が，因果関係を考えるうえで，重要となります。

　もちろん，10.4で示した基準に即して判断したときに，その工作物の設置・保存に「瑕疵」がなければ，そもそも設置・保存の瑕疵の要件を充たしませ

んから，損害賠償請求が認められません。予想し得なかった自然災害が生じたような場合には，この瑕疵の要件で請求が斥けられることがあります（仙台地判昭56・5・8判時1007-30〔地震によるブロック塀の倒壊〕）。

　これに対し，工作物の設置・保存に瑕疵がある場合に，上記のような想定外の危険が発生したり，第三者の行為が共同作用したとき，どのように考えればよいのかが問題となります。

　およそ「通常予想される危険」とはまったく異質の危険が問題となるときには，「設置・保存の瑕疵」を理由に占有者に責任を負担させることで被害者の権利を保護しようとした民法717条の損害賠償法規範の射程外にある危険により権利侵害（・損害）が生じたのですから，「設置・保存の瑕疵」と権利侵害（・損害）との間に相当因果関係がないと言うべきです。

　これに対して，危険の種類・性質は「通常予想される危険」と同じであったけれども，程度が違っていたという場合や，第三者の行為が共同作用したという場合には，設置・保存の瑕疵により生じた損害のすべてを占有者が負担すべきなのか，それとも，他の原因をも考慮に入れて相応の減額を認めるべきかが問題となります。「外部原因の寄与度」を考慮に入れて，その分だけ減額すべきであるとの考え方も成り立ちます（営造物責任の事件ながら，飛騨川バス転落事件第1審判決と呼ばれる名古屋地判昭48・3・30判時700-3は，道路管理の瑕疵を認めながらも，自然力の関与を説いて，賠償額を全損害の6割に減額しました。また，神戸地判平11・9・20判時1716-105は，建物の瑕疵を認めながらも，阪神淡路大震災による揺れが建物倒壊に寄与したとして，賠償額を全損害の5割に減額しました。学説でも通説です）。しかし，これでは，外部原因による損害発生・拡大のリスクを，瑕疵のある工作物を占有していた者ではなくて，被害者が負担することとなってしまいます。

10.6　占有者の免責立証

10.6.1　工作物の占有者

　通説によれば，民法717条1項に言う「占有者」とは，工作物を事実上支配

する者のことを言い，誰が占有者かは，物権法上の占有理論によって決められます。占有機関による占有の場合には，工作物責任を負うのは占有者であって，占有機関ではありません（占有機関は，民法709条によって損害賠償責任を負う可能性があります）。また，ここに言う「占有者」には，**直接占有者**のみならず，**間接占有者**も含まれます（たとえば，建物の賃借人がこの建物を転貸し，転借人に引き渡していたような場合）。なお，通説は，工作物に直接占有者と間接占有者がいる場合に，間接占有者が工作物を支配することが必ずしも可能でないことを理由に，直接占有者が第一次的責任を負い，直接占有者が民法717条1項ただし書の免責事由を立証したことによって免責される場合にはじめて，間接占有者が責任を負うとします（しかし，危険源としての工作物の支配・管理の主体という観点から「占有者」を捉え，工作物を支配管理すべき地位にある者という意味で理解するならば，間接占有者も直接占有者と並んで第一次的責任を負うべきではないでしょうか）。

10.6.2　占有者の免責立証

　被害者からの損害賠償請求に対し，占有者は，損害の発生を防止するのに必要な注意をしたとの評価を根拠づける具体的事実を立証できれば，損害賠償義務を負いません（民法717条1項ただし書）。ここでは，工作物の設置・保存についての占有者の過失の主張・立証責任が転換されているのです（その意味で，民法717条の占有者の責任は**中間責任**であると言うことができます）。

10.7　所有者の無過失責任

　占有者が損害の発生を防止するのに必要な注意をしたときには，所有者が被害者に対して損害賠償責任を負います（民法717条1項ただし書）。所有者としては，工作物の設置・保存につき自分に過失がなかったことを主張しても，意味がありません。所有者は，**無過失責任**を負うのです。
　民法717条1項に言う「所有者」とは，被害者への権利・法益侵害が生じた時点の所有者のことを言います。たとえ，前所有者が所有をしていた時期に瑕疵が生じたものであっても，権利・法益侵害が生じた時点の所有者が，同項に

基づく責任を負うのです（大判昭3・6・7民集7-443）。

　民法の教科書では，一般に，「占有者が損害の発生を防止するのに必要な注意をしたことの証明に成功したときは，所有者が無過失責任を負う」というように書かれています。ただ，この準則を要件事実の主張・立証責任へと構成するときには，注意が必要です。以下では，被害者をX，工作物の所有者をA，占有者をY，工作物を甲と表記します。

　XがAに対し，損害賠償請求する場合の，請求原因は，次のようになります。

① 甲が工作物であること
② 甲の設置・保存に瑕疵があったとの評価を根拠づける具体的事実
③ Xの権利侵害
④ 設置・保存の瑕疵とXの権利侵害との間の因果関係
⑤ 損害の発生（およびその金額）
⑥ Xの権利侵害と損害との間の因果関係
⑦ 権利侵害が生じた時点で，Aが甲を所有していたこと

　これに対し，Aは，抗弁として，「権利侵害が生じた時点で，Yが甲を占有していたこと」を主張・立証することができます。

　このとき，Xが，再抗弁として，「Yが損害の発生を防止するのに必要な注意をしたとの評価を根拠づける具体的事実」を主張・立証すべきことになるのです。

　なお，学説では，所有者Aが抗弁として主張・立証すべきは，「権利侵害が生じた時点で，Yが甲を占有していたこと」だけでは足りず，「Yが損害の発生を防止するのに必要な注意をしなかったとの評価を根拠づける具体的事実」も，Aが主張・立証すべきであるとの見解もあります。占有者の第一次的責任という枠組みを重視するか（所有者としては「占有者がいる」ということを証明すれば，責任をひとまず占有者に転嫁できると考えるか），Aの立証負担を重くすることで被害者の保護を手厚くするかに関する見解の違いによるものです。

10.8　被害者に賠償した占有者・所有者の求償権

　民法717条1項，2項の規定に基づき被害者に賠償をした占有者または所有者は，損害の原因について他に責任がある者が存在する場合には，この者に対

して求償権を行使することができます（民法717条3項）。

　強度不足の建築資材の使用や壁面のガラスの不適切な装着によって，建物からガラスや壁材が落下し，通行人が負傷した場合に，被害者に賠償金を支払った占有者が，手抜き工事をした建築業者に求償をするというのが，その例です（大阪高判平5・4・14判時1473-57〔エレベーターの落下と工事請負人への求償〕）。

10.9　工作物責任と類似する制度——営造物責任

　国家賠償法2条1項は，「公の営造物」の設置・管理に「瑕疵」があり，これによって他人に損害が発生したときに，国または公共団体が損害賠償責任を負うとしています。営造物責任と言われています。

　営造物責任を追及する際には，国または公共団体の過失の存在を必要としません（最判昭45・8・20民集24-9-1268〔高知落石事件〕）。ここでは，公の営造物管理主体による危険の管理・支配に注目した無過失責任が定められているのです（民法717条1項ただし書のような免責立証の規定はありません）。

　それでも，不可抗力を理由とする免責の余地は残ります（最判昭50・6・26民集29-6-851は，道路上の工事標識板・バリケード等の倒壊が夜間の，しかも事故発生の直前に先行した他車によって惹起されたものであり，時間的に県が遅滞なくこれを原状に復して道路を安全な状態に保つことは不可能であったとして，不可抗力免責を認めました）。「無過失責任とはいえ，みずからの危険の支配可能性を超えたところにある統制することの困難な出来事については，責任を問われるべきではない」との考え方が，その基礎にあります。

　国家賠償法2条1項に言う公の営造物とは，国・公共団体が特定の公の目的に供する有体物および物的設備のことを言います。ここには，道路，河川といった土地の定着物のほか，港湾，海水浴場，空港，さらには，自動車，航空機，船舶，拳銃，職員用の椅子，学校の教材，自衛隊の砲弾，工作機械といった土地に定着していないものも含まれます（この点で，民法717条の「工作物」概念とは異なるのです）。しかし，営造物であるためには，公の用に供されていることが必要です。

　営造物の設置・管理の瑕疵とは，営造物が通常予想される危険に対して通常備えておくべき安全性を欠いている状態を言います（前掲最判昭45・8・20）。

このうち，設置の瑕疵とは，営造物の設定または建造に不完全な点があることを言い，管理の瑕疵とは，営造物の維持，修繕，保管等に不完全な点があることを言います。なお，瑕疵の意義をめぐっては，客観説と義務違反説の対立がありますが，通説・判例は客観説を支持しています。その他，瑕疵の判断構造については，工作物責任での解説を参照してください。因果関係についても同様です。

　なお，国家賠償法2条1項に基づき被害者に損害を賠償した国・公共団体は，「損害の原因について責に任ずべき者」が他に存在する場合には，この者に対して求償をすることができます（国家賠償法2条2項）。これについては，民法717条3項と同じです。

　ちなみに，国家賠償法2条1項に基づいて被害者が国・公共団体に損害賠償請求をするときの請求原因は，次のようになります。以下では，被害者をX，相手方となる国・公共団体をY，物（たとえば，道路）を甲と表記します。

① Yが国・公共団体であること
② 権利侵害が生じた時点で，甲がYの営造物であったこと
③ 甲の設置・管理に瑕疵があったとの評価を根拠づける具体的事実
④ Xの権利侵害
⑤ 設置・管理の瑕疵とXの権利侵害との間の因果関係
⑥ 損害の発生（およびその金額）
⑦ Xの権利侵害と損害との間の因果関係

10.10　製造物責任

10.10.1　製造物責任の性質

　製造物の欠陥から生じた権利侵害については，製造物責任法が民法の特別法として存在します。

　製造物責任法は，平成7年（1995年）7月1日の施行日後に製造業者等が引き渡した製造物について適用されます。もとより，同法は，被害者が製造業者等の過失を立証して，民法の規定によって損害賠償を請求することを妨げるも

のではありません。

　製造物責任法3条は、「製造業者等は，その製造，加工，輸入又は前条第3項第2号若しくは第3号の氏名等の表示をした製造物であって，その引き渡したものの欠陥により他人の生命，身体又は財産を侵害したときは，これによって生じた損害を賠償する責めに任ずる。ただし，その損害が当該製造物についてのみ生じたときは，この限りでない」としています。

　このように，製造物責任法3条では，製造業者等に故意・過失があったことは要件とされていません。製造業者等が引き渡した製造物に「欠陥」のあることが，製造物責任法に基づく責任の帰責根拠となっているのです（危険責任の原理）。製造物責任は，欠陥を要件とする無過失責任なのです。

10.10.2　製 造 物

　製造物責任法が適用されるのは，「製造物の欠陥により人の生命，身体又は財産に係る被害が生じた場合」です（製造物責任法1条）。そこでの「製造物」とは，「製造又は加工された動産」のことです（製造物責任法2条1項）。

　ここでは，不動産や無体物は，適用対象からはずされています。たとえば，建売住宅に欠陥があった場合や，コンピュータソフトのプログラムに欠陥があったために購入者に莫大な損害が生じたという場合は，製造物責任法の対象とするところではありません。

　人為的な処理がされていない農産物等の自然産物も，適用対象外に置かれています。さらに，役務の提供も，適用対象外です。

　これに対して，部品・原材料は，それが最終製品に組み込まれた場合であっても，「製造物」からはずれるものではありません（もっとも，後述する部品・原材料製造業者の抗弁に注意してください）。

10.10.3　製造業者等

　製造物責任法で被告とされるのは，「製造業者等」です。ここには，①当該製造物を業として製造・加工している者のほか，②輸入業者や，③製造業者として製造物に表示された者その他実質的な製造業者と認められる者が含まれます（製造物責任法2条3項）。

10.10.4 欠　陥

(1)　欠陥の意義　　欠陥について，従来は，①製造物の設計そのものにおける欠陥としての設計上の欠陥，②設計そのものには問題がないが製造工程において設計と異なった製造物が製造されたという製造上の欠陥，③製造物が適切な指示・警告を伴っていないという指示・警告上の欠陥に分類されてきました。

　これに対して，製造物責任法では，包括的・抽象的定義を置き，「当該製造物が通常有すべき安全性を欠いていること」をもって「欠陥」と捉えています（製造物責任法2条2項。同項が挙げている考量要素も参照してください）。

　もっとも，従前の欠陥の分類は，具体的な事案において欠陥の有無を判断する際の手がかりとして，なお有用でしょう。

❖ 指示・警告上の欠陥 ══════════════════════

　指示・警告上の欠陥は，帰責の枠組みにおいて，他の2つの欠陥類型と異なる側面を有しています。すなわち，通常おこなわれるべき指示・警告とはいかなるものであったかを考えるときには，指示・警告についての製造業者等の作為・不作為を対象として，製造業者が製造物を引き渡した時点でどのような指示・警告措置を講じるべきであったかという観点から評価をしていかなければなりません。ここでの判断構造は，製造業者の行為に対する規範的評価という点において，過失判断における合理人の行為義務の存否・内容に関するそれと同様のものです。問題は，その際の指示・警告措置の判断基準です。

　かつての過失責任下で欠陥製品を製造した者の責任が問われた際の過失の高度化をめぐる議論（具体的危険が顕在化していなくても，抽象的危険が存在する段階で，製造者の側に高度の情報収集・調査研究義務を課しています。3.7を参照してください）を踏まえたとき，被害者の権利侵害，とりわけ，人身侵害を回避するために製造業者等が講じるべき指示・警告措置（情報提供の措置）としては，きわめて高度のものが要求されることになります。しかも，製造物責任法が無過失責任を基礎に据えた以上，製造業者のとるべき措置は，過失において判断の基礎に据えられている基準，すなわち，製造業者の属するグループの平均人であれば結果回避のためにどのような行動をとれば合理的かという基準で判断されるものではありません。指示・警告上の欠陥の有無を判断する際には，製造業者の情報収集・研究調査能力に依拠するのではなく，引渡時点において入手可能な最高水準の科学技術の水準（製造物責任法4条1号〔後述〕が基準としている科学技術の水準が参考になります）を基準として判断すべきでしょう。

❖ 医薬品の欠陥

医薬品の欠陥は，製造上の欠陥でも問題となりますが，設計上の欠陥と指示・警告上の欠陥においては，医薬品特有の考慮が求められています。「医薬品は，人体にとって本来異物であるという性質上，何らかの有害な副作用が生ずることを避け難い特性があるとされているところであり，副作用の存在をもって直ちに製造物として欠陥があるということはできない」のでして（最判平25・4・12民集67-4-899〔イレッサ薬害訴訟〕），医薬品に副作用のリスクがあるからといって，直ちにその価値が否定されるわけではなく，副作用のリスクを上回る治療上の効能・効果（有効性）を有する場合には，社会的効用を増加させるものとして，その有用性が認められ，これを製造・販売することが許容される点を考慮に入れて，欠陥の有無を判断しなければならないからです（過失責任のもとでの指摘ですが，東京地判平19・3・23判時1975-1〔C型肝炎東京訴訟〕）。

① 設計上の欠陥に関しては，医薬品に治療上の効能・効果（有効性）がないか，有効性はあるものの，これを考慮してもなお許容されない副作用リスクがある場合（有用性を欠く医薬品）に，当該医薬品には欠陥があるとの判断がされる傾向にあります。そこでは，たとえば，「医薬品の有用性は，有効性と副作用リスクとの比較衡量により決せられるべきであるが，それは代替治療法との比較において判断されるべきである。なぜならば，当該医薬品の有効性が副作用リスクを上回る場合においても，代替治療法のそれに劣る場合は，医薬品としての必要性に乏しいからである。その上で，有効性の要素としては，適応症の範囲・重篤性，これに対する治療効果の大きさ，医薬品の利便性などが，他方で副作用リスクとしては，副作用の重篤性・治癒可能性，発生頻度などが考慮されるべきである」（前掲東京地判平19・3・23〔C型肝炎東京訴訟〕）というように説かれています。

② 指示・警告上の欠陥に関しては，「その通常想定される使用形態からすれば，引渡し時点で予見し得る副作用について，製造物としての使用のために必要な情報が適切に与えられることにより，通常有すべき安全性が確保される関係にあるのであるから，このような副作用に係る情報が適切に与えられていないことを一つの要素として，当該医薬品に欠陥があると解すべき場合が生ずる」とされています（前掲最判平25・4・12〔イレッサ薬害訴訟〕。「〔副作用に関する〕添付文書の記載が適切かどうかは，上記副作用の内容ないし程度（その発現頻度を含む），当該医療用医薬品の効能又は効果から通常想定される処方者ないし使用者の知識及び能力，当該添付文書における副作用に係る記載の形式ないし体裁等の諸般の事情を総合考慮して，上記予見し得る副作用の危険性が上記処方者等に十分明らかにされているといえるか否かという観点から判断すべきものと解するのが相当である」としました）。

(2)　「引渡時」の欠陥　　製造物責任法2条2項および3条によれば，欠陥

は，製造物の引渡時に存在することが必要です。ここに言う「引渡時」とは，被害者への引渡しの時点ではなく，製造物を流通に置いた時点を指します。

❖ 引渡し後（流通に置いた後）に判明した安全性の欠如 ━━━━━━━━━━

　上記のように，製造物責任法は，製造物の引渡時を基準に，その時点での科学技術の水準により「通常備えるべき安全性」の有無を判断しています。そのため，この時点では安全性を欠いていたとの評価をすることができない製造物については，製造物責任法3条に基づく損害賠償責任を追及することができません。しかし，製造業者等は，過去に引き渡した製造物の追跡調査その他の情報収集義務（製造物監視義務）を負う場合があります。そして，これをもとに，製造物の危険性の公表，警告の発信，指示，製造・販売の中止，回収といった損害の発生・拡大を防止する措置を講じる義務を負うことがあります。これらの責任の有無は，民法709条の過失責任の枠組みと評価基準のもとで判断されるものです。

<hr>

(3)　欠陥の主張・立証責任　　「欠陥」要件との関連で重要なのは，「欠陥および因果関係についての主張・立証責任は，被害者が負担する」と考えられていることです。

　その結果，製造物責任がせっかく過失の立証を必要としない無過失責任であるとされたのに，「欠陥を立証できなければ，損害賠償請求が認められない」とか，「因果関係を立証できなければ，損害賠償請求が認められない」とかいった懸念も生じてくるわけです。

　もっとも，こうした懸念に対しては，主張・立証の対象となる事実を被害者に有利に捉えることで，対応することが考えられます。その手がかりとなる手法が，製造物責任法施行以前の民法709条の過失の立証に関する1下級審判決に見られます。テレビ発火事件と称される判決が，これです（大阪地判平6・3・29判タ842-69）。この判決は，第1に，「製品の性状が，社会通念上製品に要求される合理的安全性を欠き，不相当に危険と評価されれば，その製品には欠陥がある」という立場を採り，この意味での「欠陥」を，「そのような危険を生じさせた何らかの具体的な機械的，物理的，化学的原因（欠陥原因）」から区別しました。この言い回しは，製造物責任法の下でも，「具体的な機械的，物理的，化学的原因」は欠陥の主張・立証責任の対象となる主要事実とは見ないとの見方につながります。また，この判決は，第2に，「事故時の欠陥」から「引渡時の欠陥」を推認するという方法にも道を開きました。

もとより，引渡時から事故時までの間に被害者・第三者の不合理な行動や天災地変が介在する場合，引渡時から事故時までの時間的間隔が空いた場合，被害者が消費者ではなく事業者であって，製造物が引き渡された後に事業者が保守・点検・整備をするタイプの製造物の場合には，経験則に照らして，事故時の欠陥から引渡時の欠陥を推認することはできないものと思われます。

10.10.5　製造物責任の要件事実

　(1)　請求原因　　さて，このような特徴を持つ製造物責任法ですが，欠陥製品によって被害を被った者が製造業者に対し製造物責任法3条本文に基づいて損害賠償請求する場合を考えてみましょう。被害者をX，製造業者をY，欠陥のあった製品を甲と表記すると，この請求にあたり，Xは，請求原因として，次の事実を主張・立証しなければなりません。
　①　甲が製造物であること
　②　甲について，Yが引き渡した時に欠陥が存在していたとの評価を根拠づける具体的事実（私の理解では，「欠陥」は，工作物責任・営造物責任における「瑕疵」と同様に，規範的要件です。）
　③　Xの権利侵害
　④　甲の欠陥とXの権利侵害との間の因果関係
　⑤　損害の発生（およびその金額）
　⑥　Xの権利侵害と損害との間の因果関係

❖ 製造物責任法3条による損害賠償請求の可能性と「損害」════════
　製造物責任法3条本文により賠償請求可能な損害は，「引き渡したものの欠陥により他人の生命，身体又は財産を侵害した」ことによって生じた損害です。これに対して，「その損害が当該製造物についてのみ生じたとき」は，製造物責任法3条本文による請求は棄却されます（同条ただし書）。これは，「その損害が当該製造物についてのみ生じたとき」は，契約責任（契約不適合その他の不完全履行責任。これについては，『債権各論Ⅰ』6.5を参照してください）による処理になじむと考えられたことによります。

　(2)　製造業者等の抗弁　　次に，Xからの請求に対し，Yが抗弁として提出することのできるものを考えてみましょう。製造物責任に特有または特徴的な

ものとしては，次のような抗弁を挙げることができます。

①　製造物に引渡時に欠陥が存在していたとの評価を妨げる具体的事実（欠陥の評価障害事実）

②　開発危険の抗弁　　製造物責任法4条1号は，製造業者等が，「当該製造物をその製造業者等が引き渡した時における科学又は技術に関する知見によっては，当該製造物にその欠陥があることを認識することができなかったこと」を抗弁とすることができる旨を規定しています。開発危険の抗弁と呼ばれる抗弁です。医薬品から予想もしなかったような副作用が発生したような場合が，これにあたります（ちなみに，諸外国では，ドイツのように，医薬品については開発危険の抗弁を認めないとする法制度を採用しているところもあります）。

もっとも，「認識可能性がなかったこと」が緩やかに解されたのでは，過失における「予見可能性」に近づき，「開発危険の抗弁」が「無過失の抗弁」と大差のないものとなり，製造物責任を無過失責任として規定した趣旨に反します。それゆえ，製造物責任法4条1号が基準としている科学技術の水準については，製造業者の情報収集・研究調査能力のいかんにかかわらず，引渡時点において入手可能な最高水準のものが要求されているものと解すべきでしょう。

なお，開発危険の抗弁は，製造上の欠陥については，考える余地がありません（製造上の欠陥があった個物のことは，文献などではアウスライサー〔Ausreißer〕と呼ばれることが少なくないので，戸惑わないでください）。

③　部品・原材料製造業者の抗弁　　製造物責任法4条2号は，製造業者等が，「当該製造物が他の製造物の部品又は原材料として使用された場合」において，「その欠陥が，専ら当該他の製造物の製造業者が行った設計に関する指示に従ったことにより生じ，かつ，その欠陥が生じたことにつき過失がないこと」を抗弁とすることができる旨を規定しています。「部品・原材料製造業者の抗弁」と呼ばれる抗弁です。部品製造業者が大手機械メーカーから工作機械用のブレーカーの発注を受けて指示されたとおりの規格で製品を製造・納入したところ，その工作機械から出火し，多くの被害が生じたという場合を考えればよいでしょう。

④　消滅時効の抗弁　　消滅時効については，民法と類似する規定が設けられています。

まず，製造物責任法5条1項1号によれば，製造物責任法3条に基づく損害賠償請求権については，被害者またはその法定代理人が損害および賠償義務者

を知った時から3年間行使しないときは時効によって消滅します。ここで、製造物の欠陥により人の生命・身体が侵害された場合は、同条2項により、損害賠償請求権の消滅時効の期間は、5年とされています。

また、製造物責任法5条1項2号によれば、その製造業者等が当該製造物を引き渡した時から10年を経過したときも同様であるとされています（この期間も、消滅時効期間です。除斥期間ではありません）。もっとも、この10年の期間については、「身体に蓄積した場合に人の健康を害することとなる物質による損害」と、「一定の潜伏期間が経過した後に症状が現れる損害」に関して、起算点に関する特則があります。これらにあっては「その損害が生じた時」から起算するとされているのです（製造物責任法5条3項）。

10.11　動物占有者の損害賠償責任

民法718条1項と2項は、動物が他人に加えた損害について、動物の占有者と動物の保管者（動物の占有者に代わって動物を保管する者のことです）が損害賠償責任を負うことを定めています（当初想定されていたのは農耕用の家畜でしたが、最近では犬猫等のペットによる加害が問題となっています）。これは、自己の支配下にある動物の加害につき、その占有者・保管者が動物の保管に必要な注意を怠った過失を理由とする責任でして、動物の保管に際しての過失についての立証責任を転換したものです（中間責任と呼ばれるものの一種です）。しかし、動物の行動と権利侵害との間の因果関係については、被害者側が主張・立証責任を負担します。

民法718条に基づき、被害者が動物の占有者（または、保管者）に対し損害賠償請求をする場合に、被害者は、請求原因として、次の事実を主張・立証しなければなりません。被害者をX、動物の占有者をY、動物を甲と表記します。

① 甲が「動物」であること（ちなみに、718条に言う「動物」については、その種類を問わず、また家畜であるか、ペットであるか、野生の動物であるかを問いません。ウィルス・細菌類も含まれますが、遺伝子については、議論の余地があります。）
② Xの権利侵害
③ 甲の行動とXの権利侵害との間の因果関係

④　損害の発生（およびその金額）

⑤　Xの権利侵害と損害との間の因果関係

⑥　権利侵害の時点で，Yが甲を占有していたこと

　なお，民法718条に基づく動物占有者の損害賠償責任が成立する場面では，動物を連れている人や周囲の人がけしかけたというときには，けしかけた人について，民法709条に基づく損害賠償責任も成立します。さらに，場合によっては，民法714条に基づく損害賠償責任や，民法715条に基づく損害賠償責任も発生する可能性があります。民法718条の規定があるからといって，これらの規定による処理が否定されるわけではありません。

　実際に，裁判例では，闘犬の飼主に自宅前の犬舎の提供ほか数々の便益を提供していた者が十分な危険防止措置を採らずに外出した際に生じた闘犬による加害について，この者の709条による損害賠償責任を肯定したものがあります（最判昭57・9・7民集36-8-1572）。

　民法718条の責任から解放されるためには，動物の占有者または保管者は，その動物の種類および性質に従い相当の注意をもって保管をしたことを，抗弁として主張・立証しなければなりません（過失の立証責任の転換）。判例では，ここでの相当の注意とは，通常払うべき程度の注意義務を意味し，異常な事態に対処できる程度の注意義務まで課したものではないとされています（最判昭37・2・1民集16-2-143）。もっとも，免責立証は，とりわけ犬について問題となることが多いのですが，実際のところ，犬については，裁判例は免責立証を容易に認めない傾向にあります（最判昭58・4・1判時1083-83は，7歳の子供が鎖をはずされたダックスフンド系愛玩犬に驚き，自転車の操縦を誤って川に転落し，片目を失明したという事件について，「7歳の児童にはどのような種類の犬であってもこれを怖がる者があり，犬が飼主の手を離れれば本件のような事故の発生することは予測できないことではない」としました〔もっとも，90％の過失相殺を施しています〕。繋留を解いた場合について免責を認めなかったものとして，最判昭56・11・5判時1024-49があります）。

　民法718条により被害者に対して損害賠償金を支払った者は，他にも当該被害につきこの被害者に損害賠償責任を負う者がいる場合には，被害者に損害賠償を支払った後でこれらの者に求償をすることができます。

第11章

共同不法行為・競合的不法行為

▶Xの言い分……私は，Q県の湾内でタイの養殖を営んでいます。2019年6月頃から，次第に養殖しているタイが死にはじめ，出荷量が4分の1に激減しました。ちょうど，時を同じくして，近くにある工場団地でA・B・Cそれぞれが経営する3工場が稼動を開始して，廃水を湾内に流しはじめたのです。出荷量は，今になっても改善されません。私は，この2年間の出荷量減少による収益の損失分の賠償として2億円をA・B・Cが連帯して支払うよう，求めたい。

▶A・B・Cの言い分……当社らの廃液がそれぞれどういうプロセスをたどってXによるタイの出荷量の激減につながったのかということを，Xは立証すべきです。3社の廃液から出荷量の減少が生じたというだけでは，あまりにも漠然としています。しかも，2019年も2020年も海水温が高かったり，異常気象が続いたりしたのですから，出荷量の減少が廃液に関係するとは必ずしも言えないのではないでしょうか。

▶Cの特別の言い分……仮に，当社の廃水が出荷量の減少に何かしらの原因を与えていたとしても，A社・B社が東証1部上場の大企業であるのに対して，当社は資本金もわずかな零細企業ですし，廃水の量もごくわずかです。それにもかかわらず，A・Bと連帯して2億円を支払うようにと言うのは，不公平です。

11.1 競合的不法行為と共同不法行為

複数の人の行為がされた結果として被害者の権利が侵害されたという場合に

おいて，被害者が加害者に対し不法行為を理由として損害賠償請求をしようとするとき，そこでは，2つのアプローチが考えられます。以下では，被害者をX，加害者側の人をそれぞれA・B・Cと表記します。

　第1は，Aの不法行為を理由とするXのAに対する損害賠償請求権，Bの不法行為を理由とするXのBに対する損害賠償請求権，Cの不法行為を理由とするXのCに対する損害賠償請求権を，それぞれ別個に捉えて評価し，個別的に損害賠償請求が認められるかどうかを認定・判断していくアプローチです。ここでは，既に解説してきた要件事実のもと，1つひとつの損害賠償請求ごとに，要件が充たされるかどうか，認容額がいくらかが判断されるのです。そして，この個別的な判断の結果として，それぞれの損害賠償請求権で賠償されるべきものとされた損害（額）が重なり合う限りで，各行為者の不法行為責任が重なり合う（競合する）ということになります（連帯債務）。その結果，重なり合う損害（額）の部分については，競合する賠償義務者の誰かが支払えば，他の者に対する損害賠償請求権も，その限りで消滅することになります。この点を捉えて，最近では，競合的不法行為と称されることが多くなっています（なお，この意味での不法行為責任の競合は，物による権利侵害と，人の行為による権利侵害とが競合した場合にも考えられます）。

　第2は，A・B・Cの行為が関連しあっている点に着目して，Xの被った損害について，A・B・Cに連帯して責任（損害賠償義務）を負担することにさせるというアプローチです。「共同不法行為」という制度は，このアプローチを基礎にしたものです。もっとも，どのような場合に，A・B・Cの行為が関連しあっていると評価できるのか，このことを要件事実にどのように反映させるのかをめぐって議論があります。

　以下では，まず，競合的不法行為について簡単な説明を加えたうえで，その後に共同不法行為の問題へと進むことにします。

11.2　競合的不法行為（不法行為責任の競合）

　上述したように，競合的不法行為が問題となる場面では，個別の不法行為責任が競合しているのですから，被害者の個々の加害者に対する損害賠償請求を考える上で，要件事実面で特有の問題は，基本的にありません。せいぜい，因

果関係（事実的因果関係および相当性）を認定・判断する際に，他の行為者の行為が権利侵害（・損害発生）の原因となっている——原因競合——という観点から斟酌されることがあるというところでしょうか。

それでも，要件事実面で注意すべきなのは，競合的不法行為のうち，加害者不明の不法行為に関しては，明文の規定で因果関係の主張・立証責任が転換されているという点です。既に4.8.1で「因果関係」を解説する際に触れたことですが，民法719条1項後段は，「共同行為者のうちいずれの者がその損害を加えたかを知ることができないときも，同様とする（＝各自が連帯してその損害を賠償する責任を負う）」と定めています。択一的競合とも呼ばれます。

民法719条1項後段に基づき，A・B・Cを被告として損害賠償請求をする場合，Xは，請求原因として，次の事実を主張・立証すべきです。

① Xの権利侵害

② 損害の発生（およびその金額）

③ 権利侵害行為および行為者として考えられるのがA・B・Cであること

④ A・B・Cのほかに行為者はいないこと

⑤ Aに故意があったこと，または過失があったとの評価を根拠づける具体的事実

⑥ Bに故意があったこと，または過失があったとの評価を根拠づける具体的事実

⑦ Cに故意があったこと，または過失があったとの評価を根拠づける具体的事実

このとき，被告とされたA・B・Cは，「自分の行為とXの権利侵害（・損害）との間に因果関係がなかったこと」を，抗弁として主張・立証することができます。各自の行為と結果との間の因果関係（個別的因果関係と言われます）の主張・立証責任が転換されているのであり，たとえば，Aがこの立証に成功すれば，Aに対する請求は棄却されます。

11.3 共同不法行為の基本的な仕組み（その1）
——伝統的考え方による場合

民法は，共同不法行為に関する定めを，民法719条1項前段に置いています。そこでは，「数人が共同の不法行為によって他人に損害を加えたときは，各自

が連帯してその損害を賠償する責任を負う」と定められています（同条2項は，教唆者や幇助者も，共同行為者とみなして，連帯責任を負わせています。とはいえ，後述する客観的共同説・主観的共同説のいずれの立場からも，教唆者や幇助者は1項前段の「共同の行為」をした者にあたりますから，2項は確認的規定にすぎません）。

　もっとも，この共同不法行為の制度が単なる不法行為責任の競合の事例とどこに違いがあるのか（共同不法行為制度のどこに独自性があるのか）という点をめぐっては，伝統的な考え方と，最近の有力な考え方との間に対立が見られます。

　伝統的な考え方によれば，それぞれの共同行為の間に関連性があることが，故意・過失行為と損害との間の相当因果関係の判断において意味を持つとされます。各人の行為が関連共同していることが相当性判断に影響を与え，個々の行為者ごとに損害賠償責任を考えたときには相当性がないとして賠償が認められない損害についても，賠償対象となり得るという点に，共同不法行為制度の意義を見出すわけです。

　この伝統的な考え方に依拠したときには，民法719条1項前段に基づき，A・B・Cを被告として損害賠償請求をする場合，Xは，請求原因として，次の事実を主張・立証すべきです。

① Xの権利侵害

② Aに故意があったこと，または過失があったとの評価を根拠づける具体的事実

③ Bに故意があったこと，または過失があったとの評価を根拠づける具体的事実

④ Cに故意があったこと，または過失があったとの評価を根拠づける具体的事実

⑤ 損害の発生（およびその金額）

⑥ Aの行為と権利侵害（・損害）との間の因果関係

⑦ Bの行為と権利侵害（・損害）との間の因果関係

⑧ Cの行為と権利侵害（・損害）との間の因果関係

⑨ Aの行為，Bの行為およびCの行為が関連共同すること

　つまり，伝統的な考え方によれば，個々の行為者の故意・過失，因果関係（個別的因果関係）がXの主張・立証すべき請求原因事実となる点で，共同不法行為の場合と民法709条の不法行為責任が競合する場合とで，違いはないのです。⑨の関連共同性の要件が加わることで，因果関係の相当性判断が被害者に

有利に緩和されるというだけのことなのです。

11.4　共同不法行為の基本的な仕組み（その2）
——最近の考え方による場合

　上記のような伝統的な考え方に対しては，次のような厳しい批判が加えられました。

　まず，伝統的な考え方は各人の行為（個別行為）が不法行為責任のすべての要件を備えていることを要求していますが，これだと，各人の行為について不法行為の成立要件が充足される結果として各人は民法709条により損害賠償責任を負い，この損害賠償責任が重なるときには結果的に連帯責任となるのだから，民法709条とは別に民法719条1項前段の共同不法行為を論じる意味がない点が批判されました。

　あわせて，伝統的な考え方は相当性判断の緩和を共同不法行為の特徴としているのですが，これに対しても，因果関係の「相当性」の操作次第で，民法709条の不法行為の枠内において同じような評価をすることができると批判されました。

　ここから，最近の考え方は，共同不法行為の独自性を次の点に見ています。ちなみに，これは，公害・薬害裁判例で基本に据えられている考え方でもあります。

　それによれば，民法719条に民法709条と異なる独自の存在理由を与えるように解釈するならば，関連共同性要件と因果関係要件との間の相互関係にそれを求めるべきであるとされます。そして，「個別行為を捨象した共同行為」に着目し，民法719条1項前段にあっては「各人の行為の関連共同性」の要件が課されているがゆえに，民法709条の不法行為におけるような各人の行為と損害との間の個別的因果関係は要求されていないとの立場を主張します。①「各人の行為の関連共同性」と，②「共同行為と発生した結果との間の因果関係」を問えば足り，③個別的因果関係を問題としない（個別的因果関係不存在の抗弁を認めない）点に，共同不法行為の特色を見出すのです。

　この最近の考え方に依拠したときには，民法719条1項前段に基づき，A・B・Cを被告として損害賠償請求をする場合，Xは，請求原因として，次の事実を主張・立証すべきです。

① Ｘの権利侵害

② Ａに故意があったこと，または過失があったとの評価を根拠づける具体的事実

③ Ｂに故意があったこと，または過失があったとの評価を根拠づける具体的事実

④ Ｃに故意があったこと，または過失があったとの評価を根拠づける具体的事実

⑤ 損害の発生（およびその金額）

⑥ Ａの行為，Ｂの行為およびＣの行為が関連共同すること

⑦ Ａ・Ｂ・Ｃの共同行為と権利侵害（・損害）との間の因果関係

11.5　関連共同性の意味

　伝統的な考え方を採るにせよ，最近の考え方を採るにせよ，共同不法行為とされるためには，各人の行為の間に関連共同性が存在していなければなりません。

　何を基準に関連共同性を判断するかについては，①行為者相互の意思の連絡を必要とするとの主観的共同説と，②意思の連絡は不要であり，客観的に見て関連しあっていれば足りるとする客観的共同説が存在しています。

　主観的共同説は，「共同関係にある他人の行為という，自己の行為の結果でない損害についても責任を負わなければならないのは，各自が他人の行為を利用し，他方，自己の行為が他人に利用されるのを認容する意思を持つ場合に限るべきである」と主張しています。しかし，起草趣旨が意思の連絡を求めていなかったのと，主観的共同説だと共同不法行為とされて被害者が保護される余地が狭くなることを根拠に，客観的共同説を支持するのが通説です（もっとも，被害者救済の範囲が狭くなるとの批判に対し，主観的共同説は，民法719条１項前段から落ちるものは１項後段で対応できるから，主観的共同説を採ったために被害者保護の範囲が狭くなるなどということはないと反論しています）。

　判例も，客観的共同説を採用するものとされています。ここで必ず引用されるのが，山王川事件と称される事件です。ただし，事案そのものは，民法709条の単独不法行為の事件です。この事件は，上流にある国営アルコール工場か

らの多量の窒素を含む廃水により水田の稲に被害が生じたとして，川水を灌漑
用に利用してきた農民が国を相手どって損害賠償請求をしたものです。最高裁
は，流水には他の都市下水等による窒素が多量に含まれていたからアルコール
工場の廃水の有無にかかわらず損害は発生していたとの国側の反論を斥けるに
あたり，「共同行為者各自の行為が客観的に関連し共同して違法に損害を加え
た場合において，各自の行為がそれぞれ独立に不法行為の要件を備えるときは，
各自が右違法な加害行為と相当因果関係にある損害についてその賠償の責に任
ずべきであ」るとの一般論を述べ，共同不法行為につき客観的共同説を採るこ
とを示唆したのです（最判昭43・4・23民集22-4-964）。

　もっとも，客観的関連共同性は，内容・定義ともに不明確ですし，主観的共
同を必要としないという消極的機能しか持たず，何らの積極的意義を有しない
という弱点があります。そのため，最近では，「どのような場合に客観的関連
共同性があるのか」についての判断基準を示そうとする動きが出てきています。
そこでは，たとえば，場所的近接性・時間的近接性を要求したり，「拡大され
た注意義務」（共同行為者として，相互に他人の権利を侵害しないように協力する義
務）と「集積の利益」（複数の行為者が共同で行為することにより利益を受けているこ
と）を要求したり，危険共同体としての一体性や利益共同体としての一体性を
要求したりする見解が示されています。

　なお，最近の客観的共同説は，「主観的な意思の連絡がなくても，客観的関
連共同性が認められれば，民法719条1項前段の共同不法行為となる」と言う
のであって，「主観的意思の連絡があれば，民法719条1項前段の共同不法行為
となる」ことを否定しているのではありませんので，まちがえないようにして
ください（主観的な意思の連絡は，十分条件であって，必要条件ではないということ
なのです）。

❖ 最近の考え方のまとめ──大東水害訴訟第1審判決 ══════════

　　ここまで，共同不法行為の要件をどのように考えればよいかについて述べてきま
　したが，共同不法行為についての最近の考え方は，下級審判決ながら，大東水害訴
　訟第1審判決（大阪地判昭51・2・19判時805-18）の中に見事に表現されています。
　以下に引用しておきますので，一読してください。
　　「一般に，共同不法行為が成立するためには，各人の行為がそれぞれ独立して不
　法行為の要件（故意・過失，権利侵害〔違法性〕，損害の発生，因果関係，責任能力）
　を備えていること及び行為者の間に客観的な関連共同性が存在することが必要であ

る。しかし，右要件のうち，各人の行為と結果発生との間の因果関係については，共同行為と結果発生との間の因果関係の存在をもって足りると考えるべきである。けだし，各人の行為と結果発生との間の個別的因果関係の存在を必要とするときは，その立証がなされた場合は各人は当然に民法709条による責任を負うことになり，行為の関連共同性という要件を附加するところの共同不法行為の規定は無用のものとなるからである」。

11.6 共同不法行為の効果

11.6.1 全額連帯責任とその緩和

　民法719条1項前段は，共同不法行為の要件が充たされる場合の法律効果として，共同行為者が連帯して被害者に対し損害賠償責任を負うとしています。

　ここでは，「賠償されるべきであるとされた損害総額」について，行為者各自が全額賠償責任を負うのです（なお，細かなことを言うと，過失相殺が問題となって「相対的過失割合による過失相殺」がされたとき〔8.3のコラムを参照してください〕には，共同行為者ごとに金額が変わってくることがありますが，その場合には，共通部分についての全額連帯ということになります）。共同行為者が原因力の大小等を問題とせずに全額につき連帯関係に立つことが共同不法行為の特色なのです。

　ところが，1960年代に，交通事故事件が増加し，また，公害裁判が各地で提起される中で，「共同不法行為の成立にほんのわずかだけしか関与していないのに，全額の賠償責任を負わせるのは酷にすぎるのではないか」という問題提起がされはじめました。この考え方は，「加害者側の原因の与え方に大小の差がある以上，各自の与えた原因が共通する限度で連帯責任を認め，残りは，より多く原因を与えた者の個人的賠償義務とすべきである」との理論となって具体化しました。一部連帯の理論です。

　このような考え方と共通の発想は，やがて，四日市ぜん息訴訟の第1審判決に現れました。そこでは，（結論的には否定されたのですが）結果発生に弱い関連共同性しかない者には，その者の結果発生への関与が少量ならば，全部責任を負担させることとなる不合理を避けるために，分割責任の抗弁が認められる可

能性が示唆されたのです（津地四日市支判昭47・7・24判時672-30）。

　他方，学説および下級審での交通事故裁判例・公害裁判例では，全額連帯責任を緩和する理論が編み出されていきました。

　たとえば，**割合的因果関係の理論**というものが唱えられています。これは，「因果関係は100か0かではない」との立場を基礎に据えて，結果発生への原因力に応じて分割責任を認める方向で問題の処理を図る考え方です。しかし，この考え方には，強い批判があります。結果発生の原因力のみを基準とすることへの批判が加えられていますし，より根本的には，因果関係要件は「ある結果を，その行為者の行為に帰することができるかどうか」を判断するものであって，まさに「あるか，ないか」の判断しかおこない得ないものであるとの批判が加えられています。

　これに対して，交通事故・公害等の下級審裁判実務で比較的多用されているのが，**寄与度減責の理論**です。「複数原因が競合する場合において，各行為者の賠償額を決定するにあたり，個々の原因の寄与度を考慮せよ」という点では割合的因果関係の理論と共通するものの，それとは異なり，因果関係という事実認定レベルではなく，規範的価値判断レベルでの賠償額限定基準として「寄与度」を捉えるものであり（評価的寄与度），理論的・体系的には，より洗練されたものとなっています。

> ❖ **公害被害特別法上の寄与度減責の理論**
> 　寄与度減責の考え方は，特別法上でも，大気汚染防止法25条の2で採用されています。そこでは，「前条第1項に規定する損害が2以上の事業者の健康被害物質の大気中への排出により生じ，当該損害賠償の責任について民法第719条第1項の規定の適用がある場合において，当該損害の発生に関しその原因となった程度が著しく小さいと認められる事業者があるときは，裁判所は，その者の損害賠償の額を定めるについて，その事情をしんしゃくすることができる」とされています（水質汚濁防止法20条にも同趣旨の規定があります）。

11.6.2　「弱い関連共同性」と寄与度減責の抗弁

　もっとも，共同不法行為のすべての場合に寄与度を考慮して責任の減額を認めたのでは，民法が設けた共同不法行為制度が崩壊してしまいます。そこで，寄与度減責を認める立場の一部は，共同不法行為の中に，①寄与度減責が認め

られない共同不法行為と，②寄与度減責が認められる共同不法行為の2種があることを認め，①強い関連共同性のある共同不法行為では寄与度減責の抗弁は認めず，②弱い関連共同性しかない共同不法行為では寄与度減責の抗弁を認めるべきだと主張しています。大気汚染被害関係での多くの下級審裁判例も，この枠組みを基礎としています（たとえば，西淀川大気汚染訴訟第1次訴訟第1審判決と称される大阪地判平3・3・29判時1383-22，西淀川第2次～第4次訴訟第1審判決と称される大阪地判平7・7・5判時1538-17）。そこでは，たとえば，次のように論じられています。

　「共同行為に客観的関連性が認められ，加えて，共同行為者間に主観的な要素（共謀，教唆，幇助のほか，他人の行為を認識しつつ，自己の行為とあわさって被害を生じることを認容している場合等）が存在したり，結果に対し質的に関わり，その関与の度合が高い場合や，量的な関与であっても自己の行為のみによっても全部又は主要な結果を惹起する場合など（以下，このような場合を「強い共同関係」と言う）は，共同行為の結果生じた損害の全部に対し責任を負わせることは相当であり，共同行為者各自の寄与の程度に対応して責任の分割を認める必要性はないし，被害者保護の点からも許されないと解すべきである。

　しかし，そうでない場合，すなわち，右のような主観的な要素が存在しないか，希薄であり，共同行為への関与の程度が低く，自己の行為のみでは結果発生の危険が少ないなど,共同行為への参加の態様,そこにおける帰責性の強弱，結果への寄与の程度等を総合的に判断して,連帯して損害賠償義務を負担させることが具体的妥当性を欠く場合(以下，このような場合を「弱い共同関係」と言う)には,各人の寄与の程度を合理的に分割することができる限り，責任の分割を認めるのが相当である」(前掲大阪地判平7・7・5)。

11.6.3　共同不法行為制度の根幹──全額連帯責任

　(1)　共同不法行為──全額連帯責任　　しかし，はたして，「共同不法行為」と評価されながら責任の減少を認めるというのが，共同不法行為制度の趣旨に合致するのでしょうか。共同不法行為は，個別行為を理由とする反論を許さないほどに強力な連帯責任の効果を共同行為者間に作り出すという制度です。そうであるならば，各人の行為が社会観念上一体をなすと認められるべき程度にまで関連づけられていて，かつ，その一体的行為と損害との間の因果関係が認め

られればそれだけで共同不法行為が成立し，どの部分について因果関係や個別の寄与が存在するかについての被告の反証による減責も許さないと考えるのが，一貫するのではないでしょうか。個別的因果関係や個別的行為の寄与度・割合等を持ち出して，これをもとに減免責を認めることは，民法719条1項の趣旨に反するように思われてなりません。

　実際，交通事故と医療過誤の連鎖した事例（交通事故に遭って搬送された患者が医師の過失により死亡したという事件）について，「共同不法行為」としつつ過失相殺割合算定にあたって損害額を共同行為者間で寄与度に従い割りつけるのを否定した文脈においてですが，次のように述べる判決が最高裁レベルで登場したことは，強調して余りあるものです。

　「本件交通事故における運転行為と本件医療事故における医療行為とは民法719条所定の共同不法行為に当たるから，各不法行為者は被害者の被った損害の全額について連帯して責任を負うべきものである。本件のようにそれぞれ独立して成立する複数の不法行為が順次競合した共同不法行為においても別異に解する理由はないから，被害者との関係においては，各不法行為者の結果発生に対する寄与の割合をもって被害者の被った損害の額を案分し，各不法行為者において責任を負うべき損害額を限定することは許されないと解するのが相当である。けだし，共同不法行為によって被害者の被った損害は，各不法行為者の行為のいずれとの関係でも相当因果関係に立つものとして，各不法行為者はその全額を負担すべきものであり，各不法行為者が賠償すべき損害額を案分，限定することは連帯関係を免除することとなり，共同不法行為者のいずれからも全額の損害賠償を受けられるとしている民法719条の明文に反し，これにより被害者保護を図る同条の趣旨を没却することとなり，損害の負担について公平の理念に反することとなるからである」（最判平13・3・13民集55-2-328）。

　(2)　**寄与度減責類型——競合的不法行為の中の特殊類型**　これに対して，寄与度減責が認められるものは，①「共同不法行為」ではなく，単に民法709条の不法行為が競合しているにすぎないのであって，それぞれの個別の不法行為責任が損害（額）の面で競合している限りで連帯しあっている「競合的不法行為」の1場合ではないでしょうか。そして，②そのなかで，被害者保護という政策的理由から全額連帯責任と構成したうえで，一定の場合に寄与度に関する主張・立証責任が転換された競合的不法行為として捉えるべき場合ではないでしょうか（裏を返せば，「共同不法行為」であると評価されたものについては，寄与度減責の

抗弁は認められないというべきです）。

　このようにみたとき，それでは，寄与度に関する主張・立証責任が転換された競合的不法行為として捉えるのが適切なのは，どのような場合でしょうか。これに関しては，被害者保護の必要性を語るだけでは足りず，少なくとも複数行為者の行為の間に，個別的因果関係についての主張・立証責任の転換を認めた民法719条1項後段〔択一的競合〕なみの関係が存在していることが必要ではないでしょうか。

　次にみる重合的競合（累積的競合）の場面は，判例がこのような観点から，民法719条1項後段の類推適用により寄与度についての主張・立証責任の転換を認めたものとみることができます。

11.7　重合的競合（累積的競合）と寄与度についての主張・立証責任の転換

11.7.1　重合的競合（累積的競合）の意義

　複数の行為が関与して結果が発生した場合であるものの，個々の行為だけでは結果の一部を惹起させることができても，全部の結果を惹起させる可能性がなく，いくつかの行為が積み重なってはじめて全部の結果を惹起させることができる場合，すなわち，**全部惹起力のない複数原因が累積して1つの損害が発生した場合**のことを，重合的競合（累積的競合。加算的競合ともいうことがあります）といいます。

　身体に有害な物質αを含む煙をA・B・Cが大気中に放出し，これを吸ったXが健康被害を受けた例で，A・B・Cそれぞれが放出したαの量は単独ではXに生じた健康被害の結果の全部を惹起するのに十分ではないものの，A・B・Cすべての煙が重なり合うことによってXの健康被害の結果の全部が惹起されたというような場合です。

11.7.2　重合的競合（累積的競合）と寄与度減責
####　──民法719条1項後段の類推適用

　重合的競合（累積的競合）に当たるものの，複数の行為の間に民法719条1項

前段を適用するに足りる関連共同性が認められない場面をどうするか。これに関して、民法に明文の規定はありません。

この点に関して、判例は、被害者の保護を図るため、「公益的観点」から必要のあるときは、民法719条1項後段の類推適用により、複数行為者の寄与度（集団的寄与度）に応じた連帯責任を認めています（最判令3・5・17判タ1487-106〔建設アスベスト訴訟〕）。判例による法創造というべきものです。そこで採用されている法理は、以下のように整理することができます。なお、その際、前提とされているのは、(i)複数行為者の行為の結果が被害者の側に相当回数にわたって到達しており（各自の行為が結果の一部を惹起したこと〔到達の因果関係〕）、(ii)複数行為者の行為により惹起された損害が被害者に生じた損害全体の「一部」であり、かつ、(iii)各行為者の行為が個別に被害者に対してどの程度の影響を与えたのかが明らかでないという特徴を有する事件類型です（具体的には、建設現場で用いられたアスベスト含有建材により労働者に生じた人身侵害〔人損〕が問題となった事案です）。

①　重合的競合（累積的競合）において、複数行為者の行為が損害の全体の一部についてのみ影響を与えている場合は、複数行為者は、「行為の損害の発生に対する寄与度に応じた範囲で」連帯して損害賠償責任を負います（集団的寄与度に応じた割合的連帯責任）。

②　複数行為者の行為の寄与度（集団的寄与度）については、被害者が主張・立証責任を負います（なお、加害者が被害者に損害を与えた製品の製造企業であるときに、各企業のマーケットシェアをもって、直ちに当該企業の寄与度が決定されるものではありません）。

③　行為者が寄与度に応じた割合的連帯責任を個別に減免したいときには、その行為者は、損害の全部または一部につき個別的因果関係が存在しないことについての主張・立証をしなければなりません（民法719条1項後段の類推適用による立証責任の転換）。

もとより、この法理は、上記(ii)に関して、複数行為者の行為により惹起された損害が被害者に生じた損害の「全部」である場合をどのように処理すべきかを直接に扱うものではありません。この場合については、①複数行為者の全額連帯責任になるとしたうえで、②個々の行為者からの寄与度減責の抗弁を認める（民法719条1項後段の類推適用による立証責任の転換）のが、この法理と整合性を有するように思われます。

■ 11.7　重合的競合（累積的競合）と寄与度についての主張・立証責任の転換　　**191**

また，この法理は，各行為者の行為が個別に被害者に対してどの程度の影響を与えたのかが明らかである場合をどのように処理すべきかを扱うものでもありません。この場合については，寄与度が明らかな行為者との関係では，各行為者の個別的寄与度に応じた単独責任（個別的寄与度に応じた分割責任）と捉えるのが，この法理と整合性を有するように思われます。

11.8 共同不法行為者間の求償権

　民法719条１項に基づいて，共同行為者は，各自が連帯して損害賠償をする義務を負います（連帯債務）。この関係には，民法の債権総則の連帯債務に関する規律が適用されます。したがって，被害者に損害賠償をした行為者の１人は，他の共同行為者に対して，民法442条以下の規定に従って求償をすることができます。

　ここで，平成29年（2017年）の民法改正前の判例法理を参考にすれば，「共同行為者の内部的負担部分は，各自の過失割合によって」決まります（最判昭41・11・18民集20-9-1886，最判昭63・7・1民集42-6-451，最判平3・10・25民集45-7-1173）。なお，一部弁済をした者は，改正前民法下の理論と違い，「自己の負担部分を超える額」を弁済しなくても，求償をすることができます。民法442条１項は，「その免責を得た額が自己の負担部分を超えるかどうかにかかわらず…」としています。

❖ **共同不法行為と使用者責任とが交錯する場面における求償権** ══════════

　たとえば，AとBの共同不法行為によりXの権利が侵害された場合において，AがCの被用者であり，Aの行為がCの業務の執行についてされたものであったときの求償関係は，どのようになるのでしょうか（AがXに対して損害を賠償した場合の求償関係については，本文で触れたことに付け加えることがありませんので，以下では省略します）。C運送会社の従業員Aの運転するトラックとBの運転する軽自動車が信号機のない交差点で衝突し，そのはずみで軽自動車がXの所有する建物に突っ込んで同建物を破壊したという場面を想定してください。

　Bが民法719条１項に基づきXに対して損害を賠償すれば，Bは，共同不法行為者であるAに対して，A・B間での過失割合に従い，A固有の負担部分について求償することができます。また，Bは，Aの使用者であるCに対しても，A・B間で

の過失割合に従い，A固有の負担部分に相当する額について求償することができます（前掲最判昭63・7・1）。他方，もし，Bにも使用者Dがいて，Bの行為がDの業務の執行につきおこなわれたものであった場合には，BからDへの求償（逆求償）が問題となりますが，通説はこれを否定しています（これとは逆の方向を示した最近の判例に関して，9.7の解説を参照してください）。

　Cが民法715条1項に基づきXに対して損害を賠償すれば，Cは，Aに対して，同条3項に基づいて求償することができます（ただし，信義則による制限があります。これについては，9.6を参照してください）。他方，Cが，Aとの共同不法行為者であるBに対して求償する場合には，A・B間での過失割合に従い，B固有の負担部分について求償することができます（前掲最判昭41・11・18）。もし，Bにも使用者Dがいて，Bの行為がDの業務の執行につきおこなわれたものであったのであれば，Xに賠償をしたCは，B固有の負担部分に相当する額についてDに対して求償することができます（前掲最判平3・10・25）。

11.9　共同行為者の1人について生じた事由の影響

　共同不法行為者は，各自が連帯して被害者に対し損害賠償をする責任を負うところ，ここでの共同行為者の損害賠償債務は連帯債務であり，この関係には，民法の債権総則の連帯債務に関する規律が適用されます。したがって，たとえば，被害者が共同行為者の1人に損害賠償債務の履行を請求したからといって，他の共同行為者にも請求したことにはなりません。また，共同行為者の1人について消滅時効が完成したとしても，消滅時効の効力は他の共同行為者に及びません。被害者が共同行為者の1人に対して損害賠償債務を免除したとしても，他の共同行為者を免除したことにもなりません（民法441条本文）。

　ただ，免除の場合には，若干，注意が必要です。というのは，判例は，その被害者が共同行為者の1人に対してした免除の意思表示が共同行為者全員の損害賠償債務を免除する意思でされたたものであったときには，その限りで他の共同行為者の債務も消滅することを認めているからです（最判平10・9・10民集52-6-1494）。

第12章

差止請求と損害賠償

▶ X らの言い分……私たち300名は，Y 高速道路公団が管理する高速道路の沿線住民です。高速道路を通行する車両から撒き散らされる排気物質で，住環境が悪化し，私たちは慢性の呼吸器系疾患にかかってしまいました。これ以上の環境の悪化と私たちの症状の悪化を防ぐには，高速道路を通行する車両数を規制してもらうしかありません。そこで，私たちは，Y に対し，私たちが住んでいる地域における1日あたりの車両通行台数を1時間あたり最高2000台に止めることと，現在および将来の損害を賠償することを請求したい。

▶ Y の言い分……問題の高速道路は，わが国の道路網の中でも大動脈にあたるもので，車両の通行規制などをおこなえば，わが国の経済のみならず国民生活にも計り知れない打撃を与えます。特に，問題の地区には，他に車両が迂回できるのに適した道路がないのです。また，X らの中には，もともと呼吸器系疾患を持っていた人や，喫煙者も相当数含まれています。この地区には石油コンビナートもあるわけでして，X らの主張する被害の原因が唯一，車の排気ガスであるとも限られません。さらに，X らが将来どれだけの不利益を受けるのかも，わが国の社会構造・産業構造の変化が予想されない今，測定不可能であると考えます。

12.1 差止請求を認めることの必要性

わが国の不法行為制度は，民法709条で，不法行為を理由とする被害者の救済手段として，損害賠償のみを規定しています（1.2参照）。

このように，不法行為をしたときに損害賠償を支払わなければならないとすることは，一般的な事故抑止・予防的機能は果たしますが，損害賠償という救

済手段は，あくまでも権利侵害の結果が発生した後の，事後的な——しかも，金銭による——救済手段にすぎません。将来に向かって権利侵害を抑止し，損害を発生させる事態を排除するには，損害賠償では十分でないことが少なくないのです。とりわけ，結果が発生した後では手遅れであって，金銭による賠償では被害の実質的解決にはならない場合や，将来の重大な不法行為の発生ないし再発を効果的に抑止することができない場合には，加害者の行為そのものを事前に差し止めることが被害者の権利を保護するうえで有用です。

　民法自体も，不法行為を理由とする差止めを定めていないというだけであって，別の根拠による差止請求を否定するものではありません。

　ただし，行為者の行為を差し止めるということは，事後的救済手段としての損害賠償とは違い，行為者の行動の自由を事前かつ直接に制約することになります。したがって，いつ，いかなる場合に差止めが容認されるべきかを考えるときには，単に被害者の権利・利益の保護の必要性のみならず，行為者の権利・利益保護の必要性や，差し止められようとする行為が社会においてどのような価値を有しているものかをも含めて，被害者の権利を保護するうえで行為者の行動の自由への過剰な介入とならないように衡量をおこなう必要がありますし，差止請求の要件事実を考える際には，この衡量過程を反映した理論を立てなければなりません（行為者の表現の自由・思想信条の自由といった精神的自由が問題となるときに，とりわけ注意が必要です）。

　ちなみに，現在，法律の規定や判例で差止請求が認められているのは，生活妨害（相隣関係的侵害，公害事例），名誉毀損・人格権侵害，独占禁止法違反行為，不正競争行為，知的財産権侵害といった場面においてです。本章は，このうち，差止請求の一般法理が明瞭に現れている生活妨害の場合に焦点をあてて，解説をします（名誉毀損・人格権侵害の場面については，他の問題とともに，次章で扱います）。

12.2　生活妨害の差止めとその法的根拠

　生活妨害には，大別して，騒音・振動，大気汚染，水質汚濁のように，積極的に有害物を周辺に拡散するタイプのものと（積極的侵害），日照妨害・通風妨害や眺望妨害・景観破壊のように，消極的に周辺の生活に支障をきたすタイプ

のもの（消極的侵害）とがあります。

　こうした生活妨害の差止めについて，初期には，不法行為を根拠に差止請求を肯定する見解も提唱されましたが，やがて，この構成（不法行為説）だと民法709条で故意・過失が要求されることから被害者に不利であるとの批判に，かき消されるようになりました。そして，これと並行して，民法709条は違法な行為を将来に向かって差し止めることを請求する権利を含まず，過去に生じたかまたは将来生じることの確実な損害を金銭によって塡補する権利を与える制度にすぎないのだというように，不法行為制度が損害賠償による救済制度へと特化されていったのです。

　これに代わって，差止請求の根拠を説明する見解として多くの支持を得たのは，物権的請求権の１形態として差止請求を認めるという見解です。**物権的請求権説**（もしくは物権説）と言われる見解です。加害者の行為を被害者の所有物への侵害として捉え，絶対権であり排他性を有する物権に基づく差止請求・予防請求を認めるのです。被害者は，土地所有権や建物所有権の円満な行使を侵害するものとして，その侵害行為の是正や予防を求めることができることとなります（この構成に拠った１判決として，名古屋地判昭42・9・30判時516-57）。物権的請求権説は，騒音・日照妨害といった近隣生活者間における土地利用の衝突と結びついた生活妨害（相隣関係型の生活妨害）の事例で，大きな意味を持つものでした。そして，こうした理解は，相隣関係的な権利内在的な制約（所有権と所有権との衝突から生じる相互の権利制約）のうえでの救済法理として差止請求権を捉え，「受忍限度」を超えたか否かを基準に差止請求が認められるかどうかを決するという方向へと進みました。

❖ **物権的請求権における相関関係理論**

　　以上のような相隣関係型の生活妨害において物権的請求権としての差止請求・予防請求を認めるという方向は，物権的請求権そのものの成立要件にも影響を及ぼすようになりました。そこでは，物権的請求権が認められるかどうかを判断するためには，物権の客観的侵害状態が存在することだけでは足りず，不法行為における損害賠償請求権におけると同様に加害行為の態様と被侵害利益との相関的衡量が必要であるとの見解が，一部で主張されることとなったのです。

　ところが，物権的請求権説に対しては，そもそも物権侵害が認められない場合にどうするのか，土地・建物所有者が被害者ではない場合にはフィクション

を伴うのではないかという批判が出てきました。とりわけ，単なる相隣的な生活妨害とは異なるタイプの大企業対一般市民という対立構図での企業活動や公共事業に伴う公害問題が深刻化する中で，公害によって侵害されているのは人間の健康であるのに，物への侵害として処理するのはおかしいとの指摘が現れました。そして，以後の学説の主流は，財産的価値への着目から，人格的価値への着目へとシフトしていくことになります。

　この展開過程で大きな意義を有したのが，航空機の夜間離発着の差止めを求めた大阪空港公害訴訟１・２審判決です（最大判昭56・12・16民集35-10-1369に添付されています）。１審判決は，「個人の生活上の利益は物権と同等に保護に値する」と述べることで，ここでの差止請求を物権的請求権に準じるものとして構成しました。この１審判決を改良したのが，２審判決です。そこでは，人格権は人間の存在にとってもっとも基本的な事柄であり，法律上絶対的に保障されるべきものであって，何人もみだりに侵害することは許されず，その侵害に対してはこれを排除する権能が認められなければならないとして，端的に，人格権に基づく妨害排除・妨害予防請求権を肯定したのです。この考え方は，多くの学説の支持を得て，その結果，人格権侵害を理由として差止めを認めるという人格権説が確立を見ました。「人格権」の意味として「生命・健康を人間が本来有する状態で維持しうる権利」を理解したうえで，人格権侵害の意味を，「個人の人格に本質的に付帯する個人の生命，身体，精神および生活に関する利益の侵害」と捉え，かかる侵害に対して，人格権に基づいて差止めを認めるという立場が，支配的地位を獲得するに至ったのです。ただし，その内実は，物権的請求権を支配権ないし絶対権（無体財産権・人格権等）に拡張するというものであったのです。

　ところで，この大阪空港公害訴訟の過程では，環境権に基づく差止めを認めるべきであるという見解が，強力に主張されるようになりました。環境権説と呼ばれる立場です。環境権説によれば，環境権とは，「よき環境を享受し，これを支配し，かつ，人間が健康で快適な生活を求める権利」（環境に対する排他的支配権）であると定義されています。そして，環境権論者らは，環境を構成する大気・水・日照・通風・景観・静穏などの自然，歴史的景観，さらに都市景観を人間の生活にとって欠くことのできないものと把握し，それゆえに環境自体の悪化を排除する権利が市民一人ひとりに与えられなければならないとして，この意味での「環境権」を，憲法13条の幸福追求権および憲法25条の生存権に

基礎づけられるとします。こうした基本権に基づき，環境破壊に対する排除請求・予防請求を認めるわけです。

　もっとも，環境権説に対しては，環境権としての権利性そのものについて，強い批判があります。そこでは，①実定法上何らの根拠もなく，権利の主体・客体・内容の不明確な環境権なるものを，排他的効力を有する私法上の権利であるとするのは法的安定性を害し許されないと批判されます（名古屋高判昭60・4・12判時1150-30〔名古屋新幹線公害訴訟〕）。また，②その基礎となる環境の概念と範囲が不明確であること，環境破壊の取り方次第では，一切の開発が不可能となりかねないことも批判されます。さらに，③当事者適格の面から，環境権侵害と言っても，原告が具体的にいかなる利害関係を有し，いかなる個別的な利害関係を侵害されるのかという点についても明確性を欠くと批判されます。その結果，差止訴訟提起の方法や既判力の範囲についても疑問があるということになるのです。このため，環境権の権利性は，裁判実務によって認められていないのが実情です。

❖ **新たな環境権構成**

　環境権は，当初，市民一人ひとりに与えられる権利であるというように説明されていました。しかし，最近では，環境は個人の排他的支配になじむものではなく社会的共用財産であるとの見地（環境共有の法理）から，環境権を個人的権利としてではなく「公共性を備える権利」として捉えなおす立場が主張されるようになってきています。ここには，環境を共有している共同体メンバー（もっとも，これがどのようにして決められるのかという問題はあります）が環境を享受しているという主張が含まれているとともに，権利の対象としての環境そのものを単に個人にとっての人格的・財産的価値の視点からのみ定義するのではなく，個人人格から独立して存在する環境利益の公共的性格をも考慮して定義づけるべきであるという主張（権利概念の再構築）も含まれています。

　この問題に関しては，国立高層マンション事件と称される事件（マンション上階高さ20メートルを超えた部分の撤去請求）の最高裁判決を，1審・2審判決とともに一読して考えてみてください（東京地判平14・12・18判時1829-36，東京高判平16・10・27判時1877-40，最判平18・3・30民集60-3-948）。

　結局のところ，差止請求の法的根拠をめぐる現在の到達点は，次のようにまとめることができます。

①　一般的不作為請求としての差止請求を，不法行為を理由に認めることに

は否定的です。環境権説も採用されていません。

② 物権的請求権の拡張形態としての人格権侵害を理由とする差止請求（妨害の排除ないし予防）を認めます。

③ もっとも，物権的請求権により処理可能なものについては，物権的請求権構成による差止めを認めることは否定されません。

④ また，人格権侵害を理由とする差止めを認めるかどうかにつき，常に妨害排除を認めるのではなく，保護されようとする被害者の権利と行動自由の制約を受ける加害者の権利との間での衡量がされています。差止めを認めるか否かは，侵害者の側の行動の自由を制限することによる損失と，被害者の側のそれによって受ける利益（もしくは，損害賠償は認めながら妨害排除を認めないことによる損失）との比較衡量によって決めるべきだとされるのです。そして，この衡量をおこなう場として，受忍限度という要件事実が立てられています。

❖ 最近の不法行為説ほか

最近では，物権や人格権に基づく差止めの可能性を容認しつつ，これらと並べて，端的に不法行為を根拠に差止請求を導こうとする見解が現れてきています。そこでは，たとえば，社会生活の進展に伴う保護法益の多岐化・複雑化，それを支える価値判断の変化・多様化に鑑み，物権的請求権・人格権に基づく差止めが認められる場合や，特別法に基づく差止請求権の趣旨を拡張して保護されるべき場合でなくても，①現在において損害が生じており，そのことが将来において損害が発生する高度の蓋然性を基礎づけるものである場合，②過去の損害の発生につき行為者に故意のある場合（加害の意思をもってする行為を放置する理由は存しない），さらに，③差止めを命じなければ回復できないような性質の被侵害利益である場合に，不法行為に基づく差止請求権を認めるべきであるとする見解が主張されています。あるいは，積極的侵害の場合には「権利侵害」と「違法性・受忍限度」の要件，消極的侵害の場合には「利益侵害」と「過失」の要件により，差止請求が認められるかどうかが決まることになるとする見解も主張されています。さらに，法的保護に値する権利・利益が違法に侵害された場合に，違法な侵害からの法益保護の必要性を直接の根拠として差止請求権を認める見解（違法侵害説）も主張されています。

12.3　差止請求と受忍限度

通説によれば，生活妨害の差止めが吟味される際には，権利侵害（通説によ

れば，物権侵害または人格権侵害）と並べて，受忍限度が問題とされます。「特定の個人に損害が生ずる虞があることを理由として違法行為の停止を要求できるとすれば，個人の行動の自由を不当に制限する虞があるのみならず，不可避の危険を包蔵する現代の企業の経営を絶対的に禁ずることになってしまう」（我妻栄）との考慮が，その背景にあります。

❖ **騒音・日照妨害を理由とする損害賠償請求と受忍限度論** ════════

　受忍限度の発想が最初に現れた最高裁判決は，工場騒音に関する損害賠償請求の事件でした（最判昭42・10・31判時499-39）。最高裁は，さらに，この受忍限度論を，日照妨害における損害賠償請求の場面でも採用しました。「南側家屋の建築が北側家屋の日照，通風を妨げた場合は，もとより，それだけでただちに不法行為が成立するものではない。しかし，すべての権利の行使は，その態様ないし結果において，社会観念上妥当と認められる範囲内でのみこれをなすことを要するのであって，権利者の行為が社会的妥当性を欠き，これによって生じた損害が，社会生活上一般的に被害者において忍容するを相当とする程度を超えたと認められるときは，その権利の行使は，社会観念上妥当な範囲を逸脱したものというべく，いわゆる権利の濫用にあたるものであって，違法性を帯び，不法行為の責任を生ぜしめるものといわなければならない」と述べたのです（最判昭47・6・27民集26-5-1067）。

　民法709条の権利侵害・違法性要件に関して一時期主張された受忍限度論の意味については，2.6の説明を参照してください。

　　差止請求における受忍限度論は，「一般市民が各種の企業によって受けるべき被害は無視できないが，企業がそのような被害を与えながらも他方においてより多くの利益を生み出している」という見方に支えられたものですが，受忍限度論に対しては，一般市民の生活利益の犠牲のもとに企業の産業活動を優遇しているとの批判を受けています。

　　しかし，差止めが問題となる局面では，事後的な損害賠償が問題となる局面と異なり，将来に予想される侵害行為を事前に差し止めるという点で，行為者の行動の自由に対する重大な制限をもたらすことになります。とりわけ，行為者の思想・信条の自由，表現の自由等の制約をもたらす場合には，被害者の権利が侵害される危険性のみでは，将来の行為を差し止めることは正当化することができません。ここでも，被害者の権利・自由と加害者の行動の自由とが対立・拮抗しており，単に被害者の利益のみを絶対視してその保護を強調するのは相当でなく，両者の権利・自由の調整が必要です。このように，差止めの場

合には，行為者の行動の自由により大きな制約を課すことになりますから，損害賠償の場合以上に加害者の行動の自由が社会にとって持つ意味を探求し，その制限を正当化するための論拠を提示しなければなりませんし，行為者の行動の自由に対して加えられる制約が最小限のものであることが，損害賠償請求の場合以上に厳しく要求されることになるのです。

　こうした点に鑑みれば，従前の裁判例や多数の学説が利益調整がされる場としての「受忍限度」という要件を置くのには，積極的な意義が認められるものと考えられます（工場騒音の差止めに関して，受忍限度論を採用した最近の最高裁判決として，最判平6・3・24判時1501-96）。

　こうして，受忍限度に関する判断にあたっては，①「被害（被侵害利益）の大きさ」と「加害者の行為から生じる被害発生の危険の程度ないし蓋然性の大きさ」を乗じたものと，②「差止めによって犠牲にされる加害者の利益と，差止めによって生じる社会的・経済的利益の欠落による損失の和」との間での衡量がされることになります（これらに加え，「環境影響評価」・「環境アセスメント」の実施といった手続的正当性のファクターを重視し，この不実施が差止請求を認める方向での重要な要素であるとする見解もあります）。

　ちなみに，上記の公式自体は，損害賠償請求における過失でのそれ（ハンドの公式。3.8参照）と類似しますが，差止めは行為者の社会経済活動を事前かつ直接的に規制し，事業活動の停止にも至り得るものですから，当該行為者の行為の持つ公共性や社会的有用性といった国民経済的ファクターが考慮に入れられる必要があります。判例も，「侵害行為の態様と侵害の程度，被侵害利益の性質と内容，侵害行為の持つ公共性ないし公益上の必要性の内容と程度等を比較検討するほか，侵害行為の開始とその後の継続の経過及び状況，その間に採られた被害の防止に関する措置の有無及びその内容，効果等の事情をも考慮し，これらを総合的に考察して」差止めの可否を決定すべきであるとしています（最大判昭56・12・16民集35-10-1369〔大阪空港公害訴訟〕，最判平5・2・25民集47-2-643〔厚木基地事件〕，最判平5・2・25判時1456-53〔横田基地事件〕，最判平7・7・7民集49-7-2599〔国道43号線訴訟・差止請求〕など）。しかも，過剰介入禁止という観点から，上記の衡量にあたっては，①その侵害による被害の危険が切迫しており，②その侵害により回復し難い重大な損害の生じることが明らかであって，③その損害が相手方の被る不利益よりもはるかに大きく，かつ，④他に代替手段がなくて差止めが唯一最終の手段であるという場合かどうかを重視すべきです

（大阪地判平 5・12・24判時1480-17〔関西電力高浜発電所 2 号機運転差止請求事件〕）。

❖ 違法性段階論について
　かつて，違法性段階論，つまり，賠償違法と差止違法の質的違いが指摘されることがありました。既に生じた損害の填補を目的とする賠償違法と，将来の損害の排除を目的とする差止違法とでは，違法性の程度が異なるとするものです。しかし，最近では，こうした見方は強く批判されています。損害賠償と差止めとで違法判断が異なってくるのは，考慮されるべきファクターの違い（とりわけ，公共性・公益性のファクター）によるものなのです（前掲最判平 7・7・7 と同日の最判平 7・7・7 民集49-7-1870〔国道43号線訴訟・損害賠償〕を一読して，両請求における違法性判断のファクターの違いを把握してください）。しかも，差止請求にもさまざまなレベルのものがあり，一律に論じることはできません。

12.4　請求の特定性

　差止請求は，加害者に対して，「15階建て建物の 7 階以上の部分を取り壊せ」といったような一定の作為や，「夜 9 時以降，翌朝午前 7 時までの時間帯には，飛行機の離発着をしてはいけない」といったような不作為を請求するものです。このとき，求められた作為や不作為については，執行ができる程度に内容が明確でなければなりません。

　幅50cm の防音壁の設置とか，午後 9 時から午前 8 時までの工場の操業禁止といったように，差し止める行為の内容として具体的措置が求められているときには，請求の特定性の点では問題がありません。これに対して，「被告はその工場から発生する音量が隣接する原告の自宅中央部に55ホン以上流入させてはならない」とか，「55ホン以上の騒音が流入しないように防音設備を施せ」といったような具体的な措置を明示しない差止請求（抽象的不作為命令を求める訴え）は，どうでしょうか。これについて，判例は，「抽象的不作為命令を求める訴えも，請求の特定に欠けるものということはできない」としています（前掲最判平 5・2・25）。一定の生活関係における具体的な危険ないし危険発生源と侵害結果との特定により差止請求権を特定できるでしょうし，企業活動等によって一般人の権利が侵害される場面で，侵害発生のメカニズムを被害者が確知できず，請求すべき侵害防除措置の具体的特定が困難な場合が生じる場合

が少なくない点も考慮したとき，抽象的行為（不作為・作為）を命じることも否定されるべきではないでしょう。

　もっとも，抽象的不作為を命じる判決については，強制執行ができるのかという懸念が生じるかもしれません。しかし，執行方法としては，間接強制が考えられますし，代替執行も，採るべき具体的行為の選択を債務者に委ねるものとしてその強制は可能と言えましょう。抽象的差止判決に基づき「将来のため適当の処分」として具体的防除措置を債務者の費用で債権者がおこなうことも可能であるというのが，民事訴訟学説での支配的見解です。

12.5　差止めと損害賠償——「将来の損害」の賠償可能性

　差止請求が問題となる場面では，差止めとあわせて損害賠償を請求する場合が少なくありません。その際，侵害が継続している場合に，現在の時点では生じていない損害についても賠償請求できるかという問題が出てきます。

　不法行為の時点では発生していない将来の損害も賠償請求できるかという問題については，よく似た問題について既に5.2で解説をしたことがあります。「逸失利益」（消極的損害）についての話がそれです。交通事故にあった将来の治療費・付添介護費や将来に獲得できたであろう営業利益・収入の喪失の賠償可能性についての解説を今一度思い出してください。

　そこでの逸失利益の賠償可能性の話と，ここでの「将来の損害」の話とは，どこが違うのでしょうか。消極的損害としての逸失利益は，不法行為がされた時点で，「権利が侵害されたことにより，既に発生している不利益」，つまり，「現在の損害」なのです。たとえば，人身事故が生じて40歳の被害者が植物人間になってしまったときには，この者が67歳まで働けば得たであろう収入の喪失は，「得ることができた収入を失ったという不利益が，不法行為時点で（＝現在）生じている」という点で，「現在の損害」なのです。

　これに対して，被害者に生じている被害が将来にわたっても継続したり繰り返されたりする場合に，この将来の被害を現時点での不法行為による「現在の損害」として評価するのではなく，将来おこなわれる可能性のある不法行為の結果として捉え，この将来の不法行為を理由とする損害賠償責任の成立をもとに，これによる損害（＝「将来の損害」）の賠償を，現時点で求めていくことが

できるのかどうかが問題となります。これは、「将来の損害」についての賠償請求の問題であり、口頭弁論終結時にいまだ現実化していない損害賠償義務についての判決を求める訴え、つまり民事訴訟法135条に言う将来の給付の訴えが許されるか否か（訴え却下とならないかどうか）に関係します。

詳細については民事訴訟法の教科書を参照してください。従来の民事訴訟学説は、将来の給付の訴えについて、将来発生すべき請求権であっても、①現在既に請求の基礎となる事実関係が存在し、かつ、②請求内容が明確である場合において、③あらかじめ請求をする必要性のあるときに限って、将来の給付の訴えを提起することが許されるものと解してきています（なお、前掲最大判昭56・12・16〔大阪空港公害訴訟〕も参照してください）。

12.6　関連問題：将来損害項目と事情変更

被害者の将来の不利益が「現在の損害」として捉えられる場合であれ、「将来の損害」として捉えられる場合であれ、一時金での賠償を命じた判決の確定後に被害者をめぐる事情が判決時に予想していたのとは異なる経緯をたどったときは、どうなるのでしょうか。

最高裁で問題となったのは、次の2つの場面です（なお、民事訴訟法117条は、「現在の損害」としての定期金賠償が認められた場合における確定判決後の著しい事情の変更を理由とした変更を許容しています。5.10.2参照）。

（1）**判決確定後の後遺症の発症**　たとえば、加害者の過失による硫酸処理のためにやけどを負った被害者が加害者を被告として損害賠償請求訴訟を提起して勝訴し、その認容判決が確定したとします。その後に、被害者に後遺症が発生して、再手術を余儀なくされました。被害者がこの後遺症による損害の賠償を請求してきたところ、加害者が「私の損害賠償義務については、既に確定した判決で審判の対象とされたのだから、前の判決の効力が及んでおり、改めて審判の対象とされることはない」と反論したとき、裁判所としては、どのような判断をすればよいのでしょうか。

判例は、このような場合に、「明示の一部請求についての確定判決の既判力は、残部の請求に及ばない」（最判昭37・8・10民集16-8-1720）との民事訴訟法理論をもとにして、問題の追加請求は前訴の最終口頭弁論期日後に生じた事情に

よって生じた費用を損害として賠償請求するものであり，「所論の前訴と本件訴訟とはそれぞれ訴訟物を異にするから，前訴の確定判決の既判力は本件訴訟に及ばない」としました（最判昭42・7・18民集21-6-1559）。一部請求理論との整合性について問題を残しますが，詳しくは民事訴訟法の教科書を参照してください。

(2) 不動産の継続的不法占有　たとえば，所有者が土地の不法占拠を理由に土地明渡しまでの賃料相当額の賠償請求をし，判決が確定した後に土地の価格が急騰し，公租公課が増加したとします。この種の事例を扱った判決は，「土地明渡に至るまで継続的に発生すべき一定の割合による将来の賃料相当損害金についての所有者の請求は，当事者間の合理的意思並びに借地法12条（注。現行借地借家法11条）の趣旨とするところに徴すると，土地明渡が近い将来に履行されるであろうことを予定して，それに至るまでの右の割合による損害金の支払を求めるとともに，将来，不法占拠者の妨害等により明渡が長期にわたって実現されず，事実審口頭弁論終結後の前記のような諸事情により認容額が適正賃料額に比較して不相当となるに至った場合に生ずべきその差額に相当する損害金については，主張立証することが不可能であり，これを請求から除外する趣旨のものであることが明らかであるとみるべきであり，これに対する判決もまたそのような趣旨のもとに右請求について判断をしたものというべきであって，その後前記のような事情によりその認容額が不相当となるに至った場合には，その請求は一部請求であったことに帰し，右判決の既判力は，右の差額に相当する損害金の請求には及ばず，所有者が不法占拠者に対し新たに訴えを提起してその支払を求めることを妨げるべきものではない」としました（最判昭61・7・17民集40-5-941）。

第13章

名誉毀損および人格権
・プライバシー侵害

▶ Ｘらの言い分……私は，著名な国会議員Ａの子（25歳）です。作家Ｙの書いた『カリスマ政治家』が出版社Ｚから刊行されました。広告によると，この本は，Ａの個人史と称してＡの半生を十分な裏づけもないまま本当らしく書き綴ったものです。その中では，Ａだけではなく，私の日常生活のことまでも，事細かに書いています。そこには，学校での成績や，隠し撮りされた写真が掲載されていますし，結婚と離婚，被害者との示談が成立し立件されなかった過去の事件など，他人に知られたくない話もたくさん出てきます。私は，Ｚに対し，出版の打ち切りと市場に出回った本の回収を求めるとともに，Ｙ・Ｚに対し，日刊新聞紙５社の社会面に謝罪広告を出すことと，慰謝料として5000万円の支払を求めたい。

▶ Ｙ・Ｚの言い分……この本は，Ｙによる十分な裏づけ取材のもとで書かれたものです。内容は真実を書いたものですし，Ｙは取材先にも周到な注意をして真実か否かの確認をとりつつ聞き取りをしました。しかも，Ｘは，著名な政治家Ａの家族ですし，Ａについてのルポルタージュの中で家族のことに触れざるを得ないのは，必然というものです。また，Ｙには言論・論評の自由があるし，Ｚにも出版の自由・報道の自由があります。出版の打ち切りや回収をされたのでは，言論の自由の弾圧そのものです。また，謝罪の必要はないものと考えるところ，意に反して謝罪せよと言われたのでは，憲法の保障する思想・信条の自由にも抵触すると考えます。

13.1　名誉毀損と人格権・プライバシー侵害

本章からの３章は，不法行為制度についておこなった基本的な枠組みに関す

る解説をもとにして，いくつかの問題状況につき，補足も兼ねた説明を加える
シリーズとします。

　本章では，その中でも，名誉毀損と人格権・プライバシー侵害における権利
救済制度を扱います。

　最初に，名誉毀損の救済に触れ，次に，人格権・プライバシー侵害の問題へ
と進むことにします。

13.2　名誉と名誉毀損の意義

　名誉とは，人がその品性，徳行，名声，信用その他の人格的価値について社
会から受ける客観的評価を言います（ここに言う「人」には，法人も含まれます。
法人にも名誉があるのであって，これにより無形の損害が発生した場合には，これの金
銭評価が可能な限り，その賠償が命じられるのです。最判昭39・1・28民集18-1-136
〔病院を経営している財団法人に対する名誉毀損〕）。

　名誉毀損にあっては，「被害者の社会的評価」が保護法益です。主観的な名
誉感情（自分自身の人格的価値についてみずからが有する主観的な評価）の侵害だけ
では，いまだ名誉毀損とはなりません（最判昭45・12・18民集24-13-2151）。ただ
し，後で述べる「人格権侵害」を理由とする救済の可能性はあります。

　名誉毀損が民法709条に言う「権利侵害」の要件を充たすには，「被害者の社
会的評価が低下したこと」があれば足ります。虚偽の事実を告げたことによる
社会的評価の低下に限られず，真実を告げたことによる社会的評価の低下も
「名誉毀損」に該当します（もっとも，憲法学説の一部には，憲法の定める表現の自
由を考慮するとき，虚偽の事実を述べることによって社会的評価が低下した場合にのみ，
「名誉毀損」を認めるべきであるとの異論があります）。

　❖ 新聞記事・テレビ報道による名誉毀損と社会的評価の低下 ══════════
　　新聞記事・テレビ報道による名誉毀損の場合には，他人の社会的評価を低下させ
　るかどうかは当該記事についての「一般の読者の普通の注意と読み方」，当該報道
　についての「一般の視聴者の普通の注意と視聴の仕方」を基準として判断すべきで
　す（新聞記事につき，最判昭31・7・20民集10-8-1059。テレビ報道につき，所沢ダイ
　オキシン類汚染報道事件と称される最判平15・10・16民集57-9-1075。新聞記事の場合と
　の具体的な判断様式の違いについては，この判決の理由部分を熟読してください）。

また，ある新聞が主に興味本位の内容の記事を掲載することを編集方針とし，読者層もその編集方針に対応するものであったとしても，当該新聞が報道媒体としての性格を有している以上は，読者は当該記事に幾分かの真実も含まれているものと考えるのが通常でしょうから，記事の対象とされた者の社会的評価が低下する危険性を否定できません（最判平9・5・27民集51-5-2009）。

　ちなみに，新聞記事・テレビ報道による名誉毀損は，新聞記事の場合には記事を掲載した新聞が発行されて読者が閲覧可能となった時点，テレビ報道の場合には視聴者が視聴可能となった時点で成立します。したがって，たとえ対象となった刑事事件で後に被害者が有罪判決を受けたからといって，報道時点における被害者の社会的評価低下の事実が消えるわけではありませんから，これによって損害賠償請求権が消滅するものではありません（最判平9・5・27民集51-5-2024。もっとも，この判決は，慰謝料額は事実審口頭弁論終結時までに生じた諸般の事情を斟酌して判断されるゆえに，裁判所は，慰謝料額算定の際に，名誉毀損成立後の事実，たとえば，被害者が損害発生後に有罪判決を受けたという事実を斟酌することができるとしています）。

13.3　名誉毀損の免責法理
——真実性の抗弁と相当性の抗弁

　真実の事実の摘示による社会的評価の低下も「名誉毀損」に該当すると考えると，この場合に，なお不法行為責任成立の可能性を否定する余地がないのでしょうか。

　判例・通説は，以下に述べるように，公表事項の公共性と公益目的での公表という2つの要件を充たす場合には，摘示した事実が真実であったことを相手方が証明できたとき（真実性の抗弁），または，摘示した事実が真実であると信じたことに過失がなかったとされるとき（相当性の抗弁）に，行為の違法性ないし責任が否定されるものとしています（伝統的には，刑法と同様，違法性阻却事由と言われることが多いです）。これにより，憲法13条による個人の名誉保護と憲法21条による言論の自由の保障，さらには社会公共の利益との間で，調和と均衡を図っているのです。

❖ 名誉毀損の免責法理と基本権相互の均衡問題 ══════════════

　名誉毀損の免責事由（または違法性阻却事由）が語られる際に問題となっているのは，「自己に対する社会的評価」につき被害者が有している人格的利益と，名誉毀損をおこなったとされる行為者が有している言論・報道の自由や思想・信条の自

由との間で，どのような衡量をおこなうかという基本権レベルでの調整です（同様の衡量問題は，プライバシー侵害の場面でも生じます）。

それゆえ，憲法での学習事項とつなげて理解してほしいところです。

13.3.1 真実性の抗弁

名誉毀損の主張に対し，行為者が，①摘示された事実が真実であること，②摘示された事実が公共の利害に関する事実にかかるものであること，および，③事実摘示がもっぱら公益を図る目的に出たことを主張・立証したときには，その行為には「違法性」がありません（最判昭41・6・23民集20-5-1118〔議員候補者の前科についての新聞報道〕，最判昭47・11・16民集26-9-1633，最判昭62・4・24民集41-3-490〔他の政党の社会的評価が低下することをねらって新聞紙上に掲載した，ある政党の意見広告〕）。

ここでは，(a)「真実の事実の摘示といえども，一般的には人の社会的地位を低下させるものは名誉毀損を構成する」と考えたうえで，(b)「公表事項の公共性」と「公益目的での公表」という2つの要件を充たす場合にのみ，例外的に不法行為責任を阻却するものとして扱っている点に注意してください。

摘示された事実が真実かどうかの判断にあたっては，裁判所は，事実審の口頭弁論終結時において客観的な判断をすべきです。したがって，その際には，名誉毀損行為の時点では存在しなかった証拠を考慮して，真実性についての客観的判断をすることも当然に許されます（最判平14・1・29判時1778-49）。

なお，判例では，①に関して，摘示された事実は「主要な部分」において真実であることを主張・立証すれば足りるとされています（最判昭58・10・20判時1112-44）。

13.3.2 真実と信じたことについての無過失の抗弁（相当性の抗弁）

行為者は，摘示された事実が真実であることを立証できなくても，「行為者において，その事実を真実と信じるについて相当の理由があったことを根拠づける具体的事実」を主張・立証することで，名誉毀損を理由とする責任を免れることができます。そのような行為につき故意・過失がなかったとされるのです（前掲最判昭41・6・23，最判昭47・11・16。なお，刑事事件ですが，最大判昭44・6・25刑集23

-7-975〔夕刊和歌山時事事件〕も参照してください）。

　このような抗弁が認められるためには，「摘示された事実が周知のものとなっていた」という事実（周知性）を主張・立証するだけでは足りません。周知性は，その事実が真実であるということへの信頼を基礎づけないのです（最判平9・9・9民集51-8-3804参照）。信頼すべきところから材料を入手したことと，その真実性について合理的な注意を尽くして調査検討したことが不可欠となりましょう。

　相当性の抗弁に関連して，配信サービスの抗弁というものが論じられることがあります。これは，アメリカ法において展開された理論をもとにしたものでして，掲載記事中で配信元が明確にされているという場合には，「取材のための人的物的体制が整備され，一般的にその報道内容に一定の信頼性を有しているとされる通信社からの配信に基づく記事については，裏づけ取材をしなくても，真実を伝えるものであると信じるについて相当の理由がある」というものです。通信社から名誉毀損の内容を含む可能性のある記事配信を受けた地方の新聞社が配信記事に準拠した記事を載せた新聞を発行したというような場合を考えてみてください。けれども，判例は，信頼性のある通信社から配信されて掲載した記事が「私人の犯罪行為やスキャンダルないしこれに関連する事実を内容とするものである場合」に，このような配信サービスの抗弁を認めていません（最判平14・1・29民集56-1-185，最判平14・3・8判時1785-38。後者の判決は，公式判例集に登載されていませんが，意見・反対意見を含め，この問題を考えるうえで必読の判決でしょう。なお，最判平23・4・28民集65-3-1499は，新聞社が通信社からの配信に基づき新聞に記事を掲載した場合において，両者が報道主体としての一体性を有すると評価することができるときは，通信社が配信記事に摘示された事実を真実と信じるについて相当の理由があれば，特段の事情のない限り，新聞社が自己の掲載した記事に摘示された事実を真実と信じるについても相当の理由があるとしました）。

　これに対し，行為者が刑事第1審の判決を資料としてその認定事実と同一性のある事実を真実と信じて摘示したという場合には，特段の事情がない限り，摘示した事実を真実と信じるについて相当の理由があるとされています（最判平11・10・26民集53-7-1313）。刑事判決中で認定された事実は裁判官によって慎重な手続を経て証拠により認定された事実であるから，もっとも確からしい事実であり，これを資料とする者が確実な根拠に基づくものと受けとめてもやむを得ないとの判断が，この判例の基礎にあるのでしょう（その意味で，弁論主義

の働く民事事件の判決については妥当しない法理です）。

　さらに，無過失を基礎づける相当の理由の有無に関する判断基準時について
も，触れておきましょう。ここでは，無過失の抗弁が問題となるものですから，
摘示された事実を真実と信じるにつき相当の理由があったかどうかを判断する
際には，名誉毀損行為当時における行為者の認識内容が基準となります（過失
の基準時について述べたところ〔前述3.6〕を再確認してください）。名誉毀損行為当
時に存在していた資料に基づいて相当の理由の有無が判断されるのでして，そ
の時点では存在していなかった資料を証拠として考慮することは許されません
（前掲最判平14・1・29）。

13.4　意見・論評による名誉毀損

　意見（論評も同じです）の表明は，名誉毀損となるのでしょうか。意見には意
見で対抗すべきであって，意見によって名誉が毀損されても，裁判所に法的救
済を求めることは許されるべきでないのではないでしょうか。そう考えないと，
憲法の保障する思想・信条の自由が保障されなくなってしまいます。事実摘示
による社会的評価の下落については名誉毀損として不法行為責任が成立するこ
とが認められても，意見の表明によって社会的評価が下落したとしても，それ
が人身攻撃に及ぶなど論評としての域を逸脱したものでない限り，その意見・
論評が合理的か不合理かを問わず，およそ不法行為責任の成立が否定されると
言うべきでしょう（最判昭62・4・24民集41-3-490，最判平1・12・21民集43-12-
2252〔有害無能な教職員等の表現を冠して公立小学校教師の氏名・住所・電話番号等を
記載したビラを配布した行為〕）。このように解することで，基本権としての意見
・論評を表明する自由が手厚く保護されているのです。

　しかも，このことは，行為者が意見ないし論評として表明した事柄が「法的
な見解の表明」であって，裁判所が判決等によって判断を示すことのできるも
のであったとしても，異なりません。「法的な見解の表明それ自体」は「意見
の表明」であり，「事実の摘示」ではありません（Yがその著書の中で，「Xが自
己の著書にYの著作物を無断採録したのは，複製権侵害で違法である」旨を記述したこ
とが，Yによる「意見の表明」であるとされた事案につき，最判平16・7・15民集58-5
-1615。なお，本件は，別件訴訟でXの無断採録が複製権侵害にあたらないとの判決が

確定していた事件です。具体的事件について上記の判例法理がそのまま妥当すべきか否かを考えるにあたり，考慮する必要がありそうです）。

　もっとも，ここで注意すべきなのは，「意見の表明」による社会的評価の低下を理由とするときには名誉毀損を理由とする不法行為責任が成立しないという点です。これに対して，「意見の表明」がされたことで社会的評価が低下したときに，「意見や論評をする際の基礎ないし前提となった事実」の摘示により社会的評価が低下した点を捉えて，名誉毀損の不法行為責任を追及していく可能性はあります。

　そのうえで，判例によると，「ある事実を基礎としての意見ないし論評の表明」による名誉毀損にあっては，①その行為が公共の利害に関する事実にかかり，かつ，その目的がもっぱら公益を図ることにあった場合に，②「意見ないし論評の前提としている事実」が重要な部分について真実であることの証明があったときには，人身攻撃に及ぶなど意見ないし論評としての域を逸脱したものでない限り，その行為は違法性を欠くとされ（真実性の抗弁），また，③「意見ないし論評の前提としている事実」が真実であることの証明がないときにも，行為者においてその事実を真実と信じるについて相当の理由があれば，その故意または過失が否定される（相当性の抗弁）とされているのです（前掲最判平9・9・9）。

　ちなみに，意見ないし論評が「他人の著作物」に関するものである場合には，その著作物の内容自体が「意見ないし論評の前提となっている事実」にあたります。このとき，意見ないし論評における他人の著作物の引用紹介が「全体として正確性を欠くものでなければ」，前提となっている事実が真実でないとの理由で当該意見や論評が違法となることはありません（最判平10・7・17判時1651-56）。

　❖ 死者の名誉毀損 ━━━━━━━━━━━━━━━━━━━━━━━━━━

　　文学作品や新聞記事中の記述などにより，死者の名誉が侵害された場合，刑法では，故意に虚偽の事実を摘示することによる死者の名誉毀損を，刑罰の対象としています（刑法230条2項）。また，著作権法では，著作物の著作者が存しなくなった後にも「著作者が存しているとしたならばその著作者人格権の侵害となるべき行為」をしてはならないとしています（著作権法60条）。後者に関して，支配的見解は，著作権法60条が著作者の死後に著作者人格権と同一内容の権利が一定の近親者に生じることを特に定めたものであるとの立場に立っています（同条は，権利創設

規定と捉えられているのです）。

　これに対して，死者の名誉が侵害された場合に，不法行為責任による救済が与えられるのかという点については，民法上に明示的に答える規定がありません。名誉そのものが法的保護に値する利益である点は問題がないのですが，死者の名誉毀損の場合には，侵害行為時には名誉の帰属する権利主体が存在しません。そこで，遺族・近親者らが侵害行為者に対して損害賠償責任を追及する場合に，①誰のいかなる権利・法益が侵害されたのか，②遺族・近親者らはいかなる地位に基づいて不法行為上の救済を求めているのかが問題となるのです。

　多数説は，死者自身に対する権利侵害は否定し，虚偽の事実摘示であることを要件として，死者の名誉・人格権を侵害するような行為を，遺族・近親者らの名誉毀損・人格権侵害（死者への「敬愛追慕の情」の侵害）という観点から捉え，不法行為責任の成否を論じるのが適切であるとしています。裁判例でも，「故意又は過失に因り，虚偽，虚妄を以て死者の名誉を毀損し，これにより死者の親族又はその子孫（これと同一視すべき者をふくむ。以下同じ。以下単に遺族という）の死者に対する敬愛追慕の情等の人格的法益を，社会的に妥当な受忍の限度を越えて侵害した者は，右被害者の遺族に対し，これに因って生じた損害を賠償する責に任ず」とされています（「落日燃ゆ」事件と称される東京地判昭52・7・19判時857-65がこれです。控訴審の東京高判昭54・3・14判時918-21も，ほぼ同旨です）。ちなみに，このような理解からは，死者自身の名誉を回復するための処分は認められないことになります。

13.5　人格権・プライバシーの権利の意味——総論

　人格権とは，人間の尊厳に由来し，
　①　人格の自由な展開の保障（個人の自律・自己決定の保障，行動の自由，思想・信条の自由の保障など）や，
　②　個人の私的生活領域の平穏の保護（氏名・肖像などの保護）
を目的とする権利です。憲法13条に，その基礎を有しています。

　上に述べた意味での人格権は，何を権利の保護目的としているかという点で，「人についての社会的評価」を内容とする名誉権とは異なります（もっとも，名誉権も個人の人格的利益に関する権利ゆえ，「人格権としての名誉権」という表現がされることもあります）。

◆ 公害・環境被害における人格権保護 ══════

　12.2で見たように，公害・環境被害の差止めや損害賠償が問題となる局面でも，人格権という言葉が用いられます。ここでは，人格権は，生命・身体・健康について個人が有する権利・利益を指すために用いられているのです。

13.6　平穏生活権としてのプライバシーの権利

　人格権の保護は，最近では，プライバシー（権）の保護という形で語られることが多くなっています。もともと，プライバシーの権利は，19世紀末にアメリカ合衆国で提唱されたものです。そこでは，当初，私生活の公開に対する防御目的で，「1人にしてもらう権利 right to be let alone」として捉えられていたものが，やがて，多様な意味を盛られるようになっていきました。

　わが国でも，プライバシーの権利は，まず，私生活の平穏に着目して展開され，私生活にみだりに干渉されない権利（「1人にしてもらう権利」・「覗き見されない権利」）として捉えられました。裁判例においても，たとえば，「私生活をみだりに公開されないという法的保障ないし権利」というように定義されていました（宴のあと事件と称される東京地判昭39・9・28下民集15-9-2317）。最高裁の裁判例には，「前科及び犯罪経歴は人の名誉，信用に直接かかわる事項であり，前科等のある者もこれをみだりに公開されないという法律上の保護に値する利益を有する」としたものがあります（最判昭56・4・14民集35-3-620〔ある市民についての弁護士会の照会に対して，市がおこなった前科・犯罪経歴の回答が問題となった事案〕）。

　以上は，平穏生活権としてのプライバシー権を捉える見方です。ここでのプライバシーの権利は，個人の私的生活空間や個人が秘密とする事柄について，他者による干渉からの保護を求めることができる権利を意味することとなります。私事をみだりに公開されないという保障は，個人の尊厳を保ち幸福の追求を保障するうえで，必要不可欠なものなのです。

　この平穏生活権としてのプライバシーへの侵害を判断するにあたっては，①一般人の感受性を基準に判断したとき，当該私人の立場に立ったならば公開を欲しないであろう事柄であって，②一般の人にいまだ知られていないものであ

ったかどうかが決め手となります。そのうえで，③その事柄の公開によって，当該具体的個人が実際に不快・不安の念をおぼえたことが必要です（ノンフィクション作品で原告の実名を使用して約12年前の事件に関する前科を公表したノンフィクション「逆転」事件と称される最判平6・2・8民集48-2-149など）。

さらに，「私事をみだりに公開されない」ことが「権利」として法的に保護されるためには，④問題の事項につき社会が関心を持つことが正当とは言えないものであることが必要です。プライバシーの権利の輪郭は，「社会の正当な関心がどこまで認められるか」という評価との関連の中で決まってくるのです。とりわけ，平穏生活権としてのプライバシーの権利は，「知る権利」や表現の自由・報道の自由との衝突を考慮しながら内容を確定する必要があります。特に，公共の制度・利害に直接関係がある場合には，公開の目的に照らし合理的な一定範囲内で私生活の公開は許されるものと言うべきでしょう（前掲東京地判昭39・9・28）。

その他，私生活の平穏については，私生活の範囲をどこまで拡張するのが可能であるかも問題とされています（地下鉄車内における商業宣伝放送の差止めの可否が争点となった囚われの聴衆事件と称される最判昭63・12・20判時1302-94）。以上については，憲法の教科書で確認しておいてください。

13.7 自己情報コントロール権としての プライバシーの権利

プライバシー権は，自己に関する情報をコントロールする権利（自己情報コントロール権）を含むものとしても，捉えられています。個人情報を排他的に支配・管理できる権利が憲法上保護された基本権として情報主体である個人に与えられていると考え，私人間関係レベルにおいても，自己情報コントロール権としてのプライバシー権が不法行為法の保護対象となることを正当化するのです。そして，その侵害に対しては，損害賠償のみならず，場合によっては，情報開示請求権，訂正・削除請求権まで認められるとします。個人情報保護法の基礎にあるプライバシーの権利の中核を形成しているのが，この自己情報コントロール権としてのプライバシー権です。

自己情報コントロール権としてのプライバシーの権利は，たとえば，次のような場面で問題となっています（そもそも，法的保護に値せずとして権利性そのも

のが否定されることがあるのは，他の権利の場合と同様です。政見放送において身体障害者に対する差別用語を使用した発言部分がそのまま放送される利益は法的保護に値する利益とは言えないとした最判平2・4・17民集44-3-547）。

（1）　氏名は，社会的に見れば，個人を他人から識別し特定する機能を有するものですが，同時に，その個人から見れば，人が個人として尊重される基礎であり，その個人の人格の象徴であって，人格権の1内容を構成するものというべきであるとされています（最判昭63・2・16民集42-2-27〔在日韓国人の氏名の日本語読み判決〕）。

（2）　外国人の指紋押なつ制度につき合憲性判断をした最高裁判決では，個人には「みだりに指紋の押なつを強制されない自由」があり，また，「採取された指紋の利用方法次第では個人の私生活あるいはプライバシーが侵害される危険性がある」とされたものの，同時に，この自由も公共の福祉のために相当の制限を受けるのであって「指紋は指先の紋様でありそれ自体では思想，良心等個人の内心に関する情報となるものではない」とされました（最判平7・12・15刑集49-10-842，最判平8・2・22判時1562-39）。

（3）　個人の肖像については，個人の私生活上の自由の1つとして，何人も，その承諾なしに，みだりにその容ぼう・姿態を撮影されない自由を有します（最大判昭44・12・24刑集23-12-1625。法廷における刑事被告人のイラスト画の写真週刊誌上での掲載と人格的利益の侵害の問題を扱った最判平17・11・10判時1925-84を，ぜひ一読してください）。

（4）　大学学生の学籍番号・氏名・住所・電話番号といったような「秘匿されるべき必要性が必ずしも高いものではない」個人情報であっても，「本人が，自己が欲しない他者にはみだりにこれを開示されたくないと考えることは当然のことであり，そのことへの期待は保護されるべきものである」とし，このような個人情報をプライバシーにかかる情報として法的保護の対象になるとした判決があります（早稲田大学江沢民講演会名簿提出事件と称される最判平15・9・12民集57-8-973。講演会参加者の同意を得ずに，上記の個人情報を警察に開示した行為が不法行為になるとされました）。同様に，通信教育等をおこなっている企業のシステムの開発・運用をしてきた会社の業務委託先の従業員であった者が，この企業のデータベースから顧客の氏名，性別，生年月日，郵便番号，住所，電話番号，保護者の氏名といった顧客の個人情報を大量に不正に持ち出し，これらの個人情報の全部または一部を複数の名簿業者に売却した事件について，これ

らの個人情報の漏えい行為はプライバシー侵害にあたるとした判決があります（最判平29・10・23判タ1442-46。本件漏えいによって，被害者が迷惑行為を受けているとか，財産的な損害を被ったなど，不快感や不安を超える損害を被ったことについての主張・立証がされていないとの理由により被害者からの損害賠償請求を斥けた原判決に対し，プライバシーの侵害による精神的損害の有無およびその程度等についての審理不尽を理由にこれを破棄し，原審に差し戻したものです）。

13.8　自己決定権としての人格権

　人格権を，私的事項につき個人が下した決定について他者から干渉されない権利，すなわち，自己決定権の意味で捉えようとする見解があります。自己情報の支配・管理という財貨の帰属・管理権的なプライバシー権理解を離れ，生活世界におけるさまざまな関係を主体的に形成するのに不可欠な個人人格の自由な展開を保障するために個人の地位を「権利」として捉える立場です。

　この考え方からは，平穏生活権が個人の私的生活の平穏という個人人格の静的安全の保護を担うのに対して，自己決定権は個人人格の動的安全の保護を担うものとして捉えられることになります。そして，この2つの意味で人格権の正当化は，両立可能なものですし，ときにはオーバーラップする（たとえば，上記の肖像権侵害の場合）ものです。

　以下では，最高裁判決の中で，ここまでに扱わなかった場面で人格権侵害が問題となった例をいくつか挙げておきましょう。詳細については，憲法の教科書を参照してください。

　（1）　宗教上の信念から絶対的無輸血の意思を有している患者に対し，医師が手術をするにあたって十分な説明をせずに輸血をしたときに，患者の人格権侵害を理由とする不法行為責任（慰謝料請求権）が成立することを認めた最高裁判決があります（エホバの証人輸血拒否事件と称される最判平12・2・29民集54-2-582）。そこでは，「患者が，輸血を受けることは自己の宗教上の信念に反するとして，輸血を伴う医療行為を拒否するとの明確な意思を有している場合，このような意思決定をする権利は，人格権の一内容として尊重されなければならない」とされました。そして，患者が宗教上の信念からいかなる場合にも輸血を受けることは拒否するとの固い意思を有しており，輸血を伴わない手術を受

けることができると期待して入院したことを医師らが知っていたのであれば，手術の際に輸血以外では救命手段がない事態が生じる可能性を否定し難いと判断した場合には，「そのような事態に至ったときには輸血するとの方針を採っている」ことを患者に説明し，入院を継続したうえで手術を受けるか否かを患者自身の意思決定に委ねるべきであったとされました。

（2）「静謐な宗教的環境の下で信仰生活を送るべき利益」を「宗教上の人格権」とする考え方に対して，これを直ちに法的利益として認めることができない性質のものであるとし，「自己の信仰生活の静謐を他者の宗教上の行為によって害されたとし，そのことに不快の感情を持ち，そのようなことがないよう望むことのあるのは，その心情として当然であるとしても，かかる宗教上の感情を被侵害利益として，直ちに損害賠償を請求し，又は差止めを請求するなどの法的救済を求めることができない」としたものがあります（殉職自衛官合祀事件と称される最大判昭63・6・1民集42-5-277）。

（3）職場において男性上司が部下の女性に対しその地位を利用して女性の意に反する性的言動に出た場合に，その行為の態様，行為者である男性の職務上の地位，年齢，被害女性の年齢，婚姻歴の有無，両者のそれまでの関係，当該言動のおこなわれた場所，その言動の反復・継続性，被害女性の対応等を総合的に見て，それが社会的見地から不相当とされる程度のものである場合には，性的自由ないし性的自己決定権等の人格権を侵害するものとして違法となる旨の判断をした原判決を是認した最高裁判決があります（最判平11・7・16労働判例767-14）。

❖ 著作者人格権 ━━━━━━━━━━━━━━━━━━━━━━━━━━

　精神的創作物である著作物につき，著作権と並び，著作者人格権（公表権，著作物への氏名表示権，同一性保持権）が認められています（著作権法18条，19条，20条）。著作者は，著作物の財産的権利とは別に，この権利が移転された後も，著作物の創作者であることを主張する権利および著作物の変更，切除その他の改変または請求に対するその他の侵害で自己の名誉または声望を害するおそれのあるものに対して異議を申し立てる権利を有するのです（最高裁判決としては，もっぱらゲームソフトの改変のみを目的とするメモリカードを輸入・販売し，他人の使用を意図して流通に置いた者は，他人の使用によるゲームソフトの同一性保持権の侵害を惹起したものとして，ゲームソフトの著作者に対し，不法行為に基づく損害賠償責任を負うとした最判平13・2・13民集55-1-87〔ときめきメモリアル著作者人格権侵害訴訟〕があります）。

13.9 名誉毀損，人格権・プライバシー侵害の効果
（その1）——損害賠償

　名誉を毀損された者，人格権・プライバシーを侵害された者は，不法行為を理由として損害賠償請求をすることができます。その要件については，既に述べたところを確認してください。

13.10 名誉毀損，人格権・プライバシー侵害の効果
（その2）——差止請求

　判例によれば，名誉を侵害された者は，「人格権としての名誉権」に基づき，現におこなわれている侵害行為を排除し，または将来生ずべき損害を予防するために，侵害行為の差止めを求めることができます（北方ジャーナル事件と称される最大判昭61・6・11民集40-4-872。知事選立候補予定者を誹謗中傷する雑誌記事の掲載予定に対する印刷・販売禁止の仮処分が問題となった事件です）。名誉は生命・身体とともにきわめて重大な保護法益であり，「人格権としての名誉権」は物権の場合と同様に排他性を有する権利と考えられるからです。

　人格権・プライバシーの侵害を理由とする差止めについても，通説は，これを否定しません。ここでは，侵害状態が継続する場合に，この状態を将来に向かって解消するための物理的行為（看板の撤去，図書販売の差止め，侵害物件の廃棄等）を命じる特定的救済が肯定されることになりましょう。

> ❖ **表現の自由との関連**
>
> 　いずれの場合であれ，出版物等の事前差止めについては，それが表現の自由に対する重大な侵害になるため，それを認めるのには慎重な対応が必要であるというのが，支配的な見解です。表現の自由が民主主義の根幹に位置し，憲法上もっとも尊重されなければならないと考えられているからです（もっとも，私自身は，プライバシー侵害事例に関しては，このような立場に疑問を感じます。従来の議論は，あまりにもプライバシーの権利性を軽視していたのではないでしょうか）。
>
> 　上述した「北方ジャーナル事件」最高裁判決は，「人格権としての名誉権」に基づき，出版物の印刷，製本，販売，頒布等の事前差止めが求められる場合，表現の自由との衝突が問題となることを考慮しました。そして，この出版物が公務員または公職選挙の候補者に対する評価，批判等に関するものであるときには，差止めは原則として許されず，例外的に，①その表現内容が真実でないか，またはもっぱら

公益を図る目的のものでないことが明白であり，かつ，②被害者が重大にして著しく回復困難な損害を被るおそれがあるときに限り，許されるとしました。

　他方，プライバシーの侵害を理由とする差止めについては，最高裁の判例はありませんが，下級審レベルでは，差止めが認められるのは，①その表現内容が公共の利害に関するものでないこと，②もっぱら公益を図る目的のものでないことが明白であること，③被害者が重大にして著しく回復困難な損害を被るおそれがあることの3要件が充たされる場合だとするものが現れています（週刊文春事件と称される東京高決平16・3・31判時1865-12〔政治家の子女の離婚報道〕。さらに，「石に泳ぐ魚」事件と称される最判平14・9・24判時1802-60）。

13.11　名誉毀損，人格権・プライバシー侵害の効果（その3）──原状回復

　他人の名誉を毀損した者に対して，裁判所は，被害者の請求により，損害賠償に代え，または損害賠償とともに，名誉を回復するのに適当な処分──低下した社会的評価の回復のために適当な処分──を命じることができます（民法723条）。

　何がこの「処分」にあたるのかについては，名誉毀損の表現を含む碑文の一部の削除，看板の撤去などが考えられます（上記のように，これらは，継続する名誉侵害の差止請求としても構成可能です）が，とりわけ議論があるのは，謝罪広告の掲載の可否についてです。最高裁は，「単に事態の真相を告白し陳謝の意を表明するに止まる程度の」謝罪広告を新聞紙に記載すべきことを命じるのは，「公表事実が虚偽且つ不当であったことを広報機関を通じて発表すべきことを求めるに帰する」から，「屈辱的若くは苦役的労苦を科し，又は上告人の有する倫理的な意思，良心の自由を侵害することを要求するものとは解せられない」と言っています（最大判昭31・7・4民集10-7-785。反対意見があります）。

　これに対し，学説では，謝罪広告は良心の自由を侵害するとして，法廷意見に反対する声が大勢です。その中でも，名誉毀損により低下された社会的地位の回復にとっては取消し・正誤訂正の広告で十分であるから，謝罪を要求するのは手段として必要性の範囲を超えていると述べて，「取消広告」や「訂正記事記載」を用いるべきだとする見解が優勢です。あるいは，裁判所の判断を世間に知らせるという意味で，裁判所判定型の広告を出させる方法を採るべきで

あろうとの見解も見られます。

　ところで，「名誉を回復するのに適当な処分」について，これまでの議論は，主として新聞・雑誌等の文字媒体による名誉毀損の場面を想定して展開されてきました。これに対して，最近では，テレビの報道による名誉毀損の場面で，被害者がテレビ放送事業者に対し，訂正報道や取消報道を求めることができるかどうかという点も問題となっています。

　これについて，判例は，放送事業者がした真実でない事項の放送により権利の侵害を受けた本人やその直接関係人は，放送事業者に対し，放送法4条1項の規定に基づく訂正または取消しの放送を求める私法上の権利を有しないとしています。同法4条1項は，真実でない事項の放送について被害者から請求があった場合に，放送事業者に対し訂正放送等を義務づけるものですが，判例によれば，「同項は，真実でない事項の放送がされた場合において，放送内容の真実性の保障及び他からの干渉を排除することによる表現の自由の確保の観点から，放送事業者に対し，自律的に訂正放送等を行うことを国民全体に対する公法上の義務として定めたものであって，被害者に対して訂正放送等を求める私法上の請求権を付与する趣旨の規定ではない」とされているのです（最判平16・11・25民集58-8-2326。この判断には，疑問があります）。

❖ 反 論 権

　文書・記事による名誉毀損がされた場合に，当該文書・記事の掲載された書物上に被害者が反論文を掲載することが，民法723条に基づいて認められるでしょうか。反論権については，これを否定する見解が優勢です。反論文の内容・字句が原則的に被害者（反論者）の自由になる点が723条の解釈として問題となるうえに，反論文を掲載したことにより被害者の主観的感情は満足されるとしても，これにより被害者の社会的評価が回復されるとは言い切れないこと，さらに，表現の自由，特に論評の自由との衝突を考慮すれば，反論文掲載請求権を認めることには慎重であるべきだとされるのです。

　裁判例も，こうした反論文の掲載には消極的です（自民党による新聞紙上での意見広告により名誉を毀損されたとして，日本共産党がサンケイ新聞社に対して反駁文掲載を請求した事件につき，最判昭62・4・24民集41-3-490〔そもそも名誉毀損の成立そのものが否定されました〕）。

13.12 パブリシティの権利

13.7で述べたように，人の氏名・肖像等は，個人の人格の象徴であり，個人は，人格権に由来するものとして，自己の氏名・肖像等をみだりに利用されない権利を有します。

ところで，人の氏名・肖像等は，商品の販売等を促進する顧客吸引力を有する場合があります。芸能人やスポーツ選手の氏名・肖像等を想定してみてください。このような自己の氏名・肖像等の持つ顧客吸引力を排他的に利用する権利のことを，パブリシティ権（right of publicity）と言います。パブリシティ権は，氏名・肖像等それ自体の持つ商業的価値に基づくものですから，人格権に由来する権利の一種であって，人格の持つ財産的価値を保護の対象としたものと言うことができます。そして，芸能人やスポーツ選手が，カレンダーやキャラクター商品などに無断でその氏名・肖像等を表示されて営利利用されたために経済的損失を被ったとして，パブリシティ権の侵害を理由に，無断で利用した者に対して，財産的損害を含む損害の賠償請求や差止請求をすることが問題となります。

他方で，氏名・肖像等に顧客吸引力を有する者は，その氏名・肖像等を時事報道・論説・創作物などに使用されることもあるのでして，その使用を正当な表現行為等として受忍すべき場合もあります。

したがって，氏名・肖像等を無断で使用する行為がパブリシティ権を侵害するものとして不法行為法上違法となるのは，①氏名・肖像等それ自体を独立して鑑賞の対象となる商品等として使用し，②商品等の差別化を図る目的で氏名・肖像等を商品等に付し，③氏名・肖像等を商品等の広告として使用するなど，もっぱら氏名・肖像等の有する顧客吸引力の利用を目的とするといえる場合であると解されています（最判平24・2・2民集66-2-89〔ピンクレディー事件〕）。

第14章

医療過誤・説明義務違反

▶ X の言い分……私は，A（当時50歳の地方公務員）の子です。A は，当時，重篤な腎臓疾患で Y の経営する病院に入院していました。そして，担当医 D のもとで開腹手術を受けたのですが，手術直後に大量の出血を起こし，死亡してしまいました。私は手術の危険性について説明を受けていません。A も同意書に署名していますが，記載事項には専門用語が多すぎ，A は理解せずに署名したものと思われます。また，私は，事故後に，同じ病院内で過去に同様の事例で同種の死亡事故が数件起きているということを知りました。A の罹患していた病気については，K 大学病院で当時既に患者にリスクのかからない施術が実施されていたということも，入手した資料から知りました。私は，Y に，A の相続人として67歳までの A の逸失利益および慰謝料，また自分固有の損害として慰謝料の支払いを求めたい。

▶ Y の言い分……A の当時の病状は非常に深刻なもので，余命いくばくもないという状況でした。担当医 D がおこなった手術も，当時，同規模の病院で一般におこなわれたもので，大きな危険を伴うものではありましたが，D はその旨を A に説明したうえで同意書に署名をもらい，手術をおこなったのです。D のおこなった施術自体には，何の問題もありませんでした。また，K 大学病院の施術の方法については知っていましたが，それは K 大学病院という最先端の医療施設であるがゆえにできたものなのでして，一般の医療機関では，いまだ実施されていなかったものです。

14.1 医療過誤損害賠償請求事件における訴訟物

医療事故が生じたときに，被害者（またはその遺族）が医師の側を相手どって

損害賠償請求をする際には，不法行為を理由として損害賠償請求する方法と，診療契約の違反（債務不履行）を理由として損害賠償請求する方法とがあります。

　不法行為を理由として損害賠償請求する場合の請求原因は，既に解説したところからも明らかなように次のようになります。説明を簡略化するため，開業医による医療事故の場合を例に，患者をX，医師をYと表記します。

①　Xの権利侵害
②　Yの行為につき，Yに故意があったこと，または過失があったとの評価を根拠づける具体的事実
③　Yの行為とXの権利侵害との間の因果関係
④　損害の発生（およびその金額）
⑤　Xの権利侵害と損害との間の因果関係

　他方，診療契約の違反（債務不履行）を理由として損害賠償請求する場合の請求原因は，次のようになります（オーソドックスな説明方法に依拠します）。

①　X・Y間で診療契約が締結されたこと
②　①の契約に基づき，Yがおこなうべきであった義務の内容
③　Yが②の義務に違反したこと
④　損害の発生（およびその金額）
⑤　③の行為と損害との間の因果関係

　不法行為構成での②の過失要件と，債務不履行構成での②，③の要件（両者あわせて，不完全履行の要件）とは，一致するものと見てよいでしょう。いずれにせよ，両責任構成が非常に似たものであることがわかるでしょう。なお，わが国の裁判実務では，不法行為構成・債務不履行構成のいずれを採るのも被害者の自由だとされています（2つの請求権が「競合する」と言います）。

　以下では，不法行為責任をベースに解説をおこないます。債務不履行責任と構成した場合に違いが出てくる局面では，そのことについて個別に特記します。

14.2　患者の権利・利益──「権利侵害」要件

14.2.1　患者の生命・身体・健康

　不法行為を理由として損害賠償請求をするとき，まず，「権利侵害」要件が充足されなければなりません。

　ここでは，まず，患者の生命・身体・健康を民法709条の「権利又は法律上保護される利益」として考えることができます。もちろん，これらが患者の「権利又は法律上保護される利益」であることに異論はないでしょうが，次のような場合には，深刻な問題が出てきます。それは，患者に既往症があったときや，末期症状の患者であったときには，仮に医師に診療上の過失があると評価されても，生命・身体・健康侵害と過失行為との間に因果関係（相当因果関係）がないとされる場合があるということです。

> ❖「生命侵害」の意味 ━━━━━━━━━━━━━━━━━━━━━━━━━━
>
> 　生命侵害とは何かということは，一見すると説明は簡単なようですが，実際にはそれほど単純な話ではないことを，医療過誤の権利・法益侵害要件をめぐる議論が示しています。民法では，生命侵害とは，従来，「生存期間の喪失」という量的意味で理解されていて，「死亡の時点において生存していた可能性への侵害」という意味では理解されていなかったように感じられます。生命への侵害と生存可能性への侵害を質的に区別する見方は，前者のような生命侵害の定義を基礎としたときに理解が容易になります。
>
> 　逆に，生命侵害を「死亡の時点において生存していた可能性への侵害」という意味で理解するときには，生命への侵害と生存可能性への侵害とは同じものであり，権利・法益レベルで区別することはナンセンスであるということになります（この立場からは，後述する生存可能性〔延命利益〕を問題とする最高裁判例は，新たな法益を創造したのではなく，医療過誤と生命侵害との間の主張・立証責任を「高度の蓋然性」から「相当程度の可能性」へと緩和したものであるという理解に傾きます）。

14.2.2　患者の生存可能性（延命利益）

　このような場合，患者としては，別の権利・法益をとりあげて，請求を立て
ていく方法が考えられます。その際に，初期の学説が提唱した権利・法益が，
「適切な診療を受けることへの期待権（期待利益）」でした。適切な治療を受ける
ことへの期待権を侵害されたことを理由に，医師側に対し損害賠償請求をする
ことが考えられたのです。もっとも，この場合，生命・身体・健康侵害と過失
行為との間に因果関係（相当因果関係）がないのであれば，賠償されるべき損
害はもっぱら慰謝料であるとされました（しかも，この観点からの慰謝料額は，そ
れほど高額にならないと考えられていました。200万円前後というところでしょうか）。

　その後の判例と学説では，患者の生存可能性（延命利益）を709条の権利・法
益と捉え，その侵害を理由として慰謝料のみならず，逸失利益ほか財産的損害
の賠償を請求することが説かれるようになっています。最高裁も，「生命を維
持することは人にとって最も基本的な利益であって，右の可能性は法によって
保護されるべき利益であり，医師が過失により医療水準にかなった医療を行わ
ないことによって患者の法益が侵害されたものということができる」と述べて
います（最判平12・9・22民集54-7-2574，最判平16・1・15判時1853-85〔債務不履行
構成〕）。ここでは，当該時点での生存可能性（なお，これも主張・立証の対象で
す）を基礎として新たな法益が作り出されているのでして，この法益侵害を理
由に，生存できたであろう期間の逸失利益と，延命にかかる慰謝料（遺族固有
のそれも含まれます）の賠償を認めることに道が開かれます。

　しかも，「生存可能性（延命利益）の侵害を理由として，逸失利益の賠償を請
求できる」という準則は，患者が死亡したケースを超えた広がりを見せうるも
のです。判例も，重大な後遺症が患者に残ったケースで，「重大な後遺症が残
らなかった相当程度の可能性」を709条の権利・利益と捉えています（最判平15
・11・11民集57-10-1466）。これにより，重大な後遺症が残らずに生存できた利
益の侵害を理由とする損害賠償も可能となります（もっとも，生存可能性の侵害
を理由として逸失利益の賠償まで認める最高裁判決は，現在まで現れていません。また，
生存可能性の侵害を理由とする損害賠償は慰謝料に限るべきであるとの見解も有力に唱
えられています）。

14.2.3 適切な医療行為を受ける期待権？

このように，現在の判例・学説は，生存可能性（延命利益）の侵害を理由とする損害賠償を肯定しています。それでは，①医療過誤と患者の生命侵害との間の因果関係が認められず——14.3で述べるように，医療水準にかなった医療がおこなわれていたならば患者が生存していた「高度の蓋然性」が証明されない場合——，②生存可能性（延命利益）の侵害も認められない場合——14.3でも述べるように，医療水準にかなった医療がおこなわれていたならば患者が生存していた「相当程度の可能性」が証明されない場合——に，③患者は，適切な医療行為を受ける期待権の侵害を理由として損害賠償請求をすることができるでしょうか。

この問題に関して，最高裁の判決には，「患者が適切な医療行為を受けることができなかった場合に，医師が，患者に対して，適切な医療行為を受ける期待権の侵害のみを理由とする不法行為責任を負うことがあるか否かは，当該医療行為が著しく不適切なものである事案について検討し得るにとどまるべきものである」とするものがあります（最判平23・2・25判夕1344-110〔不適切な医療行為と後遺症の発症〕）。この判決は，適切な医療行為を受ける単なる期待権の侵害を理由とする損害賠償を否定する考え方を基礎に据えたものであると言うことができます（判決文中にある「当該医療行為が著しく不適切なものである事案について検討し得るにとどまる」との説示は，傍論にすぎません。また，「当該医療行為が著しく不適切なものである事案」について，期待権侵害を理由とする損害賠償が直ちに認められることを指摘したものでもありません。「当該医療行為が著しく不適切なものである事案」では，当該患者に関する何らかの具体的な権利・法益を示し，その侵害を主張・立証しなければならないものと思われます）。

14.2.4 診療行為への自己決定権

以上に述べたのとは別に，診療行為への自己決定権も，民法709条の権利として捉えることができます。これについては，説明義務に触れる14.5で，まとめて扱います。

14.3　因果関係

　診療上の過失を理由として患者が医師側に対し損害賠償を請求するときに，患者は，医師の過失行為と権利侵害（・損害）との間の因果関係を主張・立証しなければなりません。

　その際，既に4.7で「因果関係」を解説する際に触れたように，因果関係の立証は，自然科学的に一点の疑義もない証明である必要はありません。当該過失行為から患者の生命・身体・健康への侵害という結果が生じたことが高度の蓋然性をもって証明されれば足りるのです（東大病院ルンバールショック事件と称される最判昭50・10・24民集29-9-1417）。しかも，このことは，施術に失敗したというような作為不法行為の場合だけでなく，必要な措置を講じなかったという不作為不法行為の場合にも，同様です。

　もっとも，診療行為の不作為が不法行為とされる場合は，「不作為」そのものは「無」ですから，これまた「因果関係」の箇所で触れたように，作為不法行為の場合とは違った枠組みで因果関係の判断がされることとなります。確認のために繰り返せば，まず，「作為義務」を観念したうえで，その作為義務が尽くされていれば当該結果は生じなかったかどうかを判断します。判例も，「医師が注意義務を尽くして診療行為を行っていたならば患者がその死亡の時点においてなお生存していたであろうことを是認し得る高度の蓋然性が証明されれば，医師の右不作為と患者の死亡との間の因果関係は肯定される」と述べています（最判平11・2・25民集53-2-235）。

　ちなみに，この判決は，さらに続けて，「患者が右時点の後いかほどの期間生存し得たかは，主に得べかりし利益その他の損害の額の算定に当たって考慮されるべき事由であり，前記因果関係の存否に関する判断を直ちに左右するものではない」とも述べています。このことと，「権利侵害」の箇所で述べた「生存可能性（延命利益）」が独立の権利・法益になる場合との関係は，どのように考えればよいのでしょうか。

　これについては，民法709条の「権利」として「生存可能性（延命利益）」が問題となるのは，診療上の過失と「生命」侵害との間での「高度の蓋然性」が認められないときに，せめて「生存可能性（延命利益）」を権利・法益として逸失利益賠償に到達したいという考慮が働く場合だということになります。実際，

「生存可能性（延命利益）」について言及した判決は，この点を，次のように表しています。「疾病のため死亡した患者の診療に当たった医師の医療行為が，その過失により，当時の医療水準にかなったものでなかった場合において，右医療行為と患者の死亡との間の因果関係の存在は証明されないけれども，医療水準にかなった医療が行われていたならば患者がその死亡の時点においてなお生存していた**相当程度の可能性**の存在が証明されるときは，医師は，患者に対し，不法行為による損害を賠償する責任を負うものと解するのが相当である」（前掲最判平12・9・22）。

　ここでは，①**権利・法益該当性**に関する判断，すなわち，患者が生存していた相当程度の可能性に関する判断と，②**責任設定の因果関係**に関する判断，すなわち，「医療水準にかなった医療が行われていたならば患者がその死亡の時点においてなお生存していた相当程度の可能性」があることの判断が，同時におこなわれているものと見ることができます。また，②においては，因果関係の証明度が高度の蓋然性から相当程度の可能性へと緩和されているものと見るのが素直でしょう。

　なお，因果関係の判断は，事実審最終口頭弁論終結時の科学技術の知見を基準として判断します。これも既に4.5で述べたところです。過失における注意義務（結果回避義務）の判断基準時との違いに注意してください。

14.4　診療上の過失——医療水準論

14.4.1　最善の注意義務

　医師に診療上の過失があったかどうかを考えるときには，まず，**梅毒輸血事件**と称される最高裁判決（最判昭36・2・16民集15-2-244）により，**最善の注意義務**という概念が立てられている点に注目してください。「いやしくも人の生命及び健康を管理すべき業務（医業）に従事する者は，その業務の性質に照し，危険防止のために実験上必要とされる最善の注意義務を要求される」とされているのです。これは，専門家としての医師に対し，高度の注意義務を課したものと評価することができます。

14.4.2　医療水準論

それでは，この「危険防止のために実験上必要とされる最善の注意義務」の内容は，どのようにして確定すべきなのでしょうか。ここで登場するのが，「医療水準」という考え方です。「注意義務の基準となるべきものは，一般的には診療当時のいわゆる臨床医学の実践における医療水準である」とされているのです（未熟児網膜症に関する最判昭57・3・30判タ468-76〔日赤高山病院事件〕ほか）。

ここでは，「医療水準」を注意義務の標準とすることで，①診療上の過失を判断するにあたり臨床医学の実践に照準をあわせることを宣言することで，学問水準としての「医学水準」を過失の標準からはずすとともに，②診療当時の実践医療の現場において妥当している技術準則を法的な注意義務の中へと取り込んでいるのです。しかも，③医療水準に基づく判断が過失に関する判断であるがゆえに，診療行為時点での医療水準が基準とされることも，明らかとされているのです。

もっとも，医療水準を基準に「最善の注意義務」の内容を決定するという基本的な枠組みに対し，最近では，若干の揺らぎが見られます。

第1に，臨床医学の実践における医療水準は，全国一律に絶対的な基準として考えるべきものではなく，診療にあたった当該医師の専門分野，所属する診療機関の性格，その所在する地域の医療環境の特性等の諸般の事情を考慮して決せられるべきものであるということが確認されています。ある判決（債務不履行構成によるものですが）は，これについて，次のように述べています。「当該疾病の専門的研究者の間でその有効性と安全性が是認された新規の治療法が普及するには一定の時間を要し，医療機関の性格，その所在する地域の医療環境の特性，医師の専門分野等によってその普及に要する時間に差異があり，その知見の普及に要する時間と実施のための技術・設備等の普及に要する時間との間にも差異があるのが通例であり，また，当事者もこのような事情を前提にして診療契約の締結に至るのである。したがって，ある新規の治療法の存在を前提にして検査・診断・治療等に当たることが診療契約に基づき医療機関に要求される医療水準であるかどうかを決するについては，当該医療機関の性格，所在地域の医療環境の特性等の諸般の事情を考慮すべきであり，右の事情を捨

象して，すべての医療機関について診療契約に基づき要求される医療水準を一律に解するのは相当でない。…新規の治療法に関する知見が当該医療機関と類似の特性を備えた医療機関に相当程度普及しており，当該医療機関において右知見を有することを期待することが相当と認められる場合には，特段の事情が存しない限り，右知見は右医療機関にとっての医療水準であるというべきである」（最判平7・6・9民集49-6-1499〔日赤姫路病院事件〕）。

　第2に，医療水準は，医師の注意義務の基準（規範）となるものだから，平均的医師が現におこなっている医療慣行とは必ずしも一致するものではなく，医師が医療慣行に従った医療行為をおこなったからといって，医療水準に従った注意義務を尽くしたと直ちに言うことはできないとする判例が現れています（最判平8・1・23民集50-1-1）。

　このような中で，最近では，「医療水準」という概念を正面に出さずに過失の有無を判断する最高裁判決が立て続けに出ています。それらは，①医学上の知見を基礎として，②これに基づきどのような疾病を予見できたかを判断し（正確には予見すべき注意義務を設定し），③問題となる結果を回避するためにどのような措置を採るべき義務があったかを判断しています（最判平13・6・8判時1765-44，最判平14・11・8判時1809-30，前掲最判平15・11・11〔ただし，転送義務の事件〕，最判平15・11・14判時1847-30）。これが何を意味するのかの解明は，民法学の今後の課題と言えましょう。

14.5　説明義務——診療行為に対する患者の同意（承諾）

　診療行為そのものに過失がない場合でも，医療という生命・身体への侵害行為を受けるかどうかについての患者の自己決定権の侵害と，この点に関する医師の側の過失が問題となる場合があります。

　診療行為そのものは患者の生命・身体への侵害行為であるところ，みずからの生命・身体への侵害行為を受けるかどうかについては，患者が自由に決定できます。患者には，自己決定権があるのです。

　したがって，医師は，たとえ，ある医療措置が当該患者にとって適切であると判断したからといって，あるいは，そもそも，医療水準に即した措置として当該措置が確立しているからといって，患者の同意（承諾）がなければ，その

措置をおこなうことはできません（専断的医療行為の禁止）。患者の同意（承諾）なしにおこなった行為は，それ自体が既に，自己決定権侵害を理由とする不法行為となります。

　もとより，患者の同意（承諾）なしにおこなわれた医師の行為を事務管理（民法697条以下）として正当化できる余地がないではありません。救急病院に搬送された重篤な患者に対し緊急手術がされたような場合などが，その例です。これについては，債権各論における事務管理法で説明されます（最判昭56・6・19判時1011-54。『債権各論Ⅰ』20.3.3参照）。

❖ **患者の同意（承諾）の体系的位置づけ** ═══════════════════

　刑法では，患者の同意（承諾）は，傷害罪・過失致死傷罪における違法性阻却事由として位置づけられるのが一般的です。他方，民法学説でも，かつては，医療行為についての患者の同意（承諾）は，生命・身体・健康という権利・法益に対する侵害を理由とする不法行為における違法性阻却事由としてとりあげる教科書が多かったように思われます（今でも，多くの本では，違法性阻却事由の箇所で，正当防衛・緊急避難・正当業務行為と並べて被害者の同意をとりあげ，その際に，ここでの患者の同意も一例として挙げています）。ちなみに，このような構成を採るのであれば，「患者の同意（承諾）」は，生命・身体・健康に対する侵害を理由とする損害賠償請求に対する抗弁となりますから，医師の側で「患者の有効な同意（承諾）があったこと」について，主張・立証すべきことになります。

　これに対して，本文に挙げたような自己決定権を法益とする不法行為として説明と同意の問題を捉えることになりますと，患者の同意は，請求原因のレベルで位置づけられることになります。自己決定権の侵害は「権利侵害」要件で，説明義務違反は「過失」要件で，それぞれ考慮されることになります。

　医師としては，形式的に患者の同意（承諾）を取りつけさえすれば，その医療措置をおこなってよいというわけではありません。患者の同意（承諾）は，医師の側から十分な情報が与えられてはじめて，有効な同意（承諾）となるのです。インフォームド・コンセント（informed consent）と言われるのは，このことです。ここで，患者の同意（承諾）が有効であるための前提として，医師に要求されるのが，**説明義務**です。説明義務に違反した行為（そもそも必要な説明をしなかったとか，不十分な説明をしたという場合）は，これまた，自己決定権侵害を理由とする不法行為となります。

　説明義務を尽くしたと言えるためには，当該疾患の診断（病名と病状），実施

予定の手術の内容，手術に付随する危険性，他に選択可能な治療方法があれば，その内容と利害得失，予後などについて，合理的患者に理解可能なように説明をしなければなりません（最判平13・11・27民集55-6-1154〔債務不履行構成〕。がん患者に対する告知義務については，最判平7・4・25民集49-4-1163と最判平14・9・24判時1803-28を一読してください）。患者側に誤解があれば是正する義務も含むというべきです。

このうち，「他に選択可能な治療方法」については，当該方法が「医療水準」として確立しているもののみを説明すればよいのか，それとも，「医療水準」としての確立の有無を問わず医師が認識することのできた治療方法も説明しなければならないのかという問題があります。

かつて，最高裁は，説明義務の対象は医療水準として確立した行為であることを要する旨の判示をしました（最判昭61・5・30判時1196-107〔未熟児網膜症につき，眼底検査結果の告知・説明義務は光凝固法の医療水準としての確立を前提とするとしたものです〕）。ところが，やがて，最高裁は，「一般的にいうならば，実施予定の療法（術式）は医療水準として確立したものであるが，他の療法（術式）が医療水準として未確立のものである場合には，医師は後者について常に説明義務を負うと解することはできない」としつつも，「未確立の療法（術式）ではあっても，医師が説明義務を負うと解される場合があることも否定できない」とする新たな判断を示しました。少し長くなりますが，引用しますと，「少なくとも，当該療法（術式）が少なからぬ医療機関において実施されており，相当数の実施例があり，これを実施した医師の間で積極的な評価もされているものについては，患者が当該療法（術式）の適応である可能性があり，かつ，患者が当該療法（術式）の自己への適応の有無，実施可能性について強い関心を有していることを医師が知った場合などにおいては，たとえ医師自身が当該療法（術式）について消極的な評価をしており，自らはそれを実施する意思を有していないときであっても，なお，患者に対して，医師の知っている範囲で，当該療法（術式）の内容，適応可能性やそれを受けた場合の利害得失，当該療法（術式）を実施している医療機関の名称や所在などを説明すべき義務があるというべきである」と述べたのです（前掲最判平13・11・27。乳がんの手術にあたって，その当時医療水準として確立していなかった乳房温存療法について，医師の知る範囲で説明すべき義務があったとしました）。

　手術などの際にチーム医療がされる場合には，だれがどのような説明義務を患者側に対して負うのかが問題となります。この問題に関する判例は，次のようなものです（最判平20・4・24民集62-5-1178）。

　①　一般に，チーム医療として手術がされる場合，チーム医療の総責任者は，条理上，患者やその家族に対し，手術の必要性，内容，危険性等についての説明が十分にされるように配慮すべき義務を有する。

　②　しかし，チーム医療の総責任者は，この説明を常にみずからしなければならないものではなく，手術に至るまで患者の診療にあたってきた主治医が上記説明をするのに十分な知識・経験を有している場合には，主治医に説明を委ね，みずからは必要に応じて主治医を指導・監督するにとどめることも許される。

　③　チーム医療の総責任者は，主治医の説明が十分なものであれば，みずから説明しなかったことを理由に説明義務違反の不法行為責任を負うことはない。

　④　主治医の説明が不十分なものであったとしても，主治医が説明をするのに十分な知識・経験を有し，チーム医療の総責任者が必要に応じて主治医を指導・監督していた場合には，総責任者は説明義務違反の不法行為責任を負わない。このことは，チーム医療の総責任者が手術の執刀者であったとしても，変わるところはない。

❖ 診療上の注意義務としての説明義務

　説明義務には，自己決定権を保護法益とする説明義務（有効な同意の前提としての説明義務）のほかに，診療上の注意義務，すなわち「療養指導義務」としての説明義務もあります。術後の過ごし方・食事のとり方など，治療措置として尽くすべき説明義務です。この違反については，「診療上の過失」の枠組みで処理されることになります。

　説明義務に違反した場合や，そもそも患者の同意（承諾）なしに医療措置をおこなったときには，その行為は自己決定権侵害の不法行為として評価されます。ここでの賠償されるべき損害は，自己決定をすることができなかったことによる精神的損害（慰謝料）であると考えられています。

14.6　診療行為と家族の同意（承諾）

　医療措置についての説明は，自己決定権を持つ患者本人に対しておこなわな

ければなりません。これが原則です。ただ，この原則は，次の2つの場面で例外的な処理の必要性が問題となります。

　第1は，患者が未成年であったり，高齢で説明の意味を理解できない状態に置かれているような場合です。自己決定のために必要とされる能力としてどの程度の理解能力が備わっていれば足りるのかという問題に関係します。財産よりも重大な法益である生命・身体に関する自己決定が問題となることから，少なくとも，遺言能力（15歳とされています。民法961条）程度では足りないものと言うべきです。最終的には，個々の診療行為の内容や危険度を考慮しての類型的な判断となるのでしょうが，一応の目安としては，現在のわが国の生活実態・社会状況も考慮して考えると，保護者の生活圏を離れて自活する比率が高まる18歳程度の理解能力が必要とされるべきでしょうか。この程度以下の理解能力の場合には，この者を監護している者に対して説明がされるべきです。ただ，これを受けて監護者が患者の利益に反する決定を下すときには，医師としては治療措置をおこなわないか，または，患者のための事務管理という視点から治療措置をおこなって，事務管理制度のもとで免責を求めるかのいずれかの方法によらざるを得ないように思われます。

　第2は，患者が非常に重篤な症状にかかっているような場合です。この場面では，本当の病名を告知すべきかという問題があるとともに，誰に本当の病名ないしは病名を付しての告知をすべきかという問題があります。前者に関しては，当該具体的患者の受容能力を考慮したときに，本当の病名を告知しないことが正当化される場合もあると考えられます。後者に関しては，最高裁判所の判決で，次のような判断が示されている点が注目されます。そこでは，「患者が末期的疾患にり患し余命が限られている旨の診断をした医師が患者本人にはその旨を告知すべきでないと判断した場合には，患者本人やその家族にとってのその診断結果の重大性に照らすと，当該医師は，**診療契約に付随する義務**として，少なくとも，患者の家族等のうち連絡が容易な者に対しては接触し，同人又は同人を介して更に接触できた家族等に対する告知の適否を検討し，告知が適当であると判断できたときには，その診断結果等を説明すべき義務を負うものといわなければならない。なぜならば，このようにして告知を受けた家族等の側では，医師側の治療方針を理解したうえで，物心両面において患者の治療を支え，また，患者の余命がより安らかで充実したものとなるように家族等としてのできる限りの手厚い配慮をすることができることになり，適時の告知

によって行われるであろうこのような家族等の協力と配慮は，患者本人にとって法的保護に値する利益であるというべきだからである」とされているのです（前掲最判平14・9・24）。

14.7　転送義務・転送指示義務

　医師には，医療水準とされる検査・治療措置を技術・設備面などの理由でみずからが実施できないとき，患者を適切な医療機関に転送して適切な治療を受けさせるべき義務（ならびに，患者に対して転送を指示すべき義務）が課されます（最判平9・2・25民集51-2-502，前掲最判平15・11・11）。とりわけ最近のように，医療機関相互の役割分担・機能分担が制度的に確立しつつある中では，転送義務の比重はきわめて大きくなってきています。

　しかも，判例では，新規の治療法実施のための技術・設備等についても，当該医療機関が予算上の制約等の事情によりその実施のための技術・設備等を有しない場合には，右医療機関は，これを有する他の医療機関に転医をさせるなど適切な措置を採るべき義務があるとされています（前掲最判平7・6・9）。

第15章

自動車損害賠償保障法上の
運行供用者責任

▶Xの言い分……私は，2021年5月5日午後8時頃，信号機のない交差点を横断していたところ，右側から走行し交差点内に進入してきたYタクシー会社の従業員Hの運転するタクシーにはねられ，腰の骨を折る大怪我をしました。また，手に持っていた私が所有している30万円のノートパソコンも大破してしまいました。私は，YとHに，連帯して入通院費・休業損害・逸失利益，パソコンの新規購入価格相当額，ならびに慰謝料を支払うよう請求したい。

▶Yの言い分……Hは当社の従業員ですが，当日は非番で，Hは行楽のために当社車庫よりタクシー車両を持ち出し，運転していたのです。Hの運転は，当社の業務とは一切関係ありません。また，Hや目撃者の証言によると，Xは，左右の確認もせず，突然交差点に飛び出してきたということではありませんか。当社は，Xへの賠償責任を負わないはずです。

▶Hの言い分……Xは，左右の確認もせず，突然交差点に飛び出してきたのです。目撃情報もあります。私は，制限速度を守り，前方確認をしながら運転していました。私は，Xへの賠償責任を負わないはずです。

15.1 自動車事故と不法行為責任

　自動車による交通事故が発生したとき，被害者は，ここまで述べてきた民法の不法行為責任の制度により加害者側に対して損害賠償請求をすることができます。民法709条に基づき運転者に損害賠償請求をしたり，民法715条の使用者責任を追及したりすることができるわけです。運転者が公務員であり，職務遂

行につき事故を発生させたのであれば，国家賠償法1条に基づき，国・公共団体に損害賠償請求することができます（9.10参照）。

また，被害者は，自動車に欠陥があったことを主張・立証することにより，自動車メーカーに対し，製造物責任法3条に基づき損害賠償請求をすることもできます。

さらに，被害者は，道路の設置・管理に瑕疵があったことを主張・立証することにより，道路管理者に対し，国家賠償法2条に基づき損害賠償請求をすることもできます（営造物責任）。

これらの救済手段の概要と要件事実については，既に第10章で解説をしました。

これらに加え，自動車損害賠償保障法3条は，「運行供用者」に対する被害者の損害賠償請求権を認める特別の規定を置いています。

自動車損害賠償保障法（以下では，「自賠法」と言うことにします）は，昭和30年（1955年）に制定された法律です。この法律は，①自動車交通に不可避的に内在する危険（自動車運行の危険）に対して，運転者の過失に関する立証責任を転換する等の立法措置を採ることによって，実質的に無過失責任・厳格責任化することをめざすとともに（自賠法3条。運行供用者責任と言われます），②被害者の救済と損害填補を確実なものとするために強制保険の制度を導入し（自賠法5条），さらに，③自動車の運行によって被害を受けた者が事故車の保有者が明らかでないために損害賠償を受けられない場合に備えて，政府による自動車損害賠償保障事業の制度を設けた（自賠法72条1項）のです。なお，「自動車」とは，自賠法2条1項により，原動機付自転車を含む概念です。

❖ 強制責任保険・強制責任共済 ══════════════════════════

　強制責任保険・強制責任共済は，あくまでも，自賠法3条に基づく損害賠償責任を前提としています（自賠法11条）。民法上の損害賠償責任を前提としているのではありません。そして，保険金額は政令で定められていまして，現在は，死亡保険金は3000万円，傷害保険金は最高120万円，後遺障害保険金は75万円から4000万円まで14ランクに分けられています。

　他方，自動車事故による損害に関しては，自賠法3条の損害賠償責任を填補する強制保険（自賠責保険）と並び，自動車保険約款に裏打ちされた任意保険も販売されています。どのような保険事故が対象となるのか，保険会社が保険金の支払を免れるのはどのような場合か等については，それぞれの保険商品によりさまざまです。

自動車を持っていて任意保険に加入している方は，一度，自分の加入している任意保険の約款をご覧になるとよいでしょう。

15.2　運行供用者責任の追及——自賠法3条本文

自賠法3条本文によれば，自己のために自動車を運行の用に供する者（運行供用者）は，その「運行」によって他人の「生命又は身体」を害したときは，これによって生じた損害を賠償しなければならないとされています。

ここでは，まず，自賠法3条本文の運行供用者責任が，人損の場合に限って，厳しい責任を課していることを注意してください。物損については，自賠法3条の責任は妥当しないのです（自動車事故により生じた「物損」の賠償を請求するときには，被害者は，民法709条ほか15.1で述べた方法によるしかありません）。

また，自賠法3条本文の運行供用者責任に基づき損害賠償請求する被害者は，「運行供用者」を相手方としてこの責任を追及することとなる点に注意してください。その意味で，「誰が運行供用者か」という点が重要になるのです。

さらに，自賠法3条本文に基づき運行供用者に対して損害賠償請求する被害者は，運転者の過失を立証する必要がありません。上述のように，運転者の過失については，主張・立証責任が運行供用者側に転換されているのです。

❖ **保険会社に対する被害者の直接請求権**

強制責任保険である自賠責保険金（共済の場合も同様です）については，当該事故についての運行供用者が被保険者の場合に，保険会社から保険金が支払われます。

そして，このとき，被害者から保険会社への直接請求権が認められています。自賠法16条1項で，「第3条の規定による保有者の損害賠償の責任が発生したとき」，被害者は，保険会社に対し，保険金額の限度において損害賠償額の支払を請求することができるとされているのです。そして，これを受けて保険会社が被害者に保険金を支払った場合には，保険契約者または被保険者が悪意で損害を惹起させた場合を除いて，責任保険契約に基づき，被保険者に対して損害を填補したものとみなされます（自賠法16条3項。保険契約者または被保険者が悪意で損害を惹起させた場合には，自賠法14条により，保険会社は損害填補責任を免れます）。ちなみに，この直接請求権の消滅時効期間は，3年です（自賠法19条）。

任意保険の場合には，約款の規定により，保険会社に対する直接請求権が認められています。なお，責任保険契約における被害者の先取特権およびこれに関連する

制度を定めた保険法22条の規定も，必ず一読しておいてください。

　なお，この運行供用者責任は，運転者の不法行為責任（民法709条）とは無関係に生じる点に，特に留意してください。運転者自身が損害賠償責任を負わない場合や，運転者自身に責任能力がない場合でも，自賠法3条本文の要件を充たした場合には，運行供用者が責任を負うのです。逆に，運行供用者責任の要件を充たさない場合でも，民法709条や民法715条に基づき損害賠償責任が発生することがあります。

　ここで，以上に述べたことを踏まえて，自賠法3条の運行供用者責任に基づき，被害者が運行供用者に対して損害賠償を請求する場合の請求原因をまとめて挙げておきましょう。被害者をX，運行供用者とされる者をY，加害車を甲と表記します（ただし，⑦については，議論がある点を断っておきます。交通事故実務で述べられていたものを基礎に据えていた第2版での叙述を，本書全体の統一性を考慮して，私自身の考え方に合わせる形で書き改めています）。

① 甲が「自動車」であること

② Xの生命・身体が侵害されたこと

③ Xの生命・身体侵害が甲の「運行によって」生じたものであること

④ Xの損害（およびその金額）

⑤ Xの生命・身体侵害と損害との間の因果関係

⑥ Xが（自賠法3条に言う）「他人」であること

⑦ Xの生命・身体侵害の当時，Yが運行供用者であったこと

❖ 運行供用者であることの主張・立証責任

　被害者が，自動車の所有者を運行供用者だとして損害賠償請求する場面では，「運行供用者であること」の主張・立証責任をどのように考えればよいのかについて，議論があります。交通法学説・実務の通説（抗弁説）に従えば，この場面では，原告Xは，請求原因として「Yが甲の所有者であること」を主張・立証すれば足り，「Yが運行供与者でなかったこと」が被告Yの主張・立証すべき抗弁に回るとされます（抗弁説）。ただし，これに対しては，請求原因説や間接反証説も有力に唱えられています。詳しいところは，要件事実の基礎理論について学習をしてから考えてみてください（初学者の方は，今はわからなくても結構です）。

15.3　運行供用者責任の免責事由──免責3要件ほか

　交通事故の被害者が自賠法3条の定める要件事実を主張・立証したときでも，自賠法は運行供用者の完全な厳格責任を規定することはせず，運行供用者に免責の余地を残しています（自賠法3条ただし書）。

　すなわち，運行供用者としては，抗弁として，次の3つの事実を主張・立証することにより，自賠法3条の責任を免れることができます。**免責3要件**と呼ばれるものです。

（1）　自己および運転者が自動車の運行に関して注意を怠らなかったこと

（2）　被害者または運転者以外の第三者に故意または過失があったこと

　　（なお，条文には書かれていませんが，「道路の設置・管理に瑕疵があったこと」も，ここに含まれるものと解するのが相当です。）

（3）　自動車に構造上の欠陥または機能の障害がなかったこと

　この3要件については，原則として，「3要件すべて」を立証できたときに，運行供用者は，運行供用者責任を免れると考えられています。その結果，免責の余地は非常に狭いものとなっています（事実上の無過失責任化）。特に，（3）の事実についての主張・立証責任を運行供用者側に課すことで，被害者救済の観点から，自動車の欠陥があることによるリスクを運行供用者に負担させている点が注目されます（しかも，製造物責任法3条におけるのと違い，引渡し後に生じた欠陥についても，そのリスクが運行供用者の側に課されています。他方，指示・警告上の欠陥は，ここでの欠陥には当たりません）。

　もっとも，運行供用者が(1)・(2)・(3)のいずれかの要件（たとえば，(1)・(3)の要件）と事故との間に因果関係がないということを主張・立証できれば，その要件（(1)・(3)）が充足されることについての主張・立証がなくても，他の要件（(2)）が充足されることについての主張・立証をすることによって，運行供用者の免責が認められます（最判昭45・1・22民集24-1-40）。

　また，以上の免責3要件とは別に，被告とされた運行供用者は「事故が不可抗力によって生じたこと」を主張・立証することで，自賠法3条の責任を免れることもできます。

❖ 自動運転と自賠法の帰責・免責の枠組み

　自賠法は，人間が運転する自動車が他人の生命・身体を侵害したという局面を想定して，自賠責保険・政府補償も含めた責任システムを構築しています。ところが，今日，近未来の自動車運行モデルとして自動運転が脚光を浴びています。さらに，そもそも，自動車そのものが（ナビゲーション・システムも含め）高度に電子化された工学製品へと変容しています。そのような中で，とりわけ，自動運転が一般の市民社会で実用化されたとき，はたして現在の自賠法の責任システムはそのままの形で維持されるのかが問題となります。国土交通省，経済産業省においても検討がおこなわれていますし，民事法学でも議論の兆しがあります。人の行為の危険性に立脚した責任体系から，物の危険性（物をコントロールする情報システムの機能不全）に立脚した責任体系への段階的な変容が求められているようにも思われます。

❖ 自動車損害賠償責任保険における重過失減額

　自賠法３条に基づく運行供用者責任においても過失相殺をすることができますが，自賠責保険・自賠責共済（以下では，自賠責保険で代表させます）の実務上は，同法が被害者救済を第一義とし，立証責任の転換という形を借りて実質的に無過失責任主義をとっている点と，大量事件の迅速かつ公平な処理の要請を考慮して，被害者に重過失がある場合に一定の割合で保険金額を減額するにとどめ（重過失減額），民法に言う過失相殺をしていません。すなわち，自賠責保険における重過失減額は，被害者の過失割合が70％以上の場合にはじめておこなわれます。そして，①後遺障害による損害と死亡による損害については，被害者の過失が70％以上80％未満の場合には20％，80％以上90％未満の場合には30％，90％以上100％未満の場合には50％を減額し，②傷害による損害と死亡に至るまでの傷害による損害については，被害者の過失が70％以上であれば20％を減額します（他方，任意保険においては，軽過失の場合でも，過失相殺がされます。また，自賠責保険でも，裁判になれば，通常の過失相殺がされます）。

　その他，自賠責保険については，因果関係に関しても，特別の扱いがされています。すなわち，被害者が既往症等を有していたために死因または後遺障害の発生原因が明らかでない場合など，受傷と死亡または後遺障害との間の因果関係の有無の判断が困難な場合は，死亡または後遺障害による損害について，積算した損害額が保険金額に満たない場合には積算した損害額から，保険金額以上となる場合には保険金額から，それぞれ50％の控除をするものとされています。

　ただし，いずれの点も，その事件が民事訴訟になったときには，通常の民法の一般理論によって処理されます。

15.4 運行供用者の意義

　ここまでは，「運行供用者とは，誰のことか」という問いについて，説明を加えないまま，運行供用者責任全体の枠組みを説明してきました。

　「自己のために自動車を運行の用に供する者」が運行供用者と言われるのですが，立法時に考慮されていたところによれば，これは，運行支配と運行利益が帰属する者を意味するのです。ここでは，危険責任の観点と報償責任の観点が考慮されているのです。

　判例も，「運行支配と運行利益」という観点を採用しています。「自動車の使用についての支配権を有し，かつ，その使用により享受する利益が自己に帰属する者」を意味するものとされているのです（最判昭43・9・24判時539-40。父が子から自動車を借り受けて自己の営業に常時使用していた場合において，子の運行供用者性を否定しました）。

　もっとも，判例では，「運行支配と運行利益が帰属する者を，どのようにして決めるか」という点について，時代を経る中で変化が見られます。「運行支配と運行利益が実際に帰属している者」という観点からではなく，「運行支配と運行利益が帰属すべき者」という観点から，規範的に評価されるようになってきつつあるのです。判決の言葉を借用すれば，「自動車の運行について指示，制禦をなし得べき地位」が，運行供用者であるか否かを決定する指標となっているのです（最判昭45・7・16判時600-89〔一家でガソリンスタンドを経営している家族の中で営業を総括し当該自動車を使用していたものの，自動車の所有者ではなかった父の運行供用者性を肯定しました〕，最判昭49・7・16民集28-5-732〔未成年の子に父が原動機付自転車を買い与えて諸経費も負担した場合に，父の運行供用者性を肯定しました〕，最判昭52・12・22判時878-60〔会社従業員が自宅から直接工事現場へ向かうように指示され，運転してきた自己所有の自動車で工事現場から帰宅する途中で起こした事故につき，会社の運行供用者性を肯定しました〕，最判平20・9・12判時2021-38〔Xが父Yの所有する自動車をYの容認のもとで借用し，友人Aを同乗させてバーに行き飲酒したところ，Xが自動車の鍵をカウンター上に置いたまま泥酔したため，Aが眠ったままのXをこの自動車に乗せて運転していた際に，追突事故を起こしてXが受傷したという事件で，「YはAと面識がなく，Aという人物の存在すら認識していなかったとしても，本件運行は，Yの容認の範囲内にあったと見られてもやむを得ないというべ

き」であるとされました])。

　最近では，さらに進んで，運行支配が帰属すべき者か否かを判断するにあたり，自動車の具体的な運行を離れ，抽象的・一般的に自動車の管理責任と運行供用者責任を結びつけるものまで出てきています。そこでは，「自動車の運行を事実上支配，管理することができ，社会通念上その運行が社会に害悪をもたらさないよう監視，監督すべき立場にあった」点を捉えて，運行供用者が肯定されているのです（たとえば，最判昭50・11・28民集29-10-1818〔20歳の子が自分の労働収入で購入し，かつ，自分で使用していた自動車の運転中に起こした事故〕につき，形式的に同車両の登録名義人となり，自宅の庭を保管場所として提供していた父の運行供用者性を肯定しました〔具体的な事案の解決としては疑問があります〕。また，最判平30・12・17民集72-6-1112は，生活の本拠を異にし，生活保護を受けている兄に対して，**名義貸与**をした事案において，名義貸与は，生活保護を受けているため事実上困難であった者による自動車の所有および使用を可能にし，自動車の運転に伴う危険の発生に寄与するものと言えるとしました）。

　運行供用者かどうかについて，いくつかの重要な類型を以下に挙げておきます。

　（1）　自動車の「保有者」は，原則として，運行供用者です（例外については，（3）を見てください）。保有者とは，「自動車の所有者その他自動車を使用する権利を有する者」であり，かつ，「自己のために自動車を運行の用に供するもの」のことです（自賠法2条3項）。

　（2）　自動車の「運転者」のうち，自賠法2条4項に言う「運転者」，つまり，「他人のために自動車の運転又は運転の補助に従事する者」に該当する運転者は，運行供用者ではありません。考えればすぐわかることですが，世の中で実際に自動車を運転している者がすべて，2条4項の定義に言う「運転者」にあたるというわけではありません。「自己のために自動車を運行の用に供する」者が運転している場合には，この者は「運行供用者」となります。

　（3）　自動車が窃取された場合には，保有者は，「特段の事情」がなければ，当該自動車についての運行支配と運行利益を失うから，もはや運行供用者ではありません。したがって，窃取者が起こした事故につき，自賠法3条の損害賠償責任を負いません（最判昭48・12・20民集27-11-1611）。この場合には，窃取者に運行支配と運行利益が帰属するので，窃取者が運行供用者と評価されるのです。なお，「特段の事情」が認められる場合としては，窃取者が親族関係・雇

用関係にある場合とか，鍵をかけずに路上放置していた事例のように鍵の保管に過失があった場合が考えられます（この場合には，保有者と窃取者は，「共同運行供用者」とされます）。

（4）　同乗者については，この者が運行支配と運行利益を有していたかどうかにより，運行供用者か否かが決められます。判決の中には，盗難車両と知りつつ同乗した者につき，窃取者による運転を容認していた事実を捉えて，同乗者の運行供用者性を肯定したものもあります（最判昭57・4・2交通民集15-2-295）。自己所有の自動車の運転を知人に委ね同乗していた保有者も，みずからが運行目的を有し，かつ，いつでも運転の交替その他運転につき具体的指示・命令を出せる状態にあったときには，運転者が保有者の「運行支配に服さず同人の指示を守らなかった等の特段の事情」がなければ，運行供用者とされます（最判昭55・6・10交通民集13-3-557，最判昭57・11・26民集36-11-2318）。

（5）　保有者からの一時借用者は，一時的にせよこの者に運行支配・運行利益が帰属しているから，借用中は運行供用者です（もっとも，一時借用者は誰であったのかということ自体が問題とされなければならない場面があります。この点に関しては，最判平6・11・22判時1515-76を参照してください）。ここで，保有者からの一時借用者が運行供用者である場合に，保有者は，当該自動車の具体的運行につき，運行供用者性を失うのでしょうか。裁判例では，長時間乗り回す意図のもとに2時間後に確実に返還するかのように装って自動車を借り受けた者が，返還意思もないのにその場しのぎの約束をして返還を引き伸ばしている最中に起こした交通事故につき，借用者からの返還を同人の任意の返還に期待せざるを得なかった自動車の所有者には，運行支配も運行利益も帰属していなかったので，自賠法3条の運行供用者にあたらないとしたものがあります（最判平9・11・27判時1626-65）。

（6）　レンタカー業者は，運行支配を有しているし（レンタカー貸与契約中で運行方法を指示しているうえに，業者は物的管理機能を失っていません），運行利益も帰属しているから（レンタル料を取得しています），運行供用者です（最判昭46・11・9民集25-8-1160，最判昭50・5・29判時783-107）。このとき，レンタカーを借りて具体的に運行している者もまた運行支配と運行利益を有しているゆえに運行供用者ですから，両者は「共同運行供用者」だということになります。

（7）　運転代行業者も，運行支配と運行利益を有しているから，運行供用者です。

（8）　自動車が修理のために自動車修理業者に預けられている場合には，その間は修理業者が運行支配（修理や試運転に必要な範囲の運転行為）と運行利益を有するから，修理業者が運行供用者です（最判昭44・9・12民集23-9-1654）。しかし，修理業者から注文者に返還されたときは，特段の事情のない限り，引渡以後の運行は，注文者の支配下にあります（最判昭46・7・1民集25-5-727。注文者に依頼されて自動車を引きとった者が起こした無断使用運転中の事故につき，注文者である所有者の運行供用者性を肯定しました）。

❖　**共同運行供用者間での自賠法3条の損害賠償請求** ══════════

　　本文で述べたところからわかるように，同一の自動車の同一の運行について，複数の者が運行支配と運行利益を有しており，そのために運行供用者が複数存在する（共同運行供用者）という場合があります。

　　このような場合に，運行供用者の1人が自動車事故の被害者となったときに，この者は，「自分が自賠法3条本文に言う『他人』に該当する」と主張して，他の運行供用者に対し，同条本文に基づく損害賠償請求をすることができるでしょうか。

　　（1）　共同運行供用者のうち，当該自動車の具体的運行について「直接的・顕在的・具体的な運行を有する者」（Y1）は，「間接的・潜在的・抽象的な運行を有する者」（Y2）に対し，自賠法3条の「他人」であることを主張して損害賠償を請求することは許されません（最判昭50・11・4民集29-10-1501〔会社の取締役〕，最判昭57・4・2判時1042-93〔泥棒運転。前述した管理責任の観点から，保有者側にも運行供用者性が認められる事案でした〕）。

　　（2）　これに対し，「間接的・潜在的・抽象的な運行を有する者」（Y2）は，自賠法3条の「他人」だとされ，「直接的・顕在的・具体的な運行を有する者」（Y1）に対し，同条に基づく損害賠償請求権を取得します。裁判例では，飲酒して運転能力と適性を失った者から運転代行依頼を受けた運転代行業者の代行運転者が依頼者を助手席に乗せて走行中に交通事故を起こし，同乗の依頼者が負傷した事件について，自動車の運行による事故発生の防止につき中心的責任を負っていたのは運転代行業者であり，依頼者の運行支配は間接的・補助的なものにすぎなかったとして，依頼者から代行業者への自賠法3条本文に基づく損害賠償請求を認めたものがあります（最判平9・10・31民集51-9-3962）。

15.5　運行の意義

自賠法2条2項は，自動車の運行を，「人又は物を運送するとしないとにか

かわらず，自動車を当該装置の用い方に従い用いること」と定義しています。

　この「自動車を当該装置の用い方に従い用いる」ということの意味につき，判例は，固有装置説と称される見解を採用しています。それによれば，「運行」とは，自動車をエンジンその他の走行装置により位置の移動を伴う走行状態に置く場合だけでなく，自動車の構造上設備されている各装置その他当該自動車固有の装置を，その目的に従い操作することを言います（最判昭52・11・24民集31-6-918）。固有装置の操作を重視する見解であると言えましょう。

　裁判例では，たとえば，転落車両を引き上げるためにクレーン車のクレーンを操作中にブームが高圧電線に触れ，作業員が感電死した場合に，「クレーン」が固有装置とされ，クレーン車を走行停止状態において固有装置でクレーンを操作するのは，クレーン車の「運行」にあたるとされています（前掲最判昭52・11・24）。また，フォークリフトを用いて駐車中のトラックの荷台に積載していた材木を反対側に突き落とす作業をしている最中に，落下した材木の下敷きになって通行人が死亡した場合に，「トラックの荷台」は固有装置であるとされ，「運行」性が肯定されています（最判昭63・6・16判時1298-113）。これに対して，材料置場で停車中のトラックから電柱の荷卸し作業をしている最中に，荷台から落下した電柱の下敷きになって作業員が死亡した場合には，積み荷を積載していたトラックの「運行」によって生じた事故とは言えないとしています（最判昭56・11・13判時1026-87）。一見すれば類似する後2者の判決において判決に現れた差異は，昭和56年判決の事案で問題となったような単なる荷卸しには固有の装置の操作という点が認められないのに対して，昭和63年判決の事案では，フォークリフトとトラックの共同作業中の事故であり，両車両が一体的に機能していたものとして固有装置の操作を捉えることにより，運行性が肯定されたと見ることで説明がつきそうです（なお，ワイヤーで牽引された2車両を一体的に捉えた原審の判断を肯定したものとして，最判昭57・1・19民集36-1-1）。

　このような固有装置説に立つ場合には，①駐車中の積み荷の積み卸し事故とか，②駐停車によって自動車が停止している状態そのものを，「運行」とは言いにくいでしょう。しかしながら，運行供用者責任では，機械工学的視点が本質的なのではなく，物的危険の管理責任の視点が本質的に重要なのです。したがって，①や②のように，「自動車を通常の走行の場合に匹敵するような危険性を持つ状態に置く行為」は，「運行」に含まれるものと解すべきです。結局，

自動車の用途に応じて新たに付加され増大された危険性に起因して発生した損害については,「運行」によるものと認めてよいのではないでしょうか。

事項索引

判例索引

著者紹介

潮見　佳男（しおみ　よしお）

1959年	愛媛県生まれ
1981年	京都大学法学部卒業
	京都大学博士（法学）
1995年	大阪大学法学部教授
1999年	京都大学大学院法学研究科教授
2022年	逝去

主要著書

『契約規範の構造と展開』(有斐閣, 1991年)

『民事過失の帰責構造』(信山社, 1995年)

『契約責任の体系』(有斐閣, 2000年)

『契約法理の現代化』(有斐閣, 2004年)

『債務不履行の救済法理』(信山社, 2010年)

『ケッツ・ヨーロッパ契約法Ⅰ』(共訳, 法律文化社, 1999年)

『不法行為法Ⅰ〔第2版〕』(信山社, 2009年)

『不法行為法Ⅱ〔第2版〕』(信山社, 2011年)

『民法（債権関係）改正法の概要』(きんざい, 2017年)

『新債権総論Ⅰ』(信山社, 2017年)

『新債権総論Ⅱ』(信山社, 2017年)

『プラクティス民法・債権総論〔第5版補訂〕』(信山社, 2020年)

『新契約各論Ⅰ』(信山社, 2021年)

『新契約各論Ⅱ』(信山社, 2021年)

『基本講義債権各論Ⅰ　契約法・事務管理・不当利得〔第4版〕』(新世社, 2022年)

『民法（全）〔第3版〕』(有斐閣, 2022年)

『詳解 相続法〔第2版〕』(弘文堂, 2022年)

ライブラリ 法学基本講義 = 6-Ⅱ

基本講義 **債権各論Ⅱ 不法行為法 第4版**

2005年 7 月 10 日 ⓒ	初　版　発　行
2009年 10 月 10 日 ⓒ	第 2 版　発　行
2016年 7 月 10 日 ⓒ	第 2 版増補版発行
2017年 12 月 10 日 ⓒ	第 3 版　発　行
2021年 11 月 10 日 ⓒ	第 4 版　発　行
2024年 1 月 10 日	第 4 版第 6 刷発行

著　者　潮　見　佳　男	発行者　森　平　敏　孝
	印刷者　加　藤　文　男
	製本者　小　西　惠　介

【発行】　株式会社　新世社
〒151-0051 東京都渋谷区千駄ヶ谷1丁目3番25号
編集☎(03)5474-8818(代)　　サイエンスビル

【発売】　株式会社　サイエンス社
〒151-0051 東京都渋谷区千駄ヶ谷1丁目3番25号
営業☎(03)5474-8500(代)　振替　00170-7-2387
FAX☎(03)5474-8900

印刷　加藤文明社　　製本　ブックアート
≪検印省略≫

ISBN978-4-88384-336-7

PRINTED IN JAPAN

サイエンス社・新世社のホームページのご案内
https://www.saiensu.co.jp
ご意見・ご要望は
shin@saiensu.co.jp　まで.